酒店前厅与客房管理

JIUDIAN QIANTING YU
KEFANG GUANLI

主　编◎张　成
副主编◎董　超　赵　月　蒋登雨

河海大学出版社
HOHAI UNIVERSITY PRESS
·南京·

图书在版编目(CIP)数据

酒店前厅与客房管理 / 张成主编；董超，赵月，蒋登雨副主编. -- 南京：河海大学出版社，2023.12
ISBN 978-7-5630-8773-0

Ⅰ.①酒… Ⅱ.①张… ②董… ③赵… ④蒋… Ⅲ.①饭店－商业服务－教材②饭店－商业管理－教材 Ⅳ.①F719.2

中国国家版本馆 CIP 数据核字(2023)第 241802 号

书　　名	酒店前厅与客房管理
书　　号	ISBN 978-7-5630-8773-0
责任编辑	杜文渊
文字编辑	杨　曦
特约校对	李　浪　杜彩平
装帧设计	徐娟娟
出版发行	河海大学出版社
地　　址	南京市西康路 1 号(邮编:210098)
电　　话	(025)83737852(总编室)　(025)83787763(编辑室) (025)83722833(营销部)
经　　销	江苏省新华发行集团有限公司
排　　版	南京布克文化发展有限公司
印　　刷	广东虎彩云印刷有限公司
开　　本	718 毫米×1000 毫米　1/16
印　　张	23.25
字　　数	400 千字
版　　次	2023 年 12 月第 1 版
印　　次	2023 年 12 月第 1 次印刷
定　　价	58.00 元

前言

我国酒店业随着改革开放而迅速发展,对"满足人民美好生活需要"发挥了重要作用。文化和旅游部发布的《2023年第二季度全国星级旅游饭店统计调查报告》显示,截至2023年8月,我国星级旅游饭店达6663家,已成为展示新时代中国精神风貌的主要窗口。党的二十大开启了中国式现代化新征程,必将引领中国酒店业高质量发展,实现酒店业的中国式现代化发展目标。

在我国大力完善现代产业体系、推动旅游业高质量发展的背景下,旅游市场急需更多高素质人才加入其中,越来越多的高校开设了旅游管理类专业,以期培养符合行业需求、具备学习能力的新时代应用型旅游人才。酒店前厅和客房作为现代酒店最重要的组成部分,其运转良好与否,一定程度上决定着酒店的未来发展。培养"知行合一"、兼具理论知识与职业素养,具有主动传播中华优秀传统文化意识的前厅与客房管理人才,就成了当前酒店人才培养的重要任务。

如何让学生在课堂中学习到理论和技能,提升综合素养,离不开系统化的知识体系,更离不开独具巧思的教学设计。本教材围绕前厅与客房两大部门,循着"总—分—总"的编写逻辑,结合前台操作流程和后台管理实务进行编写。本教材由初步认识前厅与客房、客人入住流程与管理、在店系列服务、客房服务与管理以及酒店前厅与客房收益管理等部分构成。本教材章节目标清晰可测、教学内容符合行业需求、课后习题锻炼学生能力,融合了科学性和实用性,并且理论知识科学系统,行业案例贴合实际,是相关专业师生的良师益友。同时可作为应用型本科、职业本科和高职高专的教材,亦可作为酒店管理人员的参考书,还可作为行业培训教材。

本教材是在贵州省"金课"、贵州省课程思政示范课程(教学名师、教学团队)——"酒店前厅与客房管理"等项目的支持下,由六盘水师范学院一线教师共同完成。其中,张成编写第8、10、12、13章;董超编写第7、9、11章;赵月编写第 2、3、6 章;蒋登雨编写第 1、4、5 章。全书由张成统稿,董超、赵月、蒋登雨核校。本教材配套慕课资源(已在学银在线平台上线,通过该平台搜索"张成""酒店前厅与客房管理"即可),同时还提供与该教材配套的教学大纲、教案、重点教学章节的教学设计以及案例,欢迎读者来信或致电索取(E-mail:zhangcheng@lpssy.edu.cn 或河海大学出版社发行部 025-83786202/83787771)。

  本教材在编写过程中,引用了国内外相关教材和其他书籍等资料,在此对作者们表示诚挚的感谢!本教材在贵州三线工业遗产资源活化利用与旅游形象构建实验室(黔教哲〔2023〕08 号)、地块尺度喀斯特生态产品价值评价、核算与提升关键技术研究(黔科合支撑〔2023〕一般 246)、六盘水师范学院旅游管理与服务教育教学团队(LPSSYjxtd201806)、六盘水师范学院一流专业"旅游管理与服务教育"项目等的支持指导下完成,在此一并感谢!

  由于编者的水平有限,不足之处在所难免,恳请读者提出宝贵的意见与建议。

编者

2023 年 12 月

目录
Contents

第一章　绪论 ·· 001
　第一节　前厅与客房管理概述 ······························ 002
　第二节　前厅部与客房部组织机构设置 ·················· 010
　第三节　前厅部与客房部人员编制 ························ 013

第二章　前厅部预订业务 ······································ 017
　第一节　预订方式和种类 ··································· 018
　第二节　预订服务结构与流程 ····························· 023
　第三节　预订变更服务 ······································ 029
　第四节　预订失约行为及处理 ····························· 033

第三章　前厅部接待业务 ······································ 042
　第一节　接待准备 ··· 044
　第二节　登记入住 ··· 050
　第三节　客房商品推销 ······································ 056

第四章　客户关系管理 ·· 065
　第一节　酒店客户关系的建立 ····························· 066
　第二节　客户投诉管理 ······································ 080
　第三节　客史档案管理 ······································ 085

第五章　前厅系列服务 … 091
- 第一节　礼宾服务 … 092
- 第二节　电话总机服务 … 111
- 第三节　商务中心服务 … 118
- 第四节　问讯服务 … 122
- 第五节　收银服务 … 126
- 第六节　行政楼层服务 … 133

第六章　客房清洁卫生管理 … 137
- 第一节　清洁设备与清洁剂 … 138
- 第二节　客房卫生服务管理 … 145
- 第三节　公共区域清洁管理 … 156
- 第四节　客房计划卫生 … 160

第七章　客房部洗衣业务管理 … 164
- 第一节　洗衣业务管理概述 … 164
- 第二节　洗衣房洗涤业务管理 … 170
- 第三节　酒店布草管理 … 177

第八章　客房服务质量管理 … 193
- 第一节　客房服务质量概述 … 193
- 第二节　提升客房服务质量管理水平的途径——优质服务 … 201

第九章　酒店安全管理 … 210
- 第一节　酒店安全管理概述 … 210
- 第二节　酒店安全事故防范及处理 … 220

第十章　前厅与客房设备用品管理 … 238
- 第一节　前厅与客房设备用品管理特点、任务和原则 … 238
- 第二节　前厅设备管理 … 243
- 第三节　客房设备用品管理 … 248

第十一章　前厅部与客房部沟通协调管理 ⋯⋯ 263
 第一节　沟通与协调概述 ⋯⋯ 263
 第二节　前厅部与酒店各部门的沟通协调 ⋯⋯ 265
 第三节　客房部与酒店各部门的沟通协调 ⋯⋯ 276

第十二章　前厅部与客房部经营统计分析 ⋯⋯ 281
 第一节　前厅部经营统计分析 ⋯⋯ 281
 第二节　房价管理与控制 ⋯⋯ 290
 第三节　客房部经营统计分析 ⋯⋯ 309
 第四节　前厅部与客房部预算目标的贯彻实施 ⋯⋯ 316

第十三章　前厅与客房收益管理 ⋯⋯ 336
 第一节　前厅与客房收益管理概述 ⋯⋯ 336
 第二节　提升前厅与客房收益的方法 ⋯⋯ 345

参考文献 ⋯⋯ 364

第一章
绪论

学习目标：通过本章学习，能够说出酒店前厅部与客房部的地位与任务；列出前厅部与客房部管理的具体内容；对各类型酒店前厅部与客房部组织结构进行分析；能够制作出前厅部与客房部人员编制方案。

核心概念：前厅部；客房部

案例1-1

某旅游管理专业新生要进行一周的入学教育。学院领导今年有了一项新举措，就是安排新生去本地一家四星级饭店参观学习，时间为一天。黄小米和大多数新同学一样，觉得特别好奇，兴致很高，不过跟大多数新同学不同的是她带了笔记本。来到酒店，首先令黄小米很不解的是他们为什么不能从正门进去，而是被领着从侧门进去，她把这个问题记录下来。其次他们来到餐厅参观，餐饮部主管介绍了餐饮部的工作和餐厅的布置要点。接着他们来到客房楼层，从员工电梯到达16楼。这是一个套房楼层，很豪华，是他们这些学生没想到的。最后他们被分为十人一组，分批参观了前厅。大堂经理接待了他们。

一走进酒店大堂，黄小米就感觉目不暇接。从大吊灯、壁画、光滑的地面、轻柔的音乐、安静而温馨的氛围，到员工的微笑和优雅的举止、漂亮的制服、娴熟的技术。她突然感觉这是她将来想来上班的地方。于是这个聪明的女孩在参观结束前向大堂经理要了一张名片。回学校后她抽空给大堂经理打了个电话，询问前厅部是一个怎样的部门，前厅部要完成哪些工作任务，她应该具备哪些素质和能力才能胜任前厅的工作，她将来可以在哪些岗位工作等等。大堂经理被这个女孩的热情和真诚所打动，详细回答了她的每一个问题。

案例分析

宾客来到酒店，看到的、接触到的第一个部门就是酒店前厅部。因此，作为前厅部员工，必须具备较强的综合素质，遵守酒店各项规定，不断提升自己，从而为宾客提供更优质的服务。

第一节　前厅与客房管理概述

一、前厅部与客房部的地位与任务

（一）前厅部的地位与任务

前厅部是酒店招揽、接待客人，推销酒店服务，并为客人提供各种综合服务的部门。它被人们称为酒店管理系统的"神经中枢"，是连接酒店与客人的桥梁，是酒店的重要部门。

1. 前厅部的地位

(1) 前厅部是酒店业务活动的中心

前厅部是一个综合性服务部门，服务项目多，服务时间长。酒店的任何一位客人，从抵店前的预订到入住，至离店结账，都需要前厅部提供服务。前厅部是客人与酒店联系的纽带，通过客房商品的销售来带动酒店其他各部门的经营活动；同时，前厅部还要及时地将客源、客情、客人需求及投诉等各种信息通传有关部门，共同协调整个酒店对客人的服务工作，以确保服务工作的效率和质量。因此，前厅部通常被视为酒店的"神经中枢"，是整个酒店承上启下、联系内外、沟通左右的关键环节，无论酒店规模大小、档次如何，前厅部总是向客人提供服务的中心。

(2) 前厅部是酒店形象的代表

酒店前厅部的主要服务机构通常都设在客人来往最为频繁的大堂。任何客人一进酒店，就会对大堂的环境艺术、装饰布置、设备设施，以及前厅部员工仪容仪表、服务质量、工作效率等，产生深刻的"第一印象"。而这种第一印象在客人对酒店的认知中会产生非常重要的作用,它产生于瞬间,但却会长时间保留在人们的记忆表象中。客人入住期满离店时,也要经由大堂,前厅服务人员在为客人办理结算手续、送别客人时的工作表现等都会给客人留下"最后印象",优质的服务将使客人对酒店产生依恋之情。客人在酒店整个居留期间,前厅要提供各种相关服务,客人遇到困难时要找前厅寻求帮助,客人感到不满时也要找前厅投诉。在客人的心目中,前厅便是酒店。而且,在大堂汇集的大量人流中,除住店客人外,还有前来就餐、开会、购物、参观游览、会客交谈、检查指导等各种各样的客人。他们往往停留在大堂,会对酒店的环境、设施、服务作出自己的评价。因此,前厅管理水平和服务水准,往往直接反映整个酒店的管理水平、服务质量和服务风格,是酒店对外服务的"形象窗口"。

(3) 前厅部是酒店创造经济收入的关键部门

为宾客提供食宿是酒店的基本功能,客房是酒店出售的最大、最主要的商品。通常在酒店的营业收入中,客房销售额要高于其他各项。据统计,目前国际上客房收入一般占酒店总营业收入的50%左右,在我国这个比例还会更高。前厅部的有效运转是提高客房出租率,增加客房销售收入,从而提高酒店经济效益的关键因素之一。

(4) 前厅部是酒店管理的参谋和助手

作为酒店业务活动的中心,前厅部直接面对市场、面对客人,是酒店中最敏感的部门。前厅部能收集到有关市场变化、客人需求和整个酒店对客服务及经营管理的各种信息,对此进行认真的整理和分析,每日或定期向酒店提供真实反映酒店经营管理情况的数据报表和工作报告,并向酒店管理机构提供咨询意见,作为制定和调整酒店计划与经营策略的参考依据。

2. 前厅部的任务

前厅部的基本工作任务就是推销客房商品及酒店其他产品,协调酒店各部门向客人提供满意的优质服务,使酒店获得理想的经济效益和社会效益。具体来讲,前厅部主要有以下几项工作任务。

(1) 销售客房产品——首要任务

销售客房是前厅部的首要任务。如前所述,客房收入是酒店经济收入的主要来源,客房具有价值不可储存的特征,是一种不可储存的商品。因此,前厅部的全体员工必须尽力组织客源,销售客房,提高客房出租率,以实现客房的经济价值,增加酒店的经济收入。前厅部销售的客房数量和达成的平均房价水平,是衡量其工作绩效的一项重要客观标准。

前厅部销售客房商品时需要做以下工作:

- 参与酒店的市场调研和房价促销计划的制订,配合营销部(销售部)、公关部进行对外联系,开展促销活动。
- 开展客房预订业务。
- 接待有预订的客人和未经预订而直接抵店的客人。
- 办理客人的登记入住手续,安排住房并确定房价。
- 掌握客房的使用状况。

(2) 调度酒店业务,协调对客服务

调度酒店业务是现代酒店前厅部的一个重要功能。现代酒店是分工协作、相互联系、互为条件的有机整体,酒店服务质量直接影响宾客的满意程度,而宾客的满意程度是对酒店每一次具体服务所形成的总体感受和印象,在对客服务全过程中,任何一个环节出现差错,都会影响到服务质量,影响到酒店的整体声誉。所以,现代酒店要强调统一协调的对客服务,要使分工的各个方面都能有效地运转,充分地发挥作用。前厅部作为酒店的"神经中枢",承担着对酒店业务安排的调度工作和对客服务的协调工作,主要表现在以下三个方面:

- 将通过销售客房活动所掌握的客源市场、客房预订及到客情况等相关信息及时通报其他有关部门,使各有关部门有计划地安排好各自的工作,互相配合,保证各部门的业务均衡衔接。
- 将客人的需求及接待要求等信息传递给各有关部门,并检查、监督落实情况。
- 将客人的投诉意见及处理意见及时反馈给有关部门,以保证酒店的服务质量。为适应旅游市场需求,增强企业自身的竞争能力,现代酒店尤其是高档大中型酒店的业务内容越来越多,分工越来越细,前厅部这种调度酒店业务功能也就显得更为重要。

(3) 提供前厅各项服务

前厅部作为对客服务的集中点,除了开展预订和接待业务,销售客房,协调各部门对客服务外,本身也担负着大量的直接为客人提供日常服务的工作,如行李服务、问讯服务、商务中心服务、电话总机服务、委托代办服务等。由于前厅部的特殊地位,这些日常服务工作的质量、效率显得非常重要。

(4) 处理客人账目

前厅的收银处每天负责核算和整理各营业部门收银员送来的客人消费账单,为离店客人办理结账收款事宜,确保酒店的经济收益,同时编制各种会计报表,以便及时反映酒店的营业状况。收银处的隶属关系,因酒店而异。从业务性质来说,它一般直接归属于酒店财务部,但由于它处在接待客人的第一线岗位,在其他方面又需接受前厅部的管理。

(5) 提供信息,建立宾客档案

前厅部作为酒店的信息传递中心,要及时准确地将各种有关信息加以处理,向酒店的管理机构报告,将其作为酒店经营决策的参考依据。

前厅部还要建立住店客人(主要是重要客人、常客)的资料档案,记录客人在店逗留期间的主要情况和数据,掌握客人动态。前厅部要对客史资料,市场调研与预测,客人预订、接待情况等信息收存归类,并定期进行统计分析,这便形成了以前厅为中心的收集、处理、传递及储存信息的系统,酒店可通过已掌握的大量信息来不断地改进服务工作,提高科学管理水平。

(二) 客房部的地位与任务

1. 客房部的地位

(1) 客房是酒店的基本设施和主体部分

人们外出旅行,无论是住招待所、旅馆还是酒店,从本质上说都是住客房。所以,客房是人们旅游住宿活动的最主要场所,是酒店的最基本设施。另外,客房的数量还决定着酒店的规模。国际上通常将酒店划分为大型酒店、中型酒店和小型酒店三类,酒店综合服务设施的数量一般也由客房数量决定,盲目配置将造成闲置浪费。从建筑面积看,客房面积一般占酒店总面积的70%左右;如果加上客房出租所必须配套的前厅、洗衣房、客房库房等场所,总面积将达80%左右。客房及内部配备的设备物资,无论种类、数量、价值,都在酒店物资总量中占有较高比重,所以说客房是酒店设施的主体。

(2) 客房服务质量是衡量整个酒店服务质量,维护酒店声誉的重要标志

客房服务质量,直接关系到客人对酒店的印象和总体评价,如客房清洁卫生、装饰布置、服务员的服务态度与效率等。对于酒店公共区域,如前厅、洗手间、电梯、餐厅、舞厅等,客人同样希望这些场所清洁、舒适、优雅,并能在这些场所得到很好的服务。非住客对于酒店的印象更是主要来自公共区域

的设施与服务,所以客房服务质量及其外延部分是客人和公众评价酒店质量的重要依据。酒店是以建筑物为凭借,通过为顾客提供住宿和饮食等服务而取得经营收入的旅游企业,其中客房部所提供的住宿服务是酒店服务的一个重要组成部分。由于客人在酒店的大部分时间是在客房里度过的,因此,客房服务质量(设施是否完善,客房是否清洁,服务是否热情、周到、快捷等)在很大程度上反映了整个酒店的服务质量。客人对酒店的投诉与表扬也大多集中在这一部门。

(3) 客房收入是酒店经济收入的主要来源

酒店的经济收入主要来源于三部分:客房收入、饮食收入和综合服务设施收入。其中,酒店房费收入一般要占酒店全部营业收入的50%~60%,功能少的小型酒店可以达到70%以上。从利润方面来看,因客房经营的变动成本比餐饮部、商场部等都低,所以客房租金收入是酒店营业收入的主要组成部分,其利润也是酒店利润的主要来源,通常可占酒店总利润的60%~70%,高居首位。另外,客房出租又会带动其他部门设备设施的利用,给酒店带来更多的经济效益:酒店通过为客人提供饮食、娱乐(游泳池、健身房、保龄球、网球、桑拿、舞厅等)、交通、洗衣、购物等服务而取得经济收入。

(4) 客房部的管理直接影响酒店的经营管理

如前所述,客房部能为酒店总体形象的提高和其他部门的正常运行创造良好的环境和物质条件,加之客房部员工占酒店员工总数的比例较大,其培训管理水平的提升对酒店员工队伍整体素质的提高和服务质量的改善有着重要意义。另外,客房部的物资设备众多,对酒店成本控制计划的实现有直接作用。因此,客房部的管理与酒店的总体管理关系重大,是影响整个酒店运行管理的关键部门之一。

2. 客房部的任务

(1) 生产客房商品

商品是为了出售而生产的劳动成果。对于酒店来说,最重要的商品即是客房;对于客人来说,在酒店内享受的主要商品也是客房。完整的客房商品主要包括:客房、设备设施、用品和客房综合服务。客房属高级消费品,要能满足客人的多方面需要。因此,客房布置要高雅美观,设备设施要完备、舒适耐用,日用品要方便齐全,服务项目要全面周到,使客人财物和人身安全有保障。总之,要为客人提供清洁、美观、舒适、安全的暂住空间。

(2) 为酒店创造清洁优雅的环境

客房部要负责酒店内所有公共区域的清洁、美化，设备设施及植物养护，环境布置，使酒店时刻处于清洁、优雅、崭新的状态，让酒店各处都能给住客留下美好印象。

(3) 为酒店各部门提供洁净美观的棉织品

酒店的棉织品除了客房使用的一系列品种外，还有餐饮部门的台布、餐巾以及酒店所有窗帘、沙发套、员工制服。在附设洗衣房的酒店，这些棉织品的选购、洗涤、收发、保管、缝补和熨烫，都由客房部所属的洗衣房负责。

(4) 为住店的宾客提供各项服务

客房部还要做好住客接待服务工作。它包括从迎接客人到送别客人这样一个完整的服务过程。宾客在酒店生活的主要场所和停留时间最长的地方是客房，除在客房休息外，客人还需要酒店提供其他各项服务，如洗衣服务、租借用品服务、小酒吧服务等。能否做好宾客接待服务工作，提供热情、礼貌、周到和细致的服务，使客人在住宿期间的各种需求得到满足，体现客房产品的价值，直接关系到酒店声誉的好坏。

(5) 保障酒店及住店客人的安全

安全需求是客人基本的需求之一，也是客人入住酒店的前提条件。客房是酒店安全事故的高发区域之一。因此，客房部员工必须具有强烈的安全意识，平常应保管好客房钥匙，做好钥匙的交接记录。一旦发现走廊或客房有可疑的人或事，或有异样的声音，应立即向上级报告，及时处理，消除安全隐患。

二、前厅与客房管理主要内容

酒店管理的核心和目的是有效地满足住客在酒店期间的各种需要。因此，酒店管理的内容也要围绕客人的需求及其活动所引起的酒店业务和活动而展开。具体来说有业务、质量、安全和协调四个部分。

（一）业务管理

业务管理的目的是保证酒店业务的正常开展。酒店业务是由每个部门所承担的业务组成的，因此，酒店每一个部门、每一位管理人员都有各自的业务管理范围。管理人员的业务管理就是对所辖的业务进行事前、事中和事后的管理。

前厅和客房管理人员要明确各自的业务范围,对管理范围内的业务内容要有深刻、全面的认识。合理地设计业务过程,系统地组织指挥业务活动,有效地设计与设置业务信息系统和财务控制系统,科学地配备人员、安排班次。这些都是有效进行前厅和客房业务管理的重要内容。

从酒店住宿管理的业务程序来看,管理的内容主要涉及酒店前厅和客房对客服务流程六个相互关联的环节。这个由众多连贯的服务项目所组成的流程,大致可分为以下六个基本环节:客房预订、入住登记、排房与定价、客房服务、离店结账和建立客史档案。它们共同构成了酒店前厅和客房管理的基本内容。当然,在这个服务流程之中,还包含着经营策划、服务管理与控制、综合协调等职能。

(二) 质量管理

酒店服务质量是酒店的生命线,也是酒店的中心工作。酒店服务质量管理主要包括以下几方面内容。

1. 服务质量的认知

所谓认知就是对服务质量有一个全面的、完整的认识。服务质量是指酒店向宾客提供的服务在使用价值上适合和满足客人精神和物质需要的程度。服务质量包括设备设施、服务水平、饮食产品、安全保卫等方面。服务质量是综合性的概念,其中的每个元素都会对酒店服务质量产生影响,这就需要在总体上认识酒店服务质量的标准、特性,分析其运行规律,分析每个因素及其对服务质量的影响,研究控制服务质量的方法。

2. 制定衡量服务质量的标准

酒店管理者要根据酒店及部门的服务质量要求,分门别类地制定出各种衡量服务质量的标准。一般可以分成两大类:一类是静态标准,如前厅卫生标准,客房水、电、冷、暖设备标准等;另一类是动态标准,如客人投诉率、客房出租率、平均房价等。各种标准应详细、具体、明确。

3. 制定服务规程

为了确保服务质量达到标准,需要针对服务过程制定服务规程。服务规程以描述性的语言规定服务过程的内容、顺序、规格和标准,它是规范服务的根本保证,是服务工作的准则。管理人员要重点管理服务规程的形式,制定服务规程,执行服务规程,调整和改进服务规程。

4. 控制服务质量

要落实服务质量标准,必须对服务质量进行控制。对服务质量的控制主要有:建立服务质量评价体系、建立服务质量承诺与保证体系、推行全面质量管理。

(三) 安全管理

酒店的安全包括酒店本身的安全和宾客的安全两部分。酒店本身的安全主要指酒店的财产安全和酒店员工的人身安全两方面;宾客的安全主要包括宾客的人身安全、财产安全和隐私安全三方面。现代酒店安全管理主要包括以下内容。

1. 建立有效的安全组织

现代酒店的安全组织是由酒店的各级管理人员、一线服务人员以及安保部共同构成的。管理工作包括消防管理、治安管理以及日常的楼面安全管理。

2. 制定科学的安全管理计划和制度

现代酒店安全管理计划包括:犯罪与防盗控制计划与措施,防火安全计划与消防管理措施,常见安全事故的防范计划与管理措施。安全制度包括:治安管理制度、消防管理制度、应急预案和应急演练制度等。

3. 紧急情况的应对与管理

一般指酒店出现停电事故,客人违法事件,客人伤、病、亡事故,涉外案件等紧急情况时的应对与管理。

(四) 综合协调

前厅部和客房部是酒店经营最重要的部门,前厅部和客房部要在酒店各部门之间、各层次之间、酒店内部与外部之间为实现酒店经营目标而进行各种形式的沟通与协调。例如,有效地进行部门间的业务沟通,正确有效地处理客人的投诉等。

第二节　前厅部与客房部组织机构设置

一、前厅部组织机构设置

1. 大型酒店前厅部组织机构设置

大型酒店前厅部组织机构设置如图1-1所示。

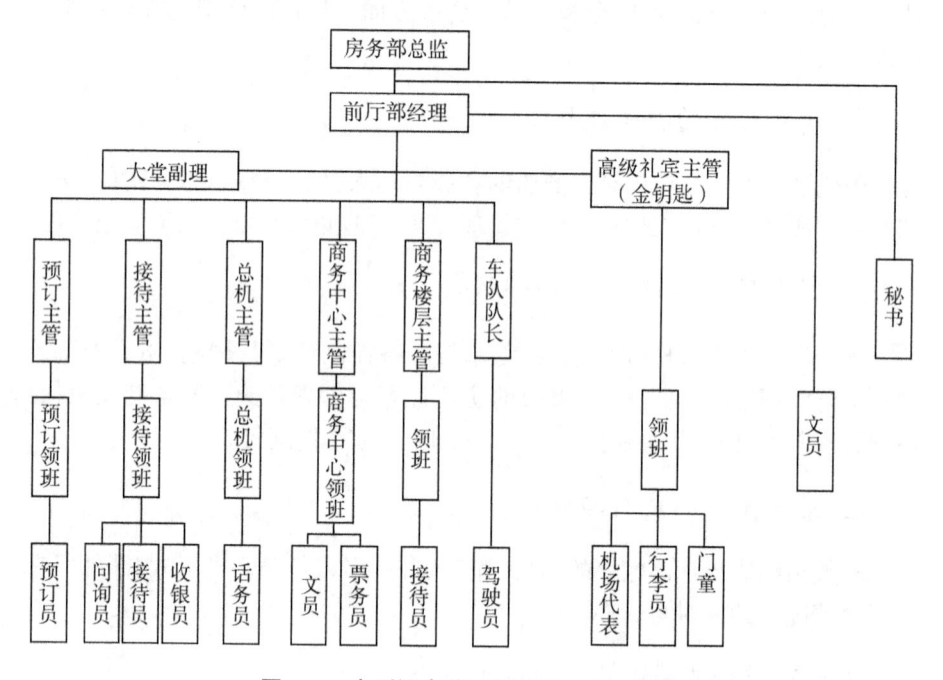

图1-1　大型酒店前厅部组织机构设置图

2. 中型酒店前厅部组织机构设置

中型酒店前厅部组织机构设置如图1-2所示。

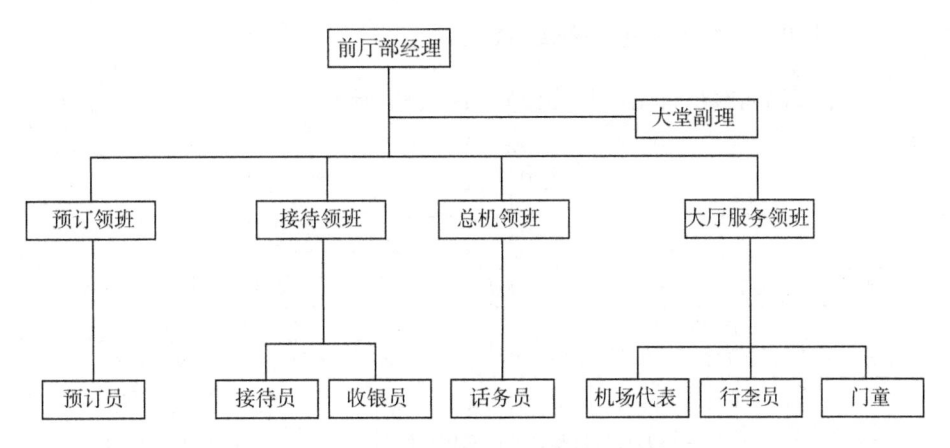

```
                        前厅部经理
                            │
                            ├──────────大堂副理
                            │
        ┌───────────┬───────┴───────┬──────────────┐
    预订领班      接待领班         总机领班      大厅服务领班
        │         ┌───┴───┐           │         ┌────┬────┐
      预订员    接待员  收银员      话务员   机场代表 行李员 门童
```

图1-2 中型酒店前厅部组织机构设置图

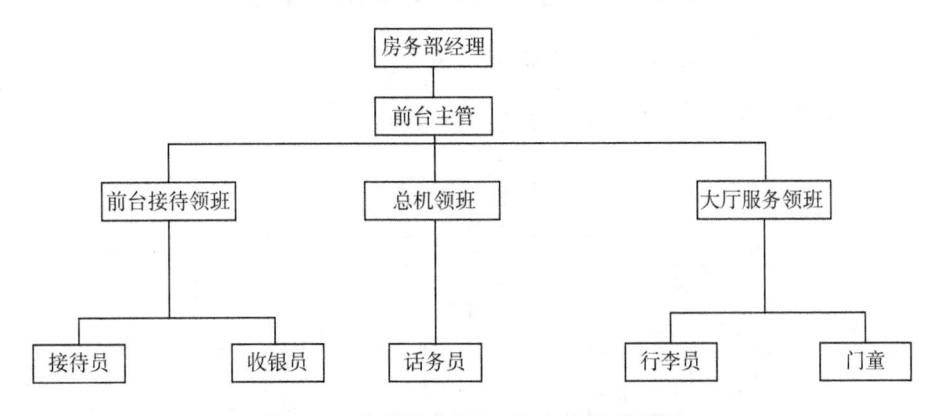

3. 小型酒店前厅部组织机构设置

小型酒店前厅部组织机构设置如图1-3所示。

```
                 房务部经理
                     │
                  前台主管
                     │
        ┌────────────┼────────────┐
    前台接待领班   总机领班    大厅服务领班
      ┌───┴───┐       │         ┌───┴───┐
    接待员 收银员    话务员     行李员  门童
```

图1-3 小型酒店前厅部组织机构设置图

二、客房部组织机构设置

酒店类型以规模大小为依据可分为大型酒店、中型酒店和小型酒店,规模大小的主要衡量标准就是客房数量。客房数量对应着酒店人力资源需求与部门内的协调难度。同时受酒店性质、特点及管理者的管理意图影响，客房部的组织机构需要根据实际管理需求设置，做到分工明确、机构精简。

1. 大中型酒店客房部组织机构设置

大中型酒店客房部组织机构设置如图1-4所示。

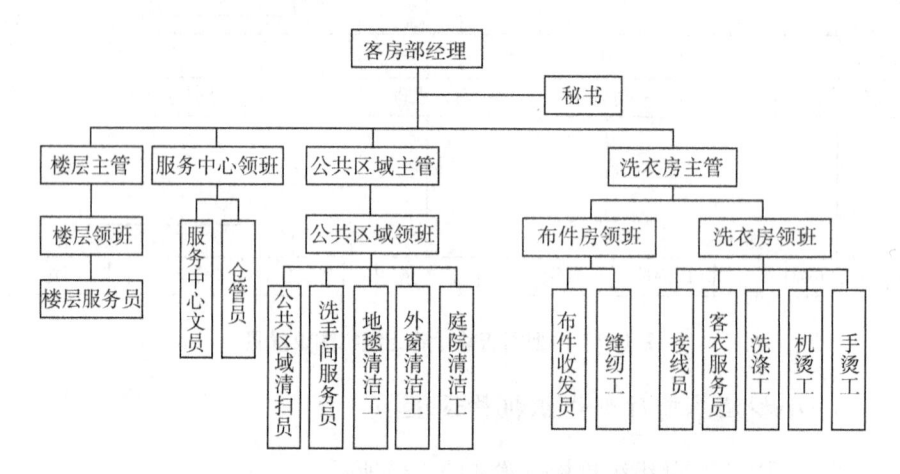

图1-4 大中型酒店客房部组织机构设置图

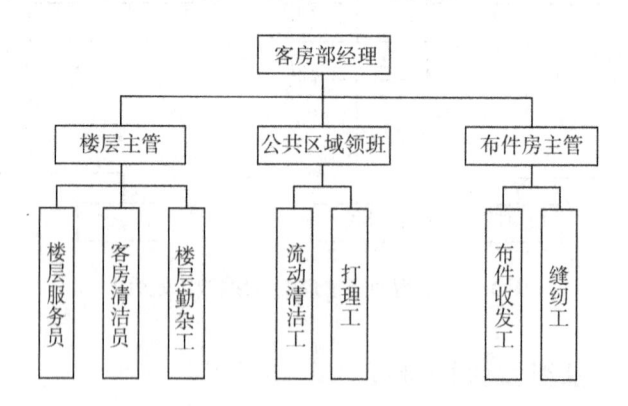

2. 小型酒店客房部组织机构设置

小型酒店客房部组织机构设置如图1-5所示。

图1-5 小型酒店客房部组织机构设置图

第三节　前厅部与客房部人员编制

一、前厅部与客房部人员编制原则

（一）影响前厅与客房人员编制的因素

1. 酒店规模与等级高低

酒店规模越大,等级越高,前厅面积则越大,客房数量一般也会越多。同时,前厅和客房管理的专业化程度要求越高,分工越细致,则人员数量需求越多。反之,则人员需求量越少。所以,酒店规模、等级和专业化要求程度是影响人员编制的主要因素。

2. 市场供求及出租率高低

在酒店细分市场中,若求大于供,则供求关系以卖方市场为主,此时客人对客房的需求较大,则客房出租率会较高,前厅与客房特别是客房服务所需要的人员会相对较多。反之,供大于求时,市场上同类型酒店客房供应量偏多,客人有较多选择,以买方市场为主,市场竞争激烈,出租率低,人员需求量也会相对减少。

3. 班次安排和季节波动程度

班次多少也是影响前厅与客房用人多少的主要因素。酒店要求 24 小时为客人提供服务。而每天的具体班次编排和人员安排,必然影响其人员编制。与此同时,客房经营季节波动性较大,淡季出租率低,旺季出租率高,客观上要求实行弹性用人制,必然影响客房人员编制和季节性用工需求。

4. 客房楼层管理模式选择

客房楼层设置有"楼层服务台模式"和"客房服务中心模式",前者在每个客房楼层都设服务台,值台服务和客房清洁整理服务分开,24 小时值班;后者是集中设置客房服务中心。两种模式对客房楼层管理人员的编制和用人数量会有较大影响,也是影响客房人员编制的重要因素。

(二) 前厅与客房人员编制的原则

1. 目标导向原则

在前厅与客房运作过程中,每一个职位的工作都应为整个酒店的目标服务,换言之,前厅与客房每一个职位设置的数量都要为酒店最终的营利目标服务。在人员编制时,岗位设置必须切合酒店需要,有助于提高运营效率,对任何妨碍酒店目标实现的部门或岗位都应予以撤销、合并或改造。

2. 等级链原则

通过对上下级管理层次的设置,并赋予管理者权力与责任,实现沟通的传递。

3. 控制跨度原则

根据工作内容的相似性、指导与控制的工作量、下级工作量的大小等因素控制中层管理者直接领导的下级人数,通过合理的管理跨度,实现管理资源的有效利用。

4. 分工协作原则

为提高部门的专业化程度与工作效率,要详细分解部门目标,在人员编制设计时做到既分工明确,又便于互相沟通协作。

5. 有效制约原则

必须对影响部门目标实现的各因素进行详细分析,找出关键性要素,针对性设计人员编制,以节约人力资源成本并提高管理效率。

6. 动态适应原则

在前厅与客房人员配备过程中,要注意人与事、人与岗位的适应性,从不适应到适应有一定的动态发展,在注意人员调整的同时也要加强岗位培训。

二、前厅部与客房部人员编制方法

（一）岗位定员

即常说的因岗设人，指根据工作需要，依据前厅部与客房部的组织架构，根据内设机构岗位职责，确定人员编制及领导职数等。

（二）比例定员

一是根据服务人员数量确定管理者数量，例如6个服务员对应1个领班；二是根据顾客数量确定服务人员数量，例如更大型的酒店要面对更多的顾客数量与更高的服务要求，因此每名服务人员可提供针对性服务的顾客数量相对较少，这意味着需要配备更多的服务人员。

（三）统筹定员

这是常用于员工人数编排的方法，也是最有效却最为复杂的编制方法。它需要考虑众多因素，例如客房部人员编制要综合考虑客房总数、楼层数与楼层分布、客房服务人员工作量、客房年均预计出租率、部门实行工作制等等。

练习与思考

一、选择题

1. 被称为酒店"神经中枢"的是（　　）。
   A. 工程部　　B. 客房部　　C. 前厅部　　D. 收银处
2. 小李第一天到A酒店前厅部工作，当为客人办理入住时，客人看到了小李左手大拇指有一处倒刺，已经有血迹渗出，客人顿时对酒店印象差了几分。上述主要体现了前厅部（　　）。
   A. 是酒店业务活动的中心　　B. 是酒店的"神经中枢"
   C. 是酒店的"形象窗口"　　D. 是酒店临时指挥中心
3. 一般而言，酒店经济收入主要来源于（　　）。
   A. 收银处　　B. 前厅部　　C. 礼宾处　　D. 客房部
4. 小王第一次入住B酒店，入住前预订员详细了解了她的需求，入住时前厅部员工迅速为其办理了入住，离店后，酒店宾客关系专员再次致电了解她的住店感受,这充分说明了(　　)。

A. 酒店对于客人的管理存在于事前、事中和事后全阶段
B. 优质的酒店服务是由酒店各个部门共同完成的
C. 酒店服务要以客人的需求为中心
D. 酒店的存在就是为了向客人提供住宿

二、判断题

1. 前厅部的首要任务是销售客房商品。　　　　　　　　　(　　)
2. 效率是前厅部服务的关键点,质量则不太重要了。　　　(　　)
3. 宾客档案有助于提高酒店科学管理水平。　　　　　　　(　　)

三、名词解释

1. 前厅部
2. 服务质量

四、简答题

1. 小型酒店应如何注重前厅部的服务质量管理?
2. 酒店应如何做好安全管理?
3. 如何理解前厅与客房人员编制的原则?

五、案例分析

凌晨两点,一位女士来电要求转接1216号房,话务员立即转接。第二天上午9时许,大堂经理小雨接到1216号房周小姐的投诉电话,说昨晚的来电并不是找她的,她的正常休息被打扰,希望酒店对此做出解释。经查,电话是找前一位住客刘先生的,他已在21时退房;周小姐是23时入住的。谁知10时左右,原住1216号房的刘先生也打来投诉电话,说他太太昨晚打电话找他,服务员直接把电话转进1216号房,接电话的是一位小姐,引起了他太太的误会,导致他一回家太太就翻脸。刘先生说此事破坏了他们夫妻感情,如酒店不给一个圆满的答复,此事没完!

讨论:如果你是大堂经理小雨,如何圆满解决周小姐、刘先生的投诉?

第二章
前厅部预订业务

学习目标:通过本章学习,能够说出酒店预订业务的主要流程、预订的方式与种类;能够在不同情境下为宾客选择最优预订渠道;能够具备解决预订失约行为给酒店带来负面影响的能力。

核心概念:预订;预订渠道;预订变更;预订失约行为

案例 2-1

"被缩水"的预订

2022年7月,张先生通过预订网站预订了A市某四星级饭店的大床房,要求入住3天。但是在前台办理手续时,前台接待告知张先生,他的预订只有1天,且是标间。此时为A市的旅游旺季,已经没有多的空客房可以为张先生后续两天做安排。张先生听后十分生气,认为是酒店没有看清预订要求导致自己预订的房型没有了,入住时长也"被缩水",订房差错肯定在酒店方。因此,他在前台与接待员僵持不下。

案例分析

张先生为何如此生气?前台接待应如何妥善处理此事?

第一节 预订方式和种类

一、客房预订的含义

（一）客房预订的概念

客房预订是指在客人抵店前对酒店客房的预先约定，即客人通过电话、传真、网络平台等多种方式与酒店联系预约客房，酒店则根据客房的可销售状态，决定是否承诺满足客人的订房要求。

客房预订是双向过程。客人发出预订要求，酒店需要根据自身客房情况，决定是否接受客人的预订。一旦双方有一方条件不满足，客房预订过程则不能完成。

这种预订，一经酒店确认，酒店与客人之间便达成了一种具有法律效力的预期使用客房协议。据此，酒店有义务以预订的价格为客人提供所需的客房。

（二）客房预订的意义

1. 有利于宾客规划自己的行程

一般情况下，宾客在有入住需求的情况下，会根据自己的行程确定自己需要入住的酒店以及入住时间。提前做好预订工作，有助于宾客有效规划行程，节约宝贵时间，避免酒店客满的风险。

2. 有利于酒店满足宾客需求，提升宾客对于酒店的满意度

宾客提前提出自己对于客房的具体要求，酒店就可以提前做好接待准备，在宾客入住期间提供更有针对性的服务，提升宾客舒适感及对酒店满意度，以争取更多客源。

3. 有利于提升酒店服务质量

开展预订业务,在预订过程中提前与宾客"链接",做好感情沟通,通过对酒店及客房、房价、服务设施和服务项目的介绍,加深宾客与酒店之间的了解,有助于酒店形成全面服务的概念,提升酒店服务质量。

4. 有助于酒店吸引客源

通过将酒店预订信息发布到网络、中介机构等地方,扩大宣传范围,能够主动与更多潜在客源交流,有利于酒店提前占领客源市场,提高客房出租率。

5. 有利于酒店预测未来市场

通过客房预订业务的展开,酒店可以提前了解未来一段时间内酒店客源情况,把握市场动向,为销售部门制定及调整销售策略提供依据;在与客人沟通过程中,可以将客人需求进行汇总分析,为酒店未来经营决策提供依据。

二、客房预订的方式

(一) 电话订房

客人或其委托人使用电话预订。当顾客提前预订的时间较短时,采用这种预订方式较为有效,在双向沟通中,酒店方能够直接了解顾客订房需求并及时给予回复,但会存在因顾客表达不清,或服务人员在嘈杂环境以及繁忙工作中接听电话导致失误。因此,相关服务人员要特别注意口齿清晰、重复并确认顾客预订信息、准确记录。

案例 2-2

2021 年 7 月,胡先生因公出差至某省一酒店,虽然该酒店大堂显示今日大床房已客满,但胡先生依旧不慌不忙地表示他先前已通过电话预订,要求办理入住。但前厅接待人员在查询预订系统后发现并无胡先生的预定信息,只能歉意回复并无预订。胡先生生气地从手机翻出与酒店的通话记录说酒店不讲信誉,要投诉。

接待员小李一听,赶忙仔细核查预订系统,发现当日与胡先生电话沟通的是预订员小张,由于小张一时粗心,未与有口音的胡先生进行详细的核对,错把"胡"写为了"符"。巧的是当日正有一位符先生入住,于是造成了接待员的混淆。最终酒店采取免费升级房型的方式以平息胡先生的怒火。

案例分析

前厅接待人员在进行预订工作的时候,要特别注意宾客的姓氏,应主动与顾客核对所有信息,避免出现宾客到店却没有房间入住的情况。

(二) 互联网订房

通过酒店自建网站、手机应用软件、小程序或OTA(Online Travel Agency)平台等进行预订,如酒店集团官网、去哪儿、飞猪、艺龙、携程等,是现在应用较为广泛的订房方式。通过将酒店管理信息系统与各大旅游网站的网络连接,实现更加准确及时的预订信息交流,大型的酒店集团均有完善的中央预订系统。这种预订方式信息全、成本低、渠道广、效率高,由于网络价格一般低于门市价格,受到很多散客青睐。

(三) 面谈订房

客人或其委托人直接来到酒店,与预订员面对面地洽谈预订事宜。销售人员在交流过程中可通过对方的表情及行为推测客人内心的真实想法,面对面的沟通中注意细节,进行产品展示与解说也能够促成交易的达成。这种预订方式非常适合于酒店产品推销。在面谈订房时应注意:①举止大方,以专业化的形象取得顾客信任;②掌握销售技巧,关注消费者微表情,把握顾客心理需求,灵活推销酒店产品;③详细准确记录顾客预订信息,认真做好产品说明。

(四) 其他订房方式

1. 传真订房或信函预订

传真订房是酒店与客人进行预订联系的通信手段之一。其特点是传递迅速、信息完整,可以作为合同及客史档案的证明文件。信函预订是较为传统的预订方式,有一定的正规性,对顾客和酒店都能起到约束作用。

2. 合同订房

合同订房是酒店与旅行社或企业签订的长期订房合同,通常房价较低。这类客房预订的渠道有:

(1) 旅行社订房;
(2) 连锁酒店或合作酒店订房;
(3) 航空公司订房;
(4) 协议单位订房;
(5) 会议组织机构订房;
(6) 政府机关或事业单位订房。

三、客房预订的类型

(一) 临时性预订(Advanced Reservation)

临时性预订是指客人在即将抵达酒店前很短的时间内或在到达的当天联系预订。在这种情况下,没必要给客人确认书,同时也无法要求客人预付定金,所以采取口头确认(包括电话确认);口头确认最主要的是跟客人强调清楚"取消订房时限",一般是晚上6时未抵店,该预订即被取消。当天临时性订房通常由总台接待处受理。

(二) 确认类预订(Confirmed Reservation)

确认类预订是指客人订房已被酒店接受,并答应为订过房的宾客保留客房至某一事先声明的规定时间,如客人到了规定的截止时间仍未抵店,也未与酒店联系,酒店可将为其保留的客房另租给未经预订而直接抵店的其他客人。客房确认预订的方式有两种:一种为口头确认,另一种为书面确认。书面确认与口头确认相比有如下优点:

1. 能复述客人的订房要求,使客人了解酒店是否已正确理解并接受了他的订房要求,让客人放心。

2. 能申明酒店对宾客承担的义务及有关变更预订、取消预订以及其他有关方面的规定,以书面形式确立了酒店和客人的关系。

(三) 保证类预订 (Guaranteed Reservation)

酒店客房产品具有不可储存的特点，当天客房未出租就意味着损失了当天成本与收入，之后无法弥补。而保证类预订是顾客通过支付预付款，向酒店作出前来住宿的保证。若顾客未住宿，酒店仍可收取房费；若酒店未为客人留房，需支付违约金。因此双方形成了较为牢靠的预订关系，这既可约束双方行为，也可保障双方利益。

1. 预付款担保

是指客人通过交纳预付款而获得酒店的预订保证。客人可通过现金、汇款、支票等形式预付定金，要求不少于一天的房费，一旦客人未入住，可从定金中收取房费，避免损失。预付定金确认书（见图2-1）。

```
                  ××××酒店客房预付定金确认书
  尊敬的贵宾，很高兴通知您以下订房已经成功：
  1. 住宿时间___年___月___日至___年___月___日，共计___天。
  2. 抵店时间___年___月___日___时。
  3. 住宿人员情况：总人数___人，其中，男___人，女___人。
  4. 客房需求：
         房型：_____，客房数：_____。
  5. 每日房价（单价×间数）：_____元人民币。

  承蒙您在此信的下联签字、盖章确认，并于___年___月___日前把下列定金汇至我店，不胜
  感激。

  定金：
  开户行名称：
  地　址：
  日　期：___年___月___日
                                              预订经理：
                                              联系方式：

  如您要取消上述订房要求，我们将按下列规定收取费用：
  抵店当日18:00后通知，付100%的取消费
  抵店当日18:00前通知，付50%的取消费
  抵店前2天内通知，付30%的取消费
  抵店前2天通知，不需付取消费。
                                              日　期：
                                              签　字：
                                              公司名称（盖章）
```

图2-1　酒店客房预付定金确认书

2. 信用卡担保

是指客人使用信用卡来担保所预订的酒店客房。客人需将信用卡的种类、号码、失效期及持卡人的姓名告诉酒店，如客人在预订日期未抵达酒店，酒店可以通过信用卡公司获得房费收入的补偿。

3. 合同担保

是指酒店同经常使用酒店设施的客户单位签订合同以担保预订。合同内容主要包括签约单位的地址、账号以及同意对因为失约而未使用的订房承担付款责任的说明，合同还应规定通知取消预订的最后期限，如签约单位未能在规定的期限通知取消预订，酒店可以向对方收取房费等。

（四）等待类预订（Waiting Reservation）

在客房预订已满的情况下，再将一定数量的订房客人列入等候名单，如有客人取消预订或提前离店，酒店就会与客人联系，争取将此类预订转换为确认类或保证类预订。

第二节　预订服务结构与流程

一、客房预订的任务

案例 2-3

某酒店大堂经理接到某旅行社电话，要求为客人预订一间套房。大堂经理根据客人抵达日期查询酒店管理信息系统后，确认有房，将客房设施和价格电话告知对方，并请对方发传真到预订部确认。但旅行社方发来的传真信息显示，其预订客房数量由一个套间变为一个套间和一个标准间，并注明两间房为连通房。预订员由于没有理解客人的要求，为客人订了一个套间和一个与套间相邻的标准间。当旅行社的客人到店入住后，发现房型与预订要求的一间套房不符，不愿承担多余的房费，并提出投诉。

案例分析

如果你是大堂经理,你该如何处置?

酒店设有预订处,专门从事客房预订工作。如果说,酒店前厅是"神经中枢",那么,预订部就是调节和控制酒店客房预订和销售的中心,是超前服务于宾客的部门。

它的任务主要有以下四项:
(1) 接受、处理宾客的订房要求;
(2) 记录、储存预订资料;
(3) 检查、控制预订过程;
(4) 完成宾客抵店前的各项准备工作。

二、预订前的准备工作

(一) 班前准备

预订人员按酒店规定的要求规范上岗,做好交接班;检查计算机、酒店管理信息系统或订房控制盘等设备是否完好,准备好各种资料和用品。

(二) 掌握准确的预订资料

预订人员上班后,应准确地掌握当日及未来一段时间内可预订的客房数量、等级、类型、位置、价格标准等情况,对可预订的各类客房做到心中有数,确保向客人介绍可订客房的准确性。

三、受理预订

决定是否受理一项订房要求,需要考虑以下因素:预期抵店日期、所需的客房类型、所需的客房数量、逗留天数。据此查看是否有房,判断酒店客房的可供情况是否可以满足客人的订房要求,从而决定是否接受预订。

若接受预订,需填写"客房预订单"(见图2-2)。若房况不能满足客人需求,可建议客人做些更改,例如说服客人更改房型,尽量留住客人。若实在暂时不能接受预订,在征得客人同意后,可将客人列入排队等候名单,详细记录客人需求,一旦有能满足客人要求的客房和数量,立刻通知客人。如果最终仍旧无法满足客人需求,则要友好回复客人,并表示期待他下次光临,也可采用礼貌复函的形式表达歉意(见图2-3)。

受理预订中要做到:热情接待,准确报价;记录清楚,处理快速。

<table>
<tr><td colspan="6" align="center">××××酒店客房预订单</td></tr>
<tr><td colspan="3">订房日期: 年 月 日</td><td colspan="3">订房员:</td></tr>
<tr><td>宾客姓名</td><td></td><td>联系电话</td><td></td><td>宾客人数</td><td></td></tr>
<tr><td>客房类型</td><td></td><td>客房数量</td><td></td><td>客房单价</td><td></td></tr>
<tr><td>抵店日期</td><td></td><td>离店日期</td><td></td><td>住店天数</td><td></td></tr>
<tr><td>代理人姓名</td><td></td><td>联系电话</td><td></td><td>公司名称</td><td></td></tr>
<tr><td colspan="6">新订　　修改　　取消</td></tr>
<tr><td rowspan="3">付款方式</td><td colspan="5">客人自付　　现金支付　　信用卡支付　　支票支付</td></tr>
<tr><td colspan="5">公司支付以下费用:
全付　　只付房费　　房费含早餐</td></tr>
<tr><td colspan="5">已到电传/信件/传真　　现金支付　　支票支付　　信用卡支付</td></tr>
<tr><td colspan="2">是否确认了订房</td><td colspan="4">是　　　否</td></tr>
<tr><td colspan="2">通过何种方式确认订房</td><td colspan="4">信用卡　　定金　　其他方法</td></tr>
<tr><td colspan="2">备注</td><td colspan="4"></td></tr>
</table>

图 2-2　客房预订单

```
尊敬的____小姐/女士/先生:
　　感谢您选择了本酒店,但非常抱歉地回复您:由于本店　年　月　日的客房已经订满,
我们无法满足您的订房需求,深表歉意。
　　希望以后能有机会为您服务,我们将倍感荣幸。
                                                    ××××酒店预订处
                                                         年　月　日
```

图 2-3　婉拒致歉信

四、确认预订

确认书主要包括以下五个方面的内容:

1. 重申客人的订房要求，包括住客姓名、人数、抵离店时间、客房类型和数量等；

2. 双方就付款方式、房价问题达成的一致意见；

3. 声明酒店取消预订的规定；

4. 对客人选择本店表示感谢；

5. 预订员或主管的签名、日期(或在酒店管理信息系统中加密签名)。

五、订房变更和取消

1. 如果客人取消订房，应填写取消单，对酒店管理信息系统中的客房预订状况进行调整。

2. 如果客人要求更改订房，预订员要先查阅有无符合客人更改要求后(如客房数量、类型、时间、价格等)所需要的客房，再进行调整。

3. 应尽快给有关部门发变更或取消通知。

4. 有关团体订房的变更与取消，要按合同办理。

5. 尽量简化取消预订的手续，并给予耐心、高效的受理。

六、订房核对

1. 客人抵店前一个月做一次核对。预订员以电话、书信或传真等方式与订房人联系并进行核对，核对的内容是抵达日期、预住天数、客房数量与类型等。

2. 客人抵店前一周做第二次核对。核对的重点是抵达时间、更改变动后的订房和重要客人订房。

3. 客人抵店前一天做第三次核对。这次主要采用电话或短信方式进行，提醒客人按预定时间抵店并对客人表示欢迎。预订员对预订内容要仔细检查，并将准确的订房信息传达给总台接待处。

4. 客人抵店当日做第四次核对。这次主要采用电话方式进行，主要在临近客人预定最晚抵店时间但客人尚未抵店时最终确认客人入住需求，询问客人是否需要取消预订或适当推迟抵店时间并为客人保留客房。若客人抵店时间晚于酒店允许的最晚保留时间，则可引导客人将非保证类预订转换为保证类预订，从而为客人保留客房。

四次核对并非均需要采用，而是根据客人预订和抵店情况灵活选用。如客人为大型团队客户,预订周期较长,则有必要采用第一、二次核对;若客人已经在预定的最晚抵店时间前抵达酒店,则切勿进行第四次核对相关操作。

七、客人抵店前的准备

1. 客人抵店前一周或数日的准备

提前一周或数日,将主要客情,如重要贵宾(VIP)、大型会议及团队、客满等信息通知各相关部门和总经理(见图2-4、2-5)。

本周客情预报表

日期:从___年___月___日至___年___月___日

日期	抵店团队(会议)人数	抵店散客人数	长包用房	抵店用房	到期房	自用房	空房	维修房	出租率

图 2-4　一周客情预报表

重要客人预报表

姓名或团名		客源地	
人数		客房数	
来店日期		到达方式	
离店日期		离开方式	
接待单位		接待单位联系人及接待方式	
住宿要求:				
备注: 经手人:				

图 2-5　重要客人预报表

2. 客人抵店前一日的准备

客人抵店前夕,将具体接待安排以书面形式通知有关部门,使各部门做好对客服务的准备工作(见图2-6、表2-1)。

关于_____会议接待安排如下,请相关部门跟办,多谢合作!
跟办部门:
一、房务安排　　　　　　　**前厅部** & **房务部**
1. 到店时间:___年___月___日
2. 离店时间:___年___月___日
3. 客房安排:
豪华单人房___间　RMB___元
豪华双人房___间　RMB___元
标准单人房___间　RMB___元
标准双人房___间　RMB___元
4. 客房要求:会议客房收费物品全撤,关闭外线等;要求前台提前做好客房安排工作,按照客人提供资料正确排房
早餐安排:凭餐券用早餐,用餐时间为___月___日___:___
各部门签收人:

二、会务安排　　　　　　　**前厅部** & **房务部** & **工程部**
1. 签到处
时间/地点:___年___月___日___:___,设于酒店大堂
内容、布置:
1) 会议时间及人数:___年___月___日___:___至___:___,人数为___位
2) 会议地点:_____会议室
3) 会场布置:会议台摆___形式;设座___位
4) 会议设施:提供有线麦克风___支、无线麦克风___支;会间提供___台饮水机
5) 收费标准:场租为RMB___元/小时×___小时　投影机为RMB___元/台×___台
各部门签收人:
2. 美工制作　　　　　　　　**营销部** & **工程部**
1) 欢迎企牌
时间/地点:___月___日___:___前设于_____。内容:
2) 指示企牌
时间/地点:___月___日___:___前设于_____。内容:
3) 横额
时间/地点:___月___日___:___前悬挂于___。内容:
各部门签收人:
三、安保安排　　　　　　　**安保部**
做好安全保卫工作,预留好___个大巴车位。
各部门签收人:
四、结算方式　　　　　　　**财务部**
该团在使用客房或会议室之前,于前台收银处另付各项保证金,离店前结清所有费用。
各部门签收人:
备注:客人若有临时更改或增加内容,以客人通知为准。

图2-6　会议(团体)接待通知单

表 2-1　VIP 接待通知单

人数	男：　　女：	房号	
来店日期		到达方式	
离店日期		离开方式	
拟住天数		接待标准	
接站要求	抵达方式： 时间： 航班号/车次： 其他：		
接待单位		陪同人数身份	男：　　女：
特殊要求			
审核人		经手人	
备注：			年　　月　　日

3. 客人抵店当天上午的准备

客人抵店当天上午，开房员根据抵店客人名单，预分好客房，并把钥匙信封、住房登记单准备好；将有关细节通知有关部门，以做好接待，共同完成客人抵店前的各项准备工作。

第三节　预订变更服务

酒店接受并承诺了预订，但客人常会因各种原因对原来的预订提出变更要求，甚至可能取消预订。预订员应重视并处理好预订的更改及取消工作。

一、更改预订

（一）更改预订流程

预订的更改是指客人在抵达之前临时改变预计的日期、人数、要求、期限、姓名和交通工具等（见图2-7）。如果客人要求更改订房，预订员要先查阅有无符合客人更改要求后（如客房数量、类型、时间、价格等）所需要的客房。如果有，要接受客人的更改，满足客人的要求，并将订房资料重新整理。若变更的内容涉及一些原有的特殊安排，如接机、订餐、鲜花、水果、房内布置等，应尽快给有关部门发变更通知。在时间允许的情况下，应重新发一张预订确认函，以示前一份确认书失效。如果无法满足客人变更要求，则可作为候补或优先等待名单处理。

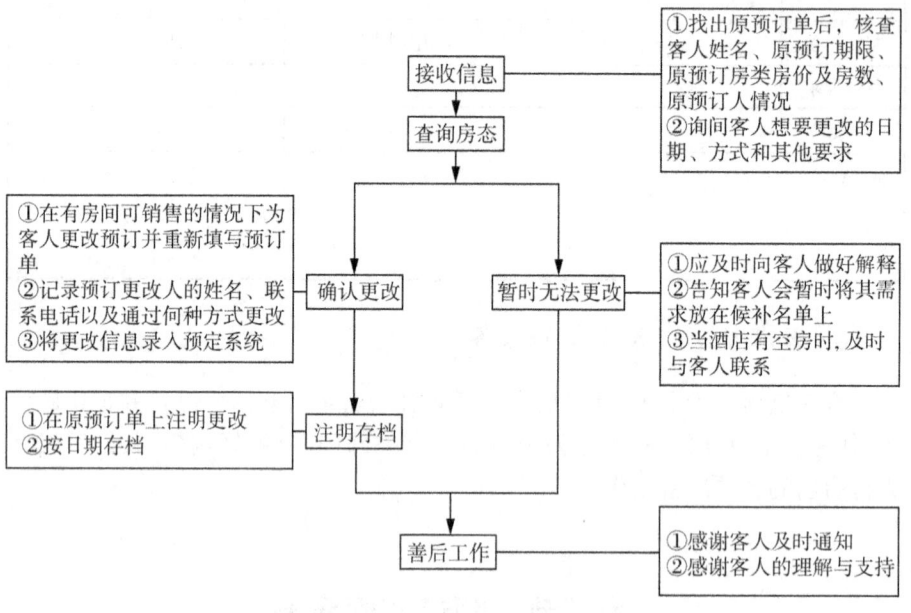

```
                        ┌──────────────────────────┐
            ┌──接收信息──┤①找出原预订单后，核查    │
            │            │  客人姓名、原预订期限、  │
            │            │  原预订房类房价及房数、  │
            │            │  原预订人情况            │
            │            │②询问客人想要更改的日    │
            │            │  期、方式和其他要求      │
            ↓            └──────────────────────────┘
         查询房态
            │
      ┌─────┴─────┐
      ↓           ↓
   确认更改    暂时无法更改
```

①在有房间可销售的情况下为客人更改预订并重新填写预订单　②记录预订更改人的姓名、联系电话以及通过何种方式更改　③将更改信息录入预定系统

①应及时向客人做好解释　②告知客人会暂时将其需求放在候补名单上　③当酒店有空房时，及时与客人联系

①在原预订单上注明更改　②按日期存档　→　注明存档

善后工作　①感谢客人及时通知　②感谢客人的理解与支持

图 2-7　更改预订流程图

（二）非保证类预订的修改

如宾客能在酒店规定的取消时间前抵店，那么他们通常会选择非保证类预订而不是保证类预订。但有时会有出乎意料的变化使宾客无法准时到达酒店，如航班延误，出发时间比预期时间晚，天气不好等。当延误已成定局，有经验的旅行者常常会与酒店或连锁集团的中心预订网联络，告知延误消息或将非保证类订房改为保证类订房。因为他们知道如维持原先的非保证类订房，酒店会过时不候，取消预留房。预订系统必须遵照酒店的政策来操作预订的修改工作。主要步骤有：

(1) 获得非保证类订房资料；
(2) 获取宾客信用卡种类、号码和失效时期；
(3) 如酒店政策有规定,应重新分配新的确认号码给客人；
(4) 根据系统要求的步骤将非保证类预订状态变为保证类预订状态。

（三）预订更改的规定

客人因为自身情况或客观因素难免会出现预订变更的要求,若不对此进行相应的限制,则不便于提供服务以及对资源进行有效管理。因此,各酒店会对变更预订做出相关的规定。例如一些酒店针对散客预订变更,需要根据酒店客房入住情况来对散客的需求予以变更或者取消预订；针对旅行社变更预订减少的房数,通常允许不超过预订数 15% 的变更,或当日订房数 10% 的变更；特约客户单位变更减少的,不超过预订数 15% 的变更。否则,应当比照取消预订的规定,承担超过部分的预订房费用。变更减少预付房款或以信用担保的预订,所有单位或个人均需按预订房总房费全额承担费用。

案例 2-4

某日 23:55,某协议公司预订客人钟先生到广州市某酒店前台要求办理入住手续,因客抵达时间已晚于酒店非保证类预订的最晚保留时间,且客房已满,未能安排客人入住。客人对此非常不满,并称他的飞机 21:00 才从上海飞往广州,故到店时间肯定已过 23:00,而他是酒店的常客,未有预订不到的不良记录,对于晚到而不为他保留客房,钟先生表示失望,并表示回到公司会做出投诉。当值大堂经理向当值接待员了解情况,据当值接待员讲,客人的订单确认最晚到达时间为 23:00,在最后到达时间过后,客人仍未到店,而当晚亦有相当多的未预订客人要求入住而未能满足；直至 23:53,在其他客人的一再要求下,且在当晚 23:00 至 23:53 期间多次联系钟先生未果的情况下,才决定将钟先生预订的客房出售给其他客人。

案例分析

1. 如何平息此投诉?
2. 今后如何避免类似事情发生?

二、取消预订

（一）取消预订的流程

出于各种原因，客人可能在抵店之前取消订房。接受订房的取消时，不能在电话里表露出不悦，而应使客人明白，他今后仍随时都可以光临本酒店。正确处理订房的取消，对于酒店巩固自己的客源市场具有重要意义。经验表明，取消订房的客人中，约有90%以后还会预订该酒店。

客人取消预订时，预订员要做好预订资料的处理工作，在预订系统等资料上修改预订信息，并在备注栏注明取消日期、原因，取消人等，作为重要资料保存（见图2-8）。如果客人在取消预订以前，预订部门已经将该客人（或团队）的预订情况通知各有关接待部门，那么在客人取消预订后，就要将这一新的信息通知以上单位。

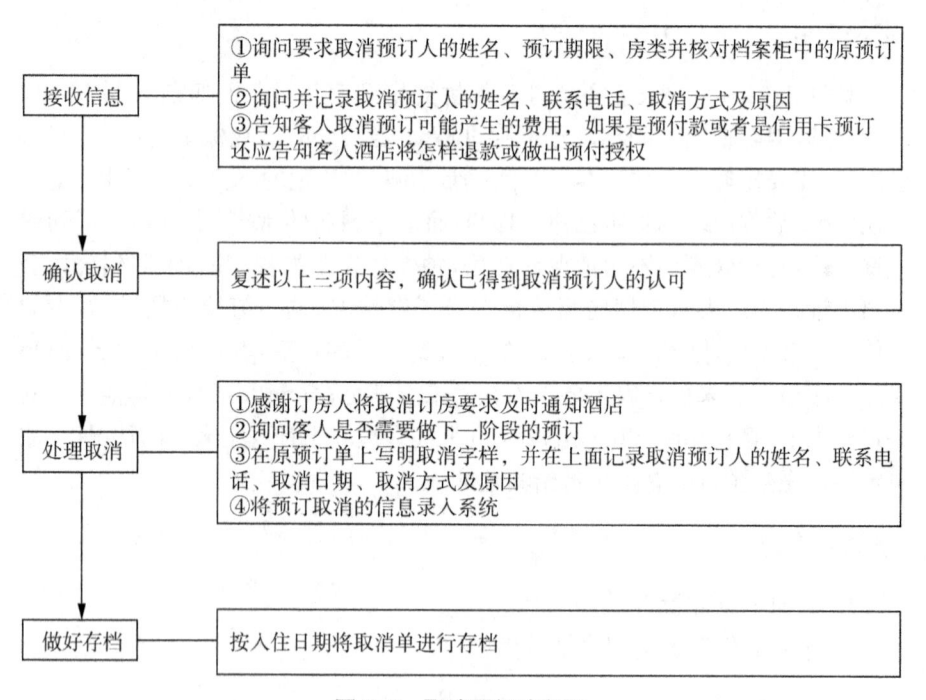

接收信息	①询问要求取消预订人的姓名、预订期限、房类并核对档案柜中的原预订单 ②询问并记录取消预订人的姓名、联系电话、取消方式及原因 ③告知客人取消预订可能产生的费用，如果是预付款或者是信用卡预订还应告知客人酒店将怎样退款或做出预付授权
确认取消	复述以上三项内容，确认已得到取消预订人的认可
处理取消	①感谢订房人将取消订房要求及时通知酒店 ②询问客人是否需要做下一阶段的预订 ③在原预订单上写明取消字样，并在上面记录取消预订人的姓名、联系电话、取消日期、取消方式及原因 ④将预订取消的信息录入系统
做好存档	按入住日期将取消单进行存档

图2-8 取消预订流程图

为了防止因客人临时取消预订而给酒店造成损失或使酒店工作陷入被动,酒店可根据实际情况,比如在旺季时,要求客人尤其是团队客人通过预先支付一定数额的定金进行保证类预订,并在客人抵达前一个月通知对方付款,收款后将有关资料送交前台收银处,待客人结账时扣除。

(二) 取消预订的规定

不同类型的顾客取消预订会造成不同规模的收益损失,因此酒店也会根据不同情况对不同类型的顾客采取不同标准来收取取消预订的房费。例如:

1. 旅游团队需于确认入住日淡季提前三天,旺季提前七天以上取消预订,但已交定金的,不返还定金;于入住日前淡季三天,旺季七天内取消预订的,承担50%的房费;确认入住日当日取消预订的,承担100%房费。

2. 会议团队需于确认入住日前三天以上取消预订,但不退还会议定金;三天内取消预订的,承担50%的房费;确认入住日当日取消的,承担100%的房费。

3. 特约客户单位的散团于确认入住日前一天以上取消预订的,可不承担房费,但已交付定金的,不返还定金;确认入住日当日取消预订的,承担100%房费。

4. 黄金周、节假日、旺季、淡季周末、大型会议和酒店重大活动期间以及某些特殊时期,在提前10天以上书面通知的情况下,酒店可实行预付房款或信用担保的方式预订客房。取消预付房款或以信用担保的预订,所有单位或个人均需按预订房总房费全额承担费用。

5. 由于不可抗力造成的预订取消,订房单位可免责,但应及时以书面形式通知酒店,并提供不可抗力事件的证明。

第四节　预订失约行为及处理

预订客人抵店后,可能会因各种原因,就订房问题与酒店之间发生纠纷,酒店应酌情积极妥善地处理好这些纠纷,从而保障双方合法权益,维护酒店的良好声誉。

一、超额预订

客人向酒店订房,并不是每个人都做保证类预订。经验表明,即使酒店的订房率达到100%,也会有订房者因故不到店、临时取消,或有已入住客提前离店,使酒店出现空房。酒店为了追求较高的住房率,争取获得最大的经济效益,有必要实施超额预订。

超额预订(Overbooking)是指酒店在订房已满的情况下,再适当增加订房数量,以尽量降低因部分客人预订后不到店、临时取消或已入住客人提前离店而出现的客房闲置数量。

超额预订通常出现在旅游旺季,而旺季是酒店经营的黄金季节。如果搞好超额预订,使酒店在黄金季节达到最佳出租率和最大效益,同时保持良好的声誉,对酒店经营管理者来说,这确实是胆识与能力的体现,但同时又是一种冒险行为。因此,超额预订管理要解决如下两个问题:一是如何确定超订数量;二是一旦超订过度,要怎样补救。

(一) 超订数量的确定

超额预订应该有个"度"的限制,超订不足会使部分客房闲置,超订过度则会使部分预订客人不能入住。这个"度"的掌握是超额预订管理成功的关键,它应是有根据的,这个根据来自经验,来自对市场的预测和对客情的分析。

为了确定超额预订数量,须根据订房资料统计下列客人数量和比率:预订不到者、临时取消者、提前离店者、延期住宿者、提前抵店者。掌握了上述资料,就可根据下列公式计算超额预订的数量:

$$X = (A - C + X) \cdot r + C \cdot f - D \cdot g$$

或

$$X = \frac{(A - C) \cdot r + C \cdot f - D \cdot g}{1 - r}$$

假设超额预订率为 R,则

$$R = \frac{X}{A - C} \times 100\%$$

其中:

X 表示超额预订数；
A 表示酒店可供出租客房总数；
C 表示续住房数；
r 表示预订不到和临时取消比率；
D 表示预期离店房数；
f 表示提前退房率；
g 表示延期住店率。

在公式中可以发现，很多决定超额预订数的因素都是基于对未来的预测，要想计算准确，首先要保证对各项指标的预测准确。解决这一问题的最好方法是建立一种准确的预测模型，通过该模型可以准确预测出最佳超额预订数。目前国际上流行的酒店收益管理系统，都提供了强大的预测功能和专门的超额预订模型。

根据公式计算的结果仅供参考，因为它是依据酒店以往的经营统计数据计算的，未来状况会怎样，还要做具体分析，要考虑其他各种影响因素。

1. 掌握好团队订房和散客订房的比例

团队订房是事先有计划安排的，预订不到或临时取消的可能性很小，即使有变化，一般也会提前通知。而散客订房的随意性很大，因各种原因不能如约抵店又不事先告知酒店的可能性相对较大。所以，在团队预订多而散客预订少的情况下，超订的比例要小些。反之，散客订房多而团队订房少，则超订的比例就可大些。

2. 根据预订类型分析订房动态

酒店通常采用三种预订：临时性预订，确认类预订和保证类预订。临时性预订的客人如在当天"取消预订时限"（一般为18点）还没到达酒店，该预订即被取消，故超额预订的弹性也大。确认类预订有充分的时间给予书面确认，向客人收取欠款的风险较小，同时，酒店在失诺时的责任也相对较大，故超额预订的弹性就小。保证类预订确保酒店在出现预订宾客不入住的情况下仍有客房收益，因此，对待保证类预订的那些客房，酒店不应该再超订。

3. 酒店自身状况的影响

超额预订还应结合酒店的类型、周边情况等综合考虑。连锁店凭借着统一预订系统和庞大的分店数量优势,可以大幅度地减少顾客无法入住的问题,从而可以适当提高超订率以提高效益。独立经营店对超订率的规定不宜太高。如果本地区还有其他同等级同类型的酒店,可以适当提高超订幅度,万一因超订量过大而无房提供,可以介绍客人到其他同类型酒店。

4. 其他特殊情况

超额预订数量的确定还应考虑诸如天气、自然灾害等特殊情况。恶劣的天气常造成航班被取消,渡轮停驶。如这种天气出现在预订的当天,那么"已经预订的客人到期不出现率"肯定会大幅提高,所以对天气情况的预测便成为确定超订率的重要依据。此外,如果在顾客的预订到达期前两三天,其所在地发生不利的突发性事件,肯定会影响客人的行程。但往往由于事发突然,客人来不及取消。对酒店来说,适当增加到达当天的预订量,可以带来更大的销售利益。

总之,通过对上述几方面因素的分析,各酒店可根据自己的实际情况,做好资料的收集、积累工作,认真总结经验,合理地确定超额预订的数量或幅度,既能使酒店最大限度地销售产品,增加收益,又能满足客人的订房需要,不致产生订房纠纷。根据国际酒店管理经验,超额预订的比率一般应控制在5%～15%。

(二) 超订过度的补救措施

超额预订是订房管理艺术的最高体现,处理得好会提高客房出租率,增加酒店的经济收益。但超订数量的确定毕竟是根据过去的经营统计资料和人们主观分析而得出的结果,而未来将要发生的事情中很多因素的变化是难以准确预料的。所以,超额预订的失败也时有发生。如果发生超订过度,客人持有酒店发给的预订确认函,又在规定的时限内抵达酒店,酒店却因客满无法为他们提供所订客房,必然引起客人极大的不满,这无疑将会给酒店带来很大麻烦。因为接受并确认了客人的订房要求,就是酒店承诺了订房客人具有得到"自己的住房"的绝对权利。发生这种情况,就是酒店方的违约行为。所以,必须积极采取补救措施,妥善安排好客人住宿,以消除客人的不满,挽回不良影响,维护酒店的声誉。

按照国际惯例,超订过度的一般做法是:

1. 与本地区酒店同行加强协作,建立业务联系。一旦发生超订过度,出现超员,可安排客人到有业务协作关系的同档次同类型酒店暂住。

2. 客人到店时,由主管人员诚恳地向其解释原因,并赔礼道歉。如有需要,还应由总经理亲自出面致歉。

3. 派车免费将客人送到联系好的酒店暂住一夜。如房价超过本店,其差额部分由本酒店支付。

4. 免费提供一次或两次长途电话或电传,以便客人将住宿地址临时变更的情况通知其家属和有关方面。

5. 对属连住又愿回本店的客人,可建议客人留下大件行李。次日排房时,优先考虑此类客人的用房安排。次日一早将客人接回,大堂经理在大厅迎候并致歉意,陪同办理入住手续。

6. 客人在店期间享受贵宾待遇。

案例 2-5

在旅游旺季,各酒店出租率均较高,为了保证经济效益,一般酒店都实行超额预订。一酒店某日,经大堂经理及前台的配合,大部分客人已被安排妥当。当时 2305 客房为预离房,该客人直至 18 点时才来前台办理延住手续,而此时,2305 客房的预抵客人已经到达(大堂经理已在下午多次打电话联系 2305 客房预离客人,但未取得联系)。大堂经理试图向刚刚到达的客人解释酒店超额预订,并保证将他安排在其他酒店,一旦有客房,再将其接回,但客人态度坚决,称"这是你们酒店的问题,与我无关,我哪也不去"。鉴于客人态度十分坚决,而且多次表示哪怕客房小一点也没关系,他就是不想到其他酒店,在值班经理的允许下,大堂经理将客人安置到了值班经理用房,客人对此表示满意。

案例分析

1. 什么是超额预订?超额预订房数量应考虑哪些因素?
2. 预离客人未走,预抵客人已经到达,而一时又没有周转房调剂怎么办?
3. 如何处理超额预订引起的投诉?

二、其他订房纠纷处理

酒店因客满不能安排预订客人入住,或客人抵店时酒店所提供的客房不能尽如人意等情况时有发生。一旦发生订房纠纷,酒店应根据不同情况妥善处理。

(一) 引起订房纠纷的常见原因

日常发生的订房纠纷,除了如前所述因酒店实施超额预订引起的之外,还有以下几个主要原因。

(1) 客人抵店时间已超过规定的截房时间,或是未按指定的航班、车次抵达,事先又未与酒店联系,酒店无法提供住房。

(2) 客人打电话到酒店要求订房,预订员同意接受,但并未履行确认手续,客人抵店时无房提供。

(3) 客人声称自己办了订房手续,但接待处没有订房记录。

(4) 客人与酒店在价格上发生争执,或客人因不理解酒店入住和客房方面的政策及当地法规而产生不满。

(二) 处理订房纠纷的常见措施

酒店在处理上述订房纠纷时,既要分清责任,维护自身的合法权益,又要耐心、诚恳,设身处地为客人着想,以同理心,站在客人的角度思考问题,尽力帮助客人解决问题。注意"情、理、法"三者兼顾。

(1) 第一种情况,虽为确认订房,但已超过了酒店规定的留房时限。显然,因这种情况发生纠纷,责任不在酒店一方。但是对客人同样要热情接待,耐心解释,并尽力提供帮助,绝不可与客人争吵。如果酒店没有空房,可与其他酒店联系安排客人入住,但酒店不承担任何费用。

(2) 第二种情况,虽无书面凭证,但从信义上讲,口头承诺应同书面确认一样生效。遇到这种情况,应向客人道歉,尽量安排客人在本酒店住宿,实在无房提供,可安排客人在附近酒店暂住,次日接回并再次致歉。最忌处理此类问题时借口未确认而对客人失礼。

(3) 遇到第三种情况,接待处要与预订处联系,设法找到客人的订房资料,看是否放错位置或丢失,或是其他原因。如经查找,确认客人是前一天的订房客人,但未能按时抵店,或是客人提前抵店,在酒店客满的情况下,总台接待人员应尽力提供各种帮助,为客人解决面临的困难。如经查找,确认客人是当天抵店的订房客人,但酒店此时已无法提供客房,必须将客人安排在其他酒店,那么应按超订过度的补救方法处理。

(4) 遇到第四种情况,总台接待人员必须耐心而又礼貌地向客人做好解释工作,使其既接受现实又不致产生不满情绪,无论如何都不能与客人发生争执。

总之,处理订房纠纷是一个复杂、细致的工作,有时甚至很棘手。总台服务人员要注意平时多积累经验和技巧,善于把握客人心理,做好善后工作,防止类似纠纷的不断发生,还应记录对酒店负有失约责任的住客名单,呈报管理部门,并写入客史档案。

客房预订工作业务量大,渠道、方式多且经常出现订房变更,所以很容易出现工作失误。预订人员在订房的全过程中要认真负责,按规范要求细致地处理每一个问题,以保证预订工作的准确性,减少差错和纠纷(见图2-9)。

```
甲方：_____(以下简称甲方)      地址：_____
乙方：_____(以下简称乙方)      地址：_____
甲、乙双方按照互惠互利的原则,就酒店客房预订业务达成以下协议:
一、关于房型和房价
1. 乙方向甲方提供客房价格如下:(单位:人民币)
客房类型：_____
门市价：_____
前台价：_____
底价：_____
会员价：_____
早餐类型：_____
备注：
加床：____元 中早：____元 西早：_____元 汇率：_____(以上价格含酒店服务费)
2. 若乙方门市散客价格调整或推出特惠价格,乙方应及时通知甲方;如乙方价格下降,则给予甲方的协议价格应根据下降比例作相应下调,以便使甲方销售价格始终低于乙方现行门市优惠价格。
3. 若乙方给予订房公司的协议价格临时调整时未能提前三天书面或电子邮件通知甲方酒店业务部,乙方将允许甲方的预订客户在变价前预订的客房按原协议价格入住。
4. 当甲方客户入住酒店时,乙方按甲方传真所指定的协议价格直接向客人收取所有房费。
二、关于客房预订
1. 甲方免费为酒店进行客源招徕与必要的促销,乙方负责协调酒店销售部、预订部及前台,配合好甲方预订单的落实确认与到店客人的入住安排。
2. 在非常情况下,乙方每天提供_____间客房作为保留房供甲方预订,乙方应确保甲方在保留房数额内的订房,甲方将积极为乙方提供的保留房进行促销。
3. 当乙方房量紧张时,乙方应提前通知甲方以便甲方能及时调整预订并向客户作出解释;对于紧急订房,在无法联系到乙方销售人员的情况下,甲方将直接发传真至乙方前台,由乙方前台按甲方传真内容预予以接待。
4. 如因乙方原因造成甲方客人不能顺利入住,乙方应负责免费给客人升级或在客人同意的前提下,将甲方客人安排在同星级且价格相同的酒店,佣金应照常返还。
5. 甲方客人退房时间为中午12:00时,如客人要求延迟退房,乙方可视当天房态情况尽量满足甲方客人的要求。
```

6. 当甲方客人直接向乙方要求延住时,乙方应要求客人及时通知甲方且必须通过甲方重新预订。如有特殊情况,乙方可按甲方原先的传真预订价格先给客人续住,然后应通知甲方预订部补发延住预订单。

三、关于甲方订房夜审
甲方订房夜审有如下2种方式,乙方决定选择第_____项合作方式。
1. 甲方于当天24:00前后,以电话形式直接与酒店前台联系。酒店应通知前台给予配合,正确告知甲方预订的客户是否到店、甲方客户入住房号、续住或提前离店的情况。
2. 甲方于第二天上午将前一天的预订单汇总表以及已住店客人情况表发往酒店销售部,由酒店专人在预订单汇总表上填写客人入住房号,在已住客人情况表上填写客人正确的离店日期并于当天下午回传甲方。

四、关于对账、返佣及其他奖励措施
1. 甲方在每月5日前向乙方提供上月经夜审后的甲方客人入住详细资料。经双方核对确认后,订房佣金由乙方在每月15日前汇入甲方指定的账号,并由甲方向乙方开具发票。如果乙方未能按时汇款,甲方向乙方收取每日1‰的滞纳金。
2. 当双方的间夜数有出入时,以乙方收银记录为准,如有跨月的订房,计入下月。
3. 为鼓励甲方大力推销乙方客房,乙方另制定奖励措施如下:

五、其他
1. 本合同一式两份,双方各执一份,合同经签署后具有法律效应。
2. 本协议执行有效期:___年___月___日至___年___月___日。
3. 甲、乙双方不得将本协议的条款向第三方公布。
4. 本协议所有事宜以及操作程序,双方均由专人负责。
5. 合约双方不得单方面擅自变更或终止本协议。
6. 本合同未尽事宜可经双方协商解决,如双方对本合同的执行有争议且无法协商解决,双方同意将争议事项提交所在地仲裁委员会,按照仲裁委员会的仲裁规则进行裁决。

甲方:_____　　　　　　业务联系人:_____
地址:_____　　　　　　电话:_____
公司签署人:_____(盖章)
乙方:_____　　　　　　业务联系人:_____
地址:_____　　　　　　电话:_____
酒店签署人:_____(盖章)

签署日期:_____
签署地址:_____

图 2-9　酒店客房预订协议

练习与思考

一、选择题

1. 小王计划今年"五一"出去旅游,以下几种方式中,可以预订到客房的有(　　)。

　　A. 致电意向酒店　　　　　　B. 在第三方网站预订
　　C. 通过旅行社预订　　　　　D. 致电熟悉的酒店销售预订

2. 今年暑假的周末，A 酒店前台处异常忙碌，有宾客预订了客房，但是抵店时酒店却没有客房，此时，正确的处理方式有（　　　　）。
   A. 先做好手头的事，让客人在大堂等到有房为止
   B. 安排客人到有客房的兄弟酒店入住
   C. 酒店有房时，第一时间接客人回来
   D. 客人回来后，提供其他优惠

二、判断题
  1. 刘女士预订了 A 酒店的客房，酒店有义务将客房保留至刘女士预订当天下午的 6 点。　　　　　　　　　　　　　　　（　　）
  2. 只要是客人需要订房，都可以满足，不用考虑别的因素。（　　）

三、名词解释
  1. 客房预订
  2. 超额预订

四、简答题
  1. 请简述客房预订的意义。
  2. 酒店预订处实习生小王接到了张女士的家庭游客房预订要求，请以思维导图的形式展现出小王的工作流程。

五、解答题
  "十一"期间，A 酒店接到刘先生的预订，由于预订期内刘先生所需要的房型均已订出，酒店无法满足刘先生的需求。小张是预订处的员工，需要给刘先生写一封婉拒致歉信。请你帮助小张写一封致歉信。

第三章
前厅部接待业务

学习目标：通过本章学习，能够归纳出完成前台接待业务所具备的能力；能够做好接待准备并根据客房状况给宾客进行入住登记；在熟知酒店可提供服务的基础上做好客房商品推销。

核心概念：接待；客房状况；登记入住；客房推销

案例 3-1

某高校教授服务质量管理的张教授步出酒店电梯，看了看手表。时间是星期四上午 10 时。他很高兴昨天夜里 11 点半到达酒店后能睡上一觉。新的一天开始了，他现在想做的事是好好吃一顿早餐。他朝前台走去，想问酒店的餐厅在哪里。

"早上好！"站在柜台后面的男子说，"有什么需要帮忙的吗？"

"酒店有餐厅，对吗？"

"有的，餐厅最近还获得了本市杂志颁发的美食家金奖。"

"那好，今天有机会品尝一下，不知获奖菜肴好不好吃，不过我现在真想吃一顿好早餐。"

"好的，先生，我们为您备了位置。"

张教授从前台接待员处了解了餐厅的方位，过了 2 分钟，他走进明亮的、装潢华丽的餐厅，在餐桌边坐下。环顾四周，他注意到有六七人在早餐台和咖啡桌边徘徊，望过去，那些食物不是很吸引人。

过了几分钟还是没有服务员过来，张教授叫了正从其他桌子走过来的女服务员，向她要了份菜单。10 分钟过去了，他再次让她过来。他想，这里的菜点一定好得出奇，因为服务那么差，餐厅还能获奖。

"什么事情，先生？"女服务员边说边走近他的餐桌。

"我想点早餐,我想要一个……"

"对不起,先生,我们9点45分停止供应早餐。"

"好吧,那我想用午餐可以吗?我饿了。"

那女服务员咬咬嘴唇说:"我们要到11点一刻才开始供应午餐,现在离午餐供应还有一个多小时。"

看到别人在用早餐而自己被拒之门外,实在很令人沮丧。

"好吧。"他很不高兴地说,"来杯橙汁可以吗?我去客房拿一下我的笔记本电脑,可以……"

服务员摇摇头说:"对不起,我们要到午餐开餐时才接受订座,我们也接受预订。"

"我明白了。"他边说边想,为什么前台那位男士不把这些事情告诉他呢?

"好吧,可以给我推荐一点附近的好吃的吗?"

"到马路对面的商场,里面有一条美食街。"

20分钟后张教授从商场的"美食街"回来,他已用过了快餐。当他穿过大厅时,前台接待员叫住了他,"您的早餐怎么样,一定非常棒吧。"

"不,我觉得名不副实。"张教授回答道。

前台接待员很震惊地看着他,"哦,对不起,不好意思,希望您给我们机会下次再为您服务。"

"不必了。"张教授边说边走进了电梯。

案例分析

接待服务是酒店前台的重要工作内容。前台工作人员担负着直接为宾客服务的工作,不仅需要微笑和热情,更应该按照前台接待的相关程序和标准来提供服务,从而建立良好的宾客关系。前台接待的主要工作包括客房销售、入住登记、修改客单、沟通协调、房态管理等。

张教授住的酒店的员工应采取哪些措施来改进他们的服务?

第一节　接待准备

一、接待准备工作的内容

前厅接待处的主要职责是接待散客和团队客人，完成他们的入住登记，并根据不同地区和国家客人的住宿要求，合理安排他们的客房。为了缩短办理入住登记的时间，提供准确、快捷的服务，接待员应做好接待前的准备。除此之外，淡季时入住率较低，若集中排房，可以合理分配资源，比如尽量排一栋、排同一层，并安排状态相对较好的客房。但淡季也要注意客房的平均使用，保持客房设施新旧程度均匀。

（一）制定用房预分方案

我们可以按以下顺序进行分房（见图3-1）：

1. 团队用房的预分。按照"团队接待通知单"的用房要求，填写排房名单，团队用房要尽量安排得相对集中，避免分散带来的不便。依据已掌握的信息，事先将已知的内容填入"团队客人登记表"，并按分配表为每位客人制作房卡、准备好钥匙。

2. 贵宾（VIP）用房的预分。根据VIP客人的接待规格，分配不同类型的客房，在客房的选择上应是同类客房中方位、视野、景致、环境、客房保养等方面处于最佳状态的客房，并注意客房的保密与安全。将装有欢迎卡和钥匙的信封及登记表放至大堂经理处。

3. 常客用房和有特殊订房要求的客房预分

（1）对于常客用房，接待人员应根据"客人历史资料卡片"代为填写入住登记表，只留客人签名一项空白，待客人到达时由客人亲自填写。

（2）对有特殊要求的订房，接待人员可根据实际情况，尽量满足客人的要求。例如：①对于老、弱、伤残和带小孩的客人，一般应安排在低层、离服务台或电梯较近的客房，以便于服务人员对其照顾，也便于客人的出入。②要注意房号的忌讳,如西方客人忌"13",我国港澳地区及沿海等地的客人忌"4""14"等带有"4"(音同"死")字的楼层房号,因此,不要把这类客房分给上述客人。考虑到这些忌讳,目前很多酒店在楼层设置上没有"13""14"楼层,而用"12A""12B"层来代替。

4. 已付定金等保证类预订客人的客房预分。可根据这类客人的订房要求,预先分配客房。

5. 普通预订但已通知具体航班、车次及抵店时间的客人的客房预分。

```
团队用房的预分
    ↓
贵宾(VIP)用房的预分
    ↓
常客用房和有特殊订房要求的客房预分
    ↓
已付定金等保证类预订客人的客房预分
    ↓
普通预订但已通知具体航班、车次及抵店时间的客人的客房预分
```

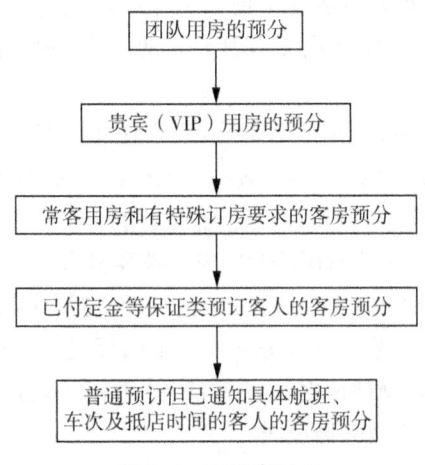

图 3-1 预分房顺序

(二)检查待出租客房情况

1. 对于预留的客房,接待人员要同客房部保持联系,随时注意电脑端客房状况的变化,尽快使待出租客房进入出租状况。大堂经理和前台主管要各司其职。

2. 要准备好可出租的客房。此时接待人员必须查明当日可供出租的客房数,以及近期的客房状况和客情,以决定当日有多少客房可向未预订客人提供。

3. 准备入住资料。将登记表、欢迎卡、房卡、账单和其他有关单据表格等按一定的顺序摆放,待客人使用。

二、客房状况的显示及控制

（一）客房现状显示系统

客房现状显示系统，又称客房短期状况显示系统，可显示每一间客房的即时状态，前台接待处的排房和房价调整等工作完全依赖此系统提供的状况。准确控制房态是做好酒店客房销售工作以及提高接待服务水准的前提。酒店的客房随着客人入住和离店等活动而处于各种状态的不断变化之中。不同客房现状如下：

1. 住客房（Occupied,OCC），即客人正在使用的客房。
2. 走客房（Check Out,C/O），表示客人已经结账并已离开客房。
3. 空房（Vacant,V），即昨日暂时无人租用的客房。
4. 未清扫房（Vacant Dirty,VD），表示该客房为没有经过打扫的空房。
5. 外宿房（Sleep Out,S/O），表示该客房已被租用，但是住客在外过夜，前台人员应该在计算机上对该客房做外宿未归标记，将此信息通知大堂经理和客房部，大堂经理会双锁该客人的客房，并做记录，客人返回后，则由大堂经理为客人开启房门并做解释说明。
6. 维修房（Out Of Order,OOO），又称病房，表示该客房因设施设备发生故障，暂时不能出租。
7. 已清扫房（Vacant Clean,VC），又称 OK 房，表示该客房已清扫完毕，可以重新出租。
8. 请勿打扰房（Do Not Disturb,DND），表示该客房的客人因睡眠或者其他的原因不愿服务员打扰。
9. 贵宾房（Very Important Person,VIP），表示该客房的客人是酒店的重要客人。
10. 常住房（Long Staying Guest,LSG），又称长包房，即长期由客人包租的客房。
11. 请即打扫房（Make Up Room,MUR），表示该客房住客因会客或者其他的原因需要服务员立即打扫。
12. 轻便行李房（Light Baggage,L/B），表示该客房的住客行李很少，为了防止逃账，客房部应及时通知前台。

13. 无行李房(No Baggage, N/B)，表示该客房住客没有行李，为避免逃账行为发生，应通知前台。

14. 准备退房(Expected Departure, E/D)，表示该客房的客人应在当天中午12点以前退房，但现在还未退房。

15. 保留房(Blocked Room, B/R)，即预留给将入住的团队、会议客人的一种内在掌握的客房，前台人员应在计算机上做好标记，防止将其出租给其他的客人而引起不必要的麻烦。

16. 双锁房(Double Locked, D/L)，即住客在客房双锁客房，服务员用普通钥匙无法开启房门，对此应加以观察，可能是误操作，也可能是客人生病等。当酒店发现客房内的设备严重损害或者房内有暴露的贵重物品或发生刑事案件时，也应双锁客房，等待调查。

17. 加床(Extra Bed, E/B)，表示该客房有加床。

（二）客房预订状况显示系统

又称长期状况显示系统，可显示未来某一时间内，某种类型客房的可销售量。

有助于进行客史档案的建立、客账管理、各种报表的形成、营业收入汇总等工作，可用于前台及整个酒店的管理工作。

三、客房状况报表

（一）客房状况报表

客房状况报表是接待处根据客房状况显示架或电脑所显示的客房状况以及订房资料，每天定时制作的报表(见图3-2)。制作此表的目的，是通过定时统计来确定客房的现状以及预订状况。

（二）客房状况调整表

将未经预订直接抵店、延期离店和换房等情况汇集起来，形成客房状况调整表(见表3-1)。它的作用主要体现在两点：一是用于预订处与接待处之间的信息沟通，使预订处根据调整表中的内容，更改并建立新的客房预订汇总表；二是调整表上的统计数字，可以使接待处掌握有多少临时取消住店、已预订但未到店、提前离店和逾期离店的客人,以及他们所占客源的百分比。这些数字对客房的销售起了很大作用。

酒店状况 HOTEL STATUS		客房部状况 HOUSEKEEPING STATUS	
酒店客房总数 ROOMS IN HOTEL	445	住客房 OCCUPIED	210
待修房 OUT OF ORDER	14	尚未打扫 DIRTY	170
不可使用房 OUT OF INVENTORY	0	打扫完毕 CLEAN	11
可出租房 RENTABLE ROOMS	431	空房 VACANT	250
住客房 OCCUPIED	210	尚未打扫 DIRTY	200
预计离店 DUE OUT	17	打扫完毕 CLEAN	50
当晚可租房 AVAILABLE TONIGHT	240	住客统计 IN HOUSE STATISTICS	
确认类订房团队 GTD;GROUP	0	实际抵店 ACTUAL ARRIVALS	30
散客 INDIVIDUAL	8	实际离店 ACTUAL DEPARTURES	102
		延期离店 EXTENDED STAYS	2
非确认类订房团队 NON-GTD;GROUP	2	提前抵店 EARLY ARRIVALS	0
散客 INDIVIDUAL	40	提前离店 EARLY DEPARTURES	5
		住客人数 CURRENT OF GUESTS	470
尚未订出的客房数 NOT RESERVED	170	成人 CURRENT OF ADULTS	456
现时出租率 CURRENT OCCUPANCY	39	儿童 CURRENT OF CHILDREN	14

图 3-2　客房状况报表

表 3-1　客房状况调整表

房号	类型	姓名	需作调整的日期		备注
			自	至	

星期＿＿＿＿　　日期＿＿＿＿

备注：未经预订，直接抵店　　　N/R
　　　延期离店　　　　　　　　EXT.
　　　取消　　　　　　　　　　CNL.
　　　提前离店　　　　　　　　UX-DEP
　　　订了房，但未抵店　　　　NS

（三）接待情况汇总表

接待情况汇总表是指接待处将客房状况显示架及电脑中所显示出的客房状况记录下来而形成的接待情况报告（见表3-2）。它的作用主要是为制作客房营业报表以及前厅的统计分析报表提供资料。

表 3-2　每日接待情况表

预期到达
EXP'D ARR
预期离开及空房　　　　　　　　　　　　　　　　　　　日期
EXP'D DEPT & UACAAE ROOMS
客房情形
ROOM SITUATION

每日到达	如期离开		提早离开		延期至		取消空订	转房			表数	备注	负责人员签署
	房号	日期	房号	日期	房号	日期		由	到	—	+			

（四）VIP 客人或团队名单

VIP 客人或团队名单，是接待员将 VIP 客人和团队客人的有关信息，根据客房状况显示系统提供的资料制作而成。它的作用是使酒店及时掌握在店的和即将抵店的贵宾、团队客人的信息，以便酒店做好各方面的准备工作。

（五）住店客人名单

住店客人名单，就是将所有住店客人的姓名登记下来。一般酒店编制住客名单主要采用两种方法：一是按照酒店客房房号的顺序排列，二是按照住客姓名的首字母的顺序排列。制作住店客人名单的作用，是便于前台各部门的对客服务。

（六）预期离店客人名单

预期离店客人名单，是根据客人在填写入住登记表时填写的离店日期汇总而成的。此表一般是按楼层、房号的顺序排列，其作用主要是为前台各部门和客房部提前做好客人离店准备工作和客房的重新预订销售提供依据。

第二节　登记入住

一、登记入住概述

（一）登记入住的目的

1. 根据《旅馆业治安管理办法》等有关规定，旅馆接待旅客住宿必须登记。登记时，应当查验旅客的身份证件，按规定的项目如实登记。接待境外旅客住宿，还应当在24小时内向当地公安机关报送住宿登记表。

2. 通过办理入住登记手续，可以使酒店与客人之间的责任、权利和义务通过法律手段明确下来，也就是与客人建立合同关系。

3. 客人通过入住登记确定房号、房价、住宿期及付款方式等基本事项，酒店则告知客人消费客房产品应注意的事项，如退房时间、贵重物品保管等。

4. 入住登记是酒店取得客源市场信息的重要渠道，通过办理入住登记手续，酒店可获得住客的个人资料，如姓名、职业、国籍、出生年月、兴趣爱好等基本信息，有利于酒店提供个性化服务，建立客史档案及日后推介酒店产品等工作的开展。

5. 可以掌握客人的付费方式,保证客房销售收入。
6. 可以保障酒店及客人生命财产的安全。

(二) 入住登记的证件

在国内,酒店在入住登记过程中,可供查验的旅客身份证件主要包括:①中华人民共和国居民身份证(含中华人民共和国临时居民身份证);②军官证;③港澳台居民居住证;④护照;⑤外国人居留证件;⑥居民户口簿;⑦驾驶证;⑧社保卡;⑨集体户口簿(提供集体户口簿地址页和本人的常住人口登记卡,集体户口簿地址页为复印件的,需加盖公章确认)等。

(三) 入住登记的内容

酒店入住登记表必须满足下列条件:
1. 国家法律对中外宾客所规定的登记项目:国籍、姓名、出生日期、性别、护照和证件号码,签证种类、号码及期限、职业、停留事由、入境时间和地点及接待单位。
2. 酒店运行与管理所需的登记项目:客房号码、每日房价、抵离店时间、结算方式、住址、住客签名、接待员签名、酒店责任声明。

二、入住登记的程序

(一) 主要程序

主要程序如下:主动问候客人→确认客人有无预订→填写住宿登记表(或在酒店管理信息系统中录入相关信息,住宿登记表如表 3-3 所示)→排房与定房价→明确付款方式→在旅馆业治安管理信息系统中进行实名认证登记→收取押金或预授权→请客人在酒店住宿登记表上签字确认→发放房卡并作入住提示→完成入住登记手续→建立相关宾客档案。

(二) 不同类型客人入住程序

1. 有预订的散客

有预订有散客入住接待程序与标准如下(见表 3-4)。

表 3-3　酒店住宿登记表

年　　月　　日

姓名：	性别：	出生年月：	房号：	同宿人：
身份证号码：			来源地：	
付款方式：现金/信用卡/支票		已收到押金(大写)：　万　仟　佰　拾　元　￥：		
到店日期：			离店日期：	
有无贵重物品寄存				
宾客签字：			接待人员签字：	

表 3-4　有预订的散客入住接待程序与标准

程序	标准
1. 问候与查询	①当客人抵达酒店时,首先表示欢迎,有礼貌地问明客人姓名并以姓氏称呼(××先生/××女士) ②客人到达前台,但你正在忙碌时,应向客人示意,表示他不会等候很久(如客人已等候多时,应首先向客人道歉) ③在办理入店手续时,要查看客人是否有留言,及电脑中所注明的特殊要求及注意事项
2. 为客人办理入住手续	①与客人确认预订信息 ②核对一切有关文件,包括护照、身份证、签证有效期、信用卡签字的真实性等 ③为客人分配一间符合其需要的客房,并与其确认房价和离店日期
3. 提供其他帮助	入住手续完成后,询问客人是否需要行李员帮助;告诉客人电梯的位置,并祝愿客人在住店期间过得愉快
4. 信息储存	①接待客人完毕后,立即将所有有关信息输入电脑,包括客人姓名的正确书写、地址、付款方式、国籍、护照号码、离店日期等 ②检查信息的正确性,并输入客人的档案中 ③登记卡要存放进客人入住档案中,以便随时查询

2. VIP

VIP(Very Important Person),意为非常重要的客人。酒店虽然提倡服务无差别,但不是向每位客人都提供 VIP 服务。酒店通常对每一位客人都按照 VIP 客人的服务模式提供服务,这是在向客人提供翔实的酒店信息,反映酒店接待的艺术与技巧,而提供 VIP 服务的对象主要包括在政治、经济以及社会各领域有一定成就、影响力和号召力的人士,VIP 服务是酒店完善的、标准的接待规格。VIP 接待是酒店优质服务体系的集中体现(见表3-5)。VIP 客人的等级可分为以下4类:

VA——国家元首,省部级单位主要领导;

VB——市厅级以上单位领导,投资集团、企业高管,同星级饭店董事长、总经理,省级国有旅行社或影响力较大旅行社的总经理,对酒店有过重大贡献的人士,酒店邀请的客人;

VC——社会名流(演艺界、体育界、文化界),酒店邀请的客人(业务客户);

VD——个人全价入住酒店豪华客房3次以上的客人,个人全价入住酒店客房10次以上的客人,酒店邀请的客人。

表3-5 VIP客人入住接待程序与标准

程序	标准
1. VIP客人入住前	①前台接待人员打印次日VIP报表并查看预付单,为次日预抵的VIP客人锁定客房 ②如客人晚到,应通知客房部在下班前(17:30左右)准备鲜花送至客房,保持其新鲜美观,做好协调工作 ③次日当班接待人员核准房态后,根据客人的国籍以及VIP等级制作中英文问候卡,VB、VC、VD都制作问候卡,VA制作问候卡和欢迎卡。在客人到店前使用房卡,将欢迎卡和问候卡摆放在客房中 ④如果VIP客人乘飞机到达,接待人员根据客人所乘的航班,与查询台确认飞机落地的准确时间 ⑤前台、行李员要熟记预抵VIP客人的姓名和预订单所提供的有关客人信息 ⑥如客人有特殊要求,接待人员要亲自到机场做接待工作
2. 办理入住手续	①准确掌握当天预抵VIP客人的姓名 ②以客人姓氏称呼(××先生/××女士),及时通知大堂经理,由大堂经理亲自迎接 ③大堂经理向客人介绍酒店设施,并亲自将客人送至客房 ④在客房内为VIP客人办理入住登记手续
3. 信息储存	①复核有关VIP客人资料的正确性,并准确输入电脑 ②在电脑中注明VIP客人以提示其他部门或人员注意 ③为VIP客人建立档案,并注明身份,以便作为订房和日后查寻的参考资料
4. VIP客人离店时	①接待人员打电话与客人确认离店时间 ②通知前台收银员准备账单,并提前为客人安排收取行李 ③如VIP客人需要送机服务,应及时与客人确认离店时间,并将确切时间通知司机班,提前安排车辆 ④在客人离店前询问客人的住店感受,如果客人提出意见要求,应及时处理落实,要给予充分重视 ⑤将客人的反馈意见及时记录。将客人的意见输入表格,与其他部门员工分享相关内容 ⑥通知市场营业部、大堂经理及相关人员在VIP客人离店前15分钟在一层正门等候 ⑦陪同客人办理离店手续 ⑧送客人至酒店门口,并向客人表达美好祝愿

3. 未预订客人

未预订客人入住接待程序与标准如下(见表 3-6)。

表 3-6　未预订客人入住接待程序与标准

程序	标准
1. 接受无预订客人入住要求	①当客人办理入住手续时,首先要查清客人是否有预订;若酒店出租率较高,需根据当时情况决定酒店是否可接纳无预订客人入住 ②确认客人未曾预订,酒店仍可接纳时,表示欢迎客人的到来,并检查客人在酒店是否有特殊价或公司价 ③在最短的时间内为客人办理完入住手续
2. 确认房费和付款方式	①办理手续时和客人确认房费 ②确认客人付款方式,并按照酒店规定收取押金
3. 收取押金	①若客人以现金结账,酒店预先收取客人的定金 ②若客人以信用卡结账,接待人员按规定核对并影印客人信用卡,把信用卡的卡号输入电脑中,并与登记表订在一起,放入客人档案中
4. 信息储存	①接待客人完毕后,应将所有有关信息输入电脑系统,包括客人姓名的正确书写、地址、付款方式、国籍、护照号码、离店日期等 ②检查信息的正确性,并输入客人的档案中 ③登记卡要存放进客人入住档案中,以便随时查询

4. 团体客人

团体客人入住接待程序与标准,及其入住登记表如下(见表 3-8、3-7)。

表 3-7　团体客人入住登记表

团体名称:　　　　　　　　日期:　　年　　月　　日至　　月　　日

房号	姓名	性别	出生年月日	职业	国籍	证件号码

何处来何处去

留宿单位:　　　　　　酒店:　　　　　　接待单位:

表 3-8　团体客人入住接待程序与标准

项目	标准
1. 准备工作	①仔细阅读预订处发来的团队信息,打开团队信息文件夹,将团队预订单以及其他相关信息放在此文件夹中 ②夜班负责按团队预单的要求分房,尽量将同一个团队安排在相同或相邻的楼层 ③早班领班检查团队房卡、欢迎卡、早餐券、宣传品的准备情况,将确认后做好的团队房卡、早餐券放在团队信息夹内 ④在计算机中输入相关信息,控制已经预排好的客房,将旅行社等接待单位提供的客人名单按房号予以分配,并将团队客人登记表交给团队陪同 ⑤早班领班在团队/会议客人抵店前 3 小时必须确认完排房;与营销部再次确认团队/会议客人的预抵时间 ⑥在团队抵达前 1 小时,必须再次核实预抵团队会议客房的房态是否都已是 VC
2. 主动迎客	①引领客人们到团队入住登记区域,团队客人抵达时,大堂经理致欢迎词,并简单介绍酒店情况 ②前台接待人员应主动与领队或陪同取得联系,向他们询问该团的人数、预订的客房数、用餐情况及叫醒和出行事宜,协助领队分房
3. 办理入住	①拿出准备好的团队登记单,与领队或团队陪同确认该团/会议用房数、房型、陪同房号、付费方式、叫醒及用餐信息,并逐一登记于团队确认书上 ②所有团队/会议用房的房号确认后,在发钥匙之前,必须抄录在前台的团队确认书上,请陪同/领队签收 ③前台接待必须向陪同收取团队/会议名单,确保客人全名、性别、生日、证件号码、签证及对应的房号齐全 ④如会议团分批入住,必须协同营销负责人及时与会务组确认会议客人具体抵店的时间以及确认该会议团用房最后保留时间
4. 通知相关部门	前台应及时将由领队、陪同确认过的团队单分发到餐饮部、房务中心、总机,便于电话叫醒等工作准备
5. 建立账单	①领队、陪同或会务组房号信息必须在电脑中注明 ②按房号录入团队/会议客人的姓名 ③检查团队主账的付款方式及团体付费情况
6. 建立、更改客史信息	及时将客人的信息准确输入酒店管理信息系统
7. 检查	当班负责人及时检查相关单据
8. 单据存档	一式两联:接待部、前台收银分别存档

第三节　客房商品推销

案例 3-2

北京某酒店前台小王接到李先生一个电话,客人想预订 500 元左右的标准间两间,住店时间 6 天,3 天以后来酒店住。由于 3 天后酒店正好有个大型会议,标准间已全部预订完。

小王讲到这里用商量的口吻说道:"李先生,您是否可以推迟 3 天来店?"

李先生回答说:"我们日程已安排好,北京是我带我家人外出旅游的最后一站,前面的行程都已经确定好了,还是请你给想想办法。"

小王想了想说:"李先生,感谢您对我们酒店的信任,我非常愿意帮您,您看这样可以吗？您先住 3 天我们酒店的豪华外景套房,在客房内即可远眺香山,香山是北京出名的景点之一,室内有我们中国传统工艺雕刻的红木家具和古玩瓷器摆饰;每天每套收费也不过 900 元,我想您和您的家人住了一定会满意。"

小王讲到这里,等待李先生回答,对方似乎犹豫不决,小王又说:"李先生,我想您不会单纯计较房价的高低,而是在考虑豪华套房是否物有所值吧。请告诉我您和您的家人乘哪次航班来北京,我们将派车到机场接你们,到店后,我一定先陪你们参观套房,到时您再做决定都可以的。我们还可以免费为您提供北京特色早餐,我们的服务经常得到住店客人称道。"李先生听小王这样讲,倒觉得还不错,想了想欣然同意先预订 3 天豪华套房。

案例分析

在本案例中,小王在接待客人来电预订客房的整个销售过程中,做得很到位,展现了一名前厅服务员应具有的良好的综合素质,体现在以下几个方面:接待热情、礼貌,反应灵活,语言得体规范,做到了无"NO"服务,在接收李先生电话预订的过程中,为客人着想,使客人感到自己受到重视,因而增加了对酒店的信任和好感。

小王采用的是利益引诱法,即严格遵循了酒店推销的是客房而不是价格这个原则,因而报价委婉,采用了"三明治式"报价方式,避免了高价格对客人心理产生的冲击力。即先介绍客房情况:①先住3天我们酒店的豪华外景套房,可以远眺香山;②客房内有中国传统工艺雕刻的红木家具,古玩瓷器摆饰。随后委婉报价:豪华套房每天每套收费不过900元。在报价后,再介绍选择后的好处及所提供的服务:我们到时派车来机场接你们;我们的服务是优质的;免费提供当地特色早餐。

这里所讲的利益引诱法,并非是让客人上当受骗,而是一种促销技巧,使客人在权衡以后,感到物有所值,因而接受其价格。

小王在巧妙推销豪华套房的过程中,并没有强求客人预订,而是巧妙且如实介绍豪华套房情况及客人选择后可享受到的服务,这样客人才会欣然接受。最后小王再提供给客人一次选择决定的机会,即"到店后我一定先陪您参观,到时您再做决定好吗?"这就更增加了李先生对小王及酒店的信任感。

一、客房商品推销概述

(一) 主要推销内容

客房商品的推销实质上是销售酒店的以下内容:
1. 地理位置;
2. 设施,即有形产品;
3. 酒店的形象;
4. 酒店的气氛;
5. 酒店的无形产品。

(二) 推销程序

推销的程序如下:
1. 把握特点——客房本身的特点,客人的心理特点等。
2. 介绍产品——客房布置,具有特点的设施,客房朝向等。
3. 洽谈价格——强调对客人本身的好处,产品的价值,解答关键问题。解答要点为以下几点。

(1) 销售的是客房而不是价格；
(2) 要向客人提供一个可选择的价格范围；
(3) 坚持做正面的介绍；
(4) 在客人犹豫不决时要多提建议；
(5) 客人利益第一。

4. 展示产品——必要时,可带其参观。

5. 促成交易——尽快办理入住,尽快让其入房休息。

二、成功推销客房的前提

（一）推销人员应具备的素质

酒店产品是酒店有形设施与无形服务的总和,推销的工作需要由推销人员完成。需要注意的是,并不是酒店销售部才负有推销酒店产品的责任,酒店应形成"全员推销"理念。要树立"员工也是酒店产品的一部分,员工素质直接关系到是否能够成功推销酒店产品"的观念。一名合格的酒店推销人员应具备的素质如下(见表3-9)。

表3-9 合格酒店推销人员应具备的素质

1. 良好的职业素质	遵守职业道德,敬业爱岗;有良好的个人精神风貌;性格开朗热情
2. 熟悉本酒店的基本情况及特点	主要要求:对酒店客房等产品有深入了解 具体要求:熟记酒店地理位置及交通、酒店风格及特点、酒店等级及类型、酒店设施及特色、酒店价格及营销策略
3. 了解竞争对手酒店产品的情况,从而扬长避短	要对竞争对手产品质量、内容、特点、功能、方便性、价格有全方位的了解,能够通过对比总结,在对客推销时将本酒店优势最大化
4. 熟悉本地区的旅游项目与服务设施	随时关注本地区的旅游及活动讯息,能够宣传本地区的城市功能特点及相关活动,增加客人重复入住的次数和酒店收入
5. 认真观察,掌握客人的心理及需求	能够进行艺术性、技巧性的推销;通过观察客人言谈举止,综合选择推销方案,运用推销语言

（二）熟悉酒店房态

由于前台的工作量大,且客房时常处于变化之中,所以虽然很多酒店通过计算机查询,可知目前的房态情况,但为了避免工作上可能出现的差错,造成前台接待处的房态与楼层实际客房状态不符,出现"重房"或"漏房"现象,进而造成前台客房销售及客房服务的混乱,及时对房态的核对、检查是十分必要的。对于房态的检查,是计算机查询与参考相关客房状况报表并用的。对于以手工方法显示房态的酒店,则比较复杂,且容易出错。有效的房态控制,有利于客房的销售和最佳利用。

1. 检查核对客房预订情况,包括:
(1) 预订的复核确认情况;
(2) 预订的航班情况,掌握到达时间;
(3) 预订变更及取消情况;
(4) 预订不到情况的预计。

2. 检查核对预期离店客房情况,包括:
(1) 无变动的预期离店情况;
(2) 延期离店情况;
(3) 提前离店情况。

3. 检查核对可出租房情况,包括:
(1) 检查核对可出租房的整房情况;
(2) 复核可出租房房态。

4. 检查核对次日必须首先保证的客房情况,包括:
(1) 贵宾房;
(2) 团队房;
(3) 酒店方违约的客人次日入住客房;
(4) 已预订住客的预订客房。

三、客房商品推销程序

(一) 特点分析

本部分的特点分析既包括本酒店客房商品的特点分析,也包括宾客特点分析。

1. 客房商品特点分析

酒店客房商品的主要体现形式为酒店客房,其次是宾客能在酒店内消费与享受的其他物品及服务。上述商品均带有酒店自身的特点，如度假型酒店的客房大部分为景观房，光线充足；商务型酒店的客房均应配备商务设施如高速无线网络、电脑等；酒店配备有设施完备的会议室及茶歇服务等。酒店商品推销人员可以根据本酒店特色总结出酒店客房商品特点进行有效推销。

2. 宾客特点分析

宾客出行的目的各不相同，要做好酒店客房商品推销，就必须针对宾客出行目的及特点做出有针对性的推销。如给商务宾客推销办公设备完善、环境安静的房间；给家庭旅游宾客推荐连通房或者亲子套房，以方便宾客之间的互相照顾。

（二）客房商品介绍

在分析出本酒店客房商品特点之后，就要将商品推荐给宾客。以酒店客房为例，在进行介绍时，应察言观色，生动描绘房间特色、能够给宾客提供的便利条件以及其他附加的心理方面的满足。如没有宾客所中意的楼层时，可以强调客房内的便利设施；当宾客觉得价格不合适时，可以强调客房景观等附加产品。

（三）客房商品价格洽谈

无论宾客出于何种目的出游，他们总是倾向于找到一个"性价比"高的产品。这就十分考验进行产品推销的员工。在与宾客进行价格洽谈时，应注意避免硬性推销或者急于报出定价，而应该选择合适时机将价格提出，以易于宾客接受。

（四）客房商品展示

在推销人员报出价格之后，若是宾客仍有疑虑，此时可以借助酒店宣传册等资料将酒店客房商品直观地展示给宾客。若是条件允许的情况下，可带领宾客实地参观几种不同类型的客房。需要注意的是，尽量由高档逐步向低档展示，辅以推销人员自信、热情、礼貌的介绍，逐步提升宾客信任，尽快促成交易。

（五）客房商品交易促成

在察觉到客人对所推销的客房产生兴趣时，客房商品推销人员应倍加努力，采取有策略的语言和行为，促使客人做出最终选择。例如："王女士，您真有眼光，选择了我们外景最好的一间房，您现在就办理手续吗？"可以边说边将入住登记表递给客人，并致以真诚的目光。此时，千万不可将宾客置于一旁而忙于自己手头的事情。这种冷落只能让客人心灰意冷、望而却步。

四、客房商品推销技巧

（一）推销时要突出客房商品的价值

宾客购买的是客房的产品价值，而不是价格。客房商品的价值可以通过价格体现出来，在二者相对平衡的时候，宾客会感到物有所值，才有可能成交。因此，在给宾客介绍客房商品时，要注重介绍并突出客房使用价值，同时要注意措辞和用语。如在给宾客推销价位偏高的客房商品时，可以突出其舒适性、豪华性和服务的周到性，切忌过于突出价格。

（二）推销时要学会邀请宾客做"选择题"

当宾客也拿不准自己应该选择何种客房商品时，推销人员可以利用自己对客房商品了解的优势，给宾客提供两种以上的选择，可以包括价格、房型及特色等，以方便客人比较与选择，增加成交概率。但需要注意的是，若是给宾客提供的选择过多，容易使宾客产生不耐烦情绪。

（三）推销时要正面介绍引导客人

在给宾客进行客房商品推销的时候，需要着重介绍客房给客人带来的方便和好处，使用正面的词语。如酒店目前只剩一间可用房，则可说"您运气真好，现在还剩下一间不错的客房"，而不能直接说"这是最后一间空房了"，这会使客人感觉自己即将入住的客房是别人挑剩下的房间，产生不悦情绪。

（四）推销要有针对性

针对不同目的及类型的宾客，使用的推销方式也不尽相同。如面对查询、问价的宾客时，要抓好促销时机。因为此类宾客可能是对上一家入住的酒店不满而来本酒店入住的。因此，在推销时，要使用令宾客产生兴趣的推销话语，并可试着借机向宾客推销酒店产品。面对犹豫不决的宾客时，要注意观察宾客的表情变化，时刻调整推销话语与策略。面对消费能力不是很高的宾客时，需要注意不能对此类宾客产生任何怠慢和歧视，也不可因为其消费能力不高就只提供价格低的产品，应提供不同价位、不同状况的产品供其选择。

还要注意，推销时应根据宾客的需求有针对性地进行。如商务客人，其特点是时间紧，讲求效率，喜欢幽静，对价格不敏感。因此，可以给这类宾客推荐便于会客，通信良好，价格较高的客房。再如度假客人，他们的特点是较喜欢经济实惠的产品，主要目的是修养身心。因此可以推荐环境美好，宽敞雅致的客房。

（五）主要销售细节

除上述细节之外，还应该在自身礼仪素养上下功夫。可从以下几方面入手：

1. 尽快熟记宾客的姓名，合理称呼宾客，给其宾至如归感，这也是尊重客人的表现；

2. 注意聆听宾客话语并及时释疑；

3. 态度应诚恳、和蔼，不打断宾客说话，不表露出烦躁的情绪，不要时常看手表，要注意言语中的停顿。

（六）适时使用报价技巧

1. "夹心式"报价

又称"三明治式"报价，即将房价夹在所提供的服务项目和利益中间进行报价，以减轻价格的分量。此报价适合于中、高档客房，主要针对消费水平高、有一定地位和声望的客人。

例如，"一间朝向湖泊的房间，宽敞明亮，价格为1 180元，包含两份自助早餐、服务费以及一件西装上衣的免费加急洗衣服务。"

2. "鱼尾式"报价

即先介绍所提供服务设施项目以及客房特点,最后报出房价,突出物美,减弱价格对客人的影响。这种报价适合中档客房。

3. "冲击式"报价

即先报价格,再提出房间所提供的服务设施与项目等,这种报价比较适合价格较低的客房,主要针对消费水平较低的客人。

练习与思考

一、选择题

1. 下列属于酒店 VIP 客人的是(　　　　)。
   A. 参加某电影节的明星　　B. 本酒店董事会成员
   C. 参加会务的某局局长　　D. 入住大床房的夫妻
2. 整理住店客人名单可以采取的方法有(　　　　)。
   A. 按酒店房号整理　　　　B. 按宾客姓名整理
   C. 按宾客入住时间整理　　D. 随便整理
3. 对于宾客来说,以下属于入住登记内容的是(　　　　)。
   A. 国籍　　　　　　　　　B. 姓名
   C. 出生日期　　　　　　　D. 性别
   E. 护照和证件号码

二、判断题

1. 要做好前厅接待服务,必须学会看懂各类表格。　　(　　)
2. 我国公民一般使用中华人民共和国居民身份证登记入住。(　　)
3. VIP 客人的接待水平高低反映了酒店服务水平的高低。(　　)

三、名词解释

1. 客房现状显示系统
2. 客房状况报表

四、简答题

1. 检查待出租房状况的一般流程是什么?
2. A 酒店前台接待员小张明天就要正式在接待台接待宾客了,前一晚小张一直在做准备。如果你是小张,试针对不同类型客人做出接待流程图。

五、论述题

1. 如何在一个市区有 5 家温泉度假型酒店的城市推销 A 温泉度假型酒店的温泉项目？
2. 如何向在两家酒店间犹豫不决的会议预订客人推销 B 酒店的宴会厅？
3. 如何向首次来 C 酒店住宿的客人推销 C 酒店的会员卡？

第四章

客户关系管理

学习目标:通过本章学习,学生能够理解客户关系管理的概念和意义;知晓客户关系管理的要点;明确酒店客户关系管理的价值,客户价值不仅仅是客户当前的盈利能力,也包括企业将从客户一生中获得的收益的折现净值;能够处理基本的客户投诉;明确客史档案对酒店的重要性并能够注重细节观察;通过相关知识的学习,培养较强的职业责任感与团队协作精神,具有主动服务意识,能够在岗位上圆满完成任务。

核心概念:客户关系;客户投诉;客史档案

案例4-1

客户关系管理这一营销概念引入中国后,立即引起了中国酒店管理者的追捧。特别是了解到一些近乎神话的案例后,酒店客户关系管理也就被提到了议事日程上。比如,文华东方酒店可以让所有员工在一夜之间叫得出一位已经多年没来的客人姓名并掌握他的喜好;丽思·卡尔顿酒店可以让客人一进房门就发现自己喜欢的洗发水放在洗手间的台面上。这些例子无不使酒店管理者们心动不已,期望有朝一日,自己管理的酒店也能像上述酒店那样,创造出酒店客户关系管理的经典案例。

案例分析

酒店客户关系管理是酒店做好服务的重要一环,每个员工都可以是"客户关系管理专员",都可以在自己的服务过程中维护客户关系,为酒店创造效益。

第一节　酒店客户关系的建立

一、酒店客户关系管理的概述

有一个关于麦子的故事。一粒麦子有三种命运：一是磨成面，被人们消费掉，实现其自身的价值；二是作为种子，播种后结出新的麦粒，创造出新的价值；三是由于保管不善，发霉变质，丧失其价值。换句话说，麦子管理好了，就会为人类创造出价值；管理不好，就会失去其价值甚至会带来负价值。对于酒店来说，客户关系也像这麦子，管理得好，客户就将成为其忠实的消费者；管理不好，则会大量流失并且影响到其他的客户。

使每一位客人满意，是每家酒店努力的方向和目标，建立良好的客户关系则是实现这一目标的重要途径之一。酒店客户关系管理是指酒店通过管理客户信息资源，提供客户满意的酒店产品和服务，与客户建立长期、稳定、相互信任、互惠互利的密切关系的动态过程和经营策略。客户管理是涵盖客户销售、客户市场、客户支持与服务数据库及支撑平台等各个方面的一种复杂的管理过程，其核心是"客户关系管理"（Customer Relationship Management，CRM）。酒店通过客户关系管理不断地收集全面的、个性化的客户资料，强化跟踪服务、信息分析的能力，协同建立和维护一系列与客户之间卓有成效的"一对一关系"，从而使酒店得以提供快捷和周到的优质服务，提高客户满意度和忠诚度，吸引和保持更多的客户，进而增强酒店的核心竞争力。

（一）酒店客户关系管理的出现与发展

1. 酒店客户关系管理的出现与发展

酒店客户关系管理起源于20世纪80年代初的接触管理，也就是专门收集顾客与酒店相互关联的所有信息，借以改进酒店经营管理，提高酒店营销效益；20世纪90年代初期，"接触管理"逐渐演变为包括呼叫中心和数据分析在内的"客户关怀";20 世纪 90 年代中期,出现了具备整体交叉功能的 CRM 解决方案,它把内部数据处理、销售跟踪、国外市场、客户服务请求等融为一体;20 世纪 90 年代末期,CRM 受到酒店、学者和政府的高度重视,被提升到管理的理念和战略的高度。中国改革开放后的 40 多年里,高星级饭店数量不断增长,世界著名酒店集团已将触角伸进中国各大中心城市。到目前为止,世界十大酒店集团无一不在中国"开疆辟土",而且迅速占领了中国的高端酒店市场,并逐步进入中低端市场。与此同时,国内酒店管理公司也在迅速成长,上海锦江、首旅建国、南京金陵、广州岭南、浙江开元、海航等酒店管理公司已经成为不可小觑的大品牌。维也纳、如家、汉庭、七天、莫泰 168 等在十年间迅速占领国内的中低端市场。随着恒大、碧桂园、富力、绿城等大品牌房地产公司的介入,高端酒店日渐成为中国企业争夺的对象。在这种形势下,酒店的发展速度远远快于客户的发展速度,争夺客户已经成为各大酒店集团之间没有硝烟的战争。谁为客户提供的服务多一些,谁就能在激烈的市场竞争中成为胜利者。因此,客户关系管理已成为各大酒店集团的撒手锏。电子商务和大数据技术的发展,使颇具个性化特征的客户关系管理系统成为可能。

2. 从 CRM 到 SCRM 的转变

(1) CRM(Customer Relationship Management)

CRM 是一个获取、保持和增加可获利客户的过程。从字义上看,它是指企业用 CRM 来管理企业与客户之间的关系,是企业选择和管理有价值客户及其关系的一种商业策略。CRM 认为"以客户为中心"的商业理念和企业文化可以支持有效的市场营销、销售与服务流程。如果企业拥有正确的领导、策略和企业文化,CRM 的应用将为企业实现有效的客户关系管理。

CRM 既是一种崭新的、以客户为中心的企业管理理论、商业理念和商业运作模式,也是一种以信息技术为手段,有效提高企业收益、客户满意度、雇员生产力的具体软件和实现方法。

CRM 的实施目标就是通过全面提升企业业务流程的管理来降低企业成本,通过提供更快速和周到的优质服务来吸引和保持更多的客户。作为一种新型管理机制,CRM 极大地改善了企业与客户之间的关系,应用于企业的市场营销、销售、服务与技术支持等与客户相关的领域。

(2) SCRM(Social Customer Relationship Management)

传统的 CRM 更多是将客户(消费者)的各种背景资料、消费情况等整理出来，通过系统的方式进行持续跟踪，主要包括进一步消费的记录归档以及售后的跟进记录等。这个系统是一个由酒店主导的内向型系统，其存在意义更多是帮助酒店去管理消费者，而非通过这个系统与客户建立强烈的关系。这种 CRM 除了定期加入一些新会员外，其实可以看成是静止的。随着社交媒体的出现，消费者有了更多的话语权，可以通过微博、微信等平台了解信息并发表对于酒店的看法，尤其是在酒店遭遇了不公平的待遇或者不友好的服务后，他们将会提出严厉的批评，并且通过公众媒体直接向大众披露。因此当酒店发现客人不满的时候，已经来不及采取任何补救措施。

在此情形下，传统 CRM 只能发挥其以前定位的客服、营销、销售乃至公关等功能，这已远远不够。酒店已经逐渐意识到消费者在信息革命中成了真正意义上的消费主角，掌握了绝对的主动权，需要更为个性化的服务。酒店需要引入社会化商务（Social Business）理念，真正邀请消费者参与到"游戏"中来。SCRM 作为一个新型的渠道应运而生。对 SCRM 的认知，不应单纯地着眼在系统、软件层面，更应着手理念考虑、战略定位。SCRM 与 CRM 的对比如下（见图 4-1）。

图 4-1 **CRM 与 SCRM 的对比**

（二）酒店客户关系管理的主体与职能

1. 酒店客户关系管理的主体

酒店客户关系管理不仅是营销部门和前厅部门的事情，还需要全员参与,全员努力。

客户关系管理是一个需要全体员工共同参与的系统工程,管理的成败不是管理者或专家所能决定的,因为它是一个需要酒店所有部门和员工持续不断地共同努力和协同作战的过程。在与客户接触、联系、交流过程中,在收集、整理、登记客户信息过程中,在运用、分析、处理客户信息过程中,在向客户提供产品和服务的整个动态过程中,没有哪一个环节可以缺少各个部门和全体员工之间的协同和配合。如果没有全体员工在每一个工作环节中身体力行地实践"以客户为中心"这一理念,再好的客户关系管理决策、再高效的CRM系统和技术、再精深的管理专家,也不可能把客户关系管理的理念变成现实。

2. 酒店客户关系管理的职能

酒店客户关系管理职能应该重新评估和定义。酒店应在配备大堂经理和客户关系主任(GRO)的基础上,重新认识客户关系管理的重要性,提升客户关系管理的范围和级别。可设立专职的客户关系经理,负责收集并登记客户信息、管理客户资料、款待客户、开展客户的线上线下活动、让客户依赖等,该职位主要有以下职能:

(1)销售职能

①制定销售计划

根据酒店的经营目标,收集并分析各种市场的流向动态,制定酒店招徕客源的销售计划,并组织实施。

②与客户建立良好的协作关系

与旅游行政管理部门、外事部门、旅行社、航空公司等企事业单位等保持密切的联系,并经常进行沟通,了解客人需求,建立长期、稳定的协作关系,以促进酒店产品的销售。

③进行酒店产品的宣传推销

根据酒店的实际情况确定目标市场,并及时对目标市场开展各种宣传、促销工作,以保证完成酒店下达的销售任务。

④反馈各种信息

将收集到的各种客源市场的核算信息反馈至酒店,参与研究酒店产品创新和组合开发,使酒店产品更符合目标市场的需求,提高销售量。

(2) 公关职能

①提高酒店知名度和美誉度

充分利用新闻媒体提高酒店的知名度和美誉度。当社会名人到酒店住宿,或著名厂商代表到酒店举办会议,以及酒店参加社会公益活动时,应及时通知各新闻媒体,通过新闻报道的方式提高酒店的声誉。

②取得公众的理解和支持

加强与内、外人员的信息沟通。在酒店内部,加强与员工、各部门和股东之间的沟通,创造一个关系融洽,凝聚力强的内部环境;在酒店外部,加强与客人、新闻媒体、政府各职能部门和社区之间的沟通,创造一个有利于酒店生存与发展的外部环境。

③反馈公众信息和外部环境信息

将社会公众对酒店的评价(如酒店的特点、优势、服务质量等)、员工和股东对酒店的态度等信息提供给酒店决策者,以起决策参谋作用;同时,还要随时了解并掌握有关信息,如国家政策、法令的变化,社会舆论的导向、公众意向、经济形势及酒店市场的变化与趋势等。

④树立酒店形象,维护酒店声誉

树立酒店形象是促进酒店发展的重要手段之一。因此,应密切关注公众的变化趋势,并及时向酒店决策者汇报。当出现一些不利于酒店形象的情况时,应临危不惧,迅速反应,争取舆论的支持,并妥善处理,以维护酒店声誉。

二、酒店客户关系管理的意义、内容和目标

(一) 酒店客户关系管理的意义

"二八定律"指出,企业 80% 的利润来自 20% 的价值客户。通过酒店客户关系管理,可以对客户价值进行量化评估,能够帮助酒店找到更有价值的客户,将更多的关注投向这些客户,提高酒店的经营水平。

1. 良好的客户关系能够帮助酒店树立正确的经营思想

良好的客户关系意味着酒店将满足客户的需要令客户满意放在了第一位。这种正确经营思想的树立推动了酒店的长远发展。酒店在提供产品或服务时,其目的应该在于使其提供的产品或服务得到客户的认可,并让客户

乐于接受。酒店只有掌握了这个出发点，才能为客户提供满意的产品或服务。同时，客户满意的程度决定了酒店赚钱的程度，决定了酒店发展的思路。有关调查统计资料显示，一个感到非常满意的客户会影响8人，而一个不满意的客户却会影响超过20人。客户过往对产品或服务的满意度就非常容易影响本次的消费意向。因此，酒店的落脚点也应在于使客户满意，只有掌握了"客户满意"这个原动力，酒店才能得到长足的发展。

2. 良好的客户关系可以使酒店获得长期盈利的优势

在采取各种措施维系客户关系，做到令客户满意的同时，酒店也获得了许多具有竞争力的、使酒店长期盈利的优势。在酒店保证客户满意度的过程中，酒店会越来越了解客户，进而更加准确地预测到客户的需求和愿望。这样，酒店就不用花更多的时间和精力去做市场研究，在很大程度上减少了酒店的支出，压缩了成本。满意的客户往往愿意为令自己满意的理由而额外付出。

3. 良好的客户关系可以使酒店获得更高的顾客回头率

满意的客户比不满意的客户有更高的品牌忠诚度，更可能再次光临。与价格优势结合起来，重复入住率高将带来更多的收入，最终使酒店获得更多的利润。另外，满意的客户乐于将自己的感受告诉别人，诸如朋友、亲戚，甚至于其他的客户。研究表明，这种口碑营销比其他广告方式更加有效，并且几乎不需要成本。

4. 良好的客户关系可以使酒店在竞争中具备更大的优势

对酒店满意度高的客户不但忠诚，而且这种忠诚能够长期保持，他们不大可能转向其他酒店，或为了更低的价格抛弃原来的酒店。即使在酒店出现困难时，这些客户也会在一定范围对酒店保持忠诚，不会立即选择新酒店或很快转向价格低的酒店，这给酒店提供了缓冲的时间，最大限度降低对酒店的影响。

（二）酒店客户关系管理的内容和目标

1. 酒店客户关系管理的内容

酒店客户关系管理是一个不断加强与客户交流，不断了解客户需求，并不断对产品及服务进行改进和提高,以满足客户需求的连续过程。其内涵是酒店利用信息技术和互联网技术实现对客户的整合营销,是以客户为核心的企业营销的技术实现和管理实现。

在酒店中,客户关系管理日常工作内容主要包括以下几个方面:

(1) 客户调查

客户调查是酒店实施市场策略的重要手段之一。其通过人口特征、生活态度、生活方式、消费历史、媒介消费等对目标客户进行分析,迅速了解客户需求,及时掌握客户信息,把握市场动态,调整、修正酒店产品与服务的营销策略,满足不同的消费需求,促进产品及服务的销售。

(2) 客户开发

在竞争激烈的市场中,能否通过有效的方法获取客户资源,往往是酒店成败的关键。客户也越来越明白如何满足自己的需要和维护自己的利益,因此,加强客户开发管理对酒店的发展至关重要。

客户开发的前提是确定目标市场,研究目标客户,从而制定客户开发市场营销策略。营销人员的首要任务是开发准客户,通过多种方法寻找准客户并对准客户进行资格鉴定,使酒店的营销活动有明确的目标与方向,使潜在客户成为现实客户。

(3) 客户信息管理

客户信息管理是客户关系管理的重要内容和基础,包括客户信息的收集、处理和保存。建立完善的客户信息管理系统,对酒店扩大市场占有率、提高营销效率,与客户建立长期稳定的业务联系,都具有重要意义。

客户信息管理还包括对客户进行差异分析,识别酒店的"金牌"客户:分析哪些客户导致酒店的成本增加;选出酒店本年度最想和哪些企业建立商业关系;列出上年度有哪些大宗客户对酒店的产品或服务多次提出了抱怨;了解上年度最大的客户是否今年也订了不少的产品;知晓是否有些客户在本酒店只订了少数几个客房,却在其他酒店安排了更多的客人;根据客户对本酒店的价值等标准(如客房收入、餐饮收入、会议收入,与本酒店有业务交往的年限等),把客户分为准客户、新客户和老客户,区分大客户和一般客户,并实施不同的市场营销策略,进行客户管理。

(4) 客户服务管理

客户服务管理是以实现客户满意为目的,关注客户需求,酒店全员、全过程参与的一种经营行为和管理方式。它包括营销服务、部门服务和产品服务等几乎所有的服务内容。

客户服务管理的核心理念是酒店全部的经营活动都要从满足客户的需要出发,以提供满足客户需要的产品和服务为酒店的义务,以客户满意为酒店经营的目标。客户服务质量取决于酒店创造客户价值的能力,即认识市场、了解客户现有与潜在需求的能力,并将此导入酒店的经营理念和经营过程中。优质的客户服务管理能最大限度地使客户满意,使酒店在市场竞争中赢得优势,获得利益。

客户服务管理还包括调整产品和服务,以满足每一个客户的需求。可以通过完善客户信息,发送个性化的营销信息;了解客户希望获得酒店信息的方式与频率;了解消费量前十位的客户的需求,通过询问这些客户希望酒店提供哪些特殊的产品和服务等方式找到客户真正的需要。

(5) 客户促销管理

促销是营销人员将有关产品信息通过各种方式传递给客户,提供产品情报,增加消费需求,突出产品特点,促进其了解、信赖并使用产品及服务,以达到稳定市场销售、扩大市场份额、增加产品价值、发展新客户、培养强化客户忠诚度的目的。促销的实质是营销人员与客户之间进行的有效信息沟通,这种信息沟通可以通过广告、人员推销、营业推广和公共关系四种方法来实现。而促销管理是通过科学的促销分析方法进行全面的策划,选择合理的促销方式和适当的时机,对这种信息沟通进行计划与控制,以使信息传播得更加准确与快捷。

因此,我们可以把酒店客户关系管理的内容进一步细化为:

①收集、整理和完善客户的档案资料,包括客户单位的基本概况、单位主要负责人的个人爱好、文化层次、工作作风及生活习惯等。

②与客户保持较好的沟通,包括业务沟通和情感沟通,确保客户对酒店产品及服务的持续购买。

③对不同客户在酒店所消费的产品及服务所产生的收益、边际贡献、总利润额、净利润率等进行分析,找出对酒店贡献最大的客户。

④对来自不同渠道、不同销售地点的客户进行分析,找出酒店的大客户,对他们进行适当的分级,根据不同级别,提供不同的服务内容。

⑤对现有客户的消费趋势进行分析,对客户销售中的非正常现象要及时予以关注,对其中影响酒店销量的问题,需要逐一地解决,确保现有客户能够成为未来长久的客户。

⑥对酒店的产品及服务进行分析,包括产品设计、关联性、供应链等,以保持客户的新鲜感,提高客户对酒店的忠诚度。

⑦适时调整酒店的促销方案,以提高酒店对新客户的吸引力。

2. 酒店客户关系管理的目标

在确立客户关系管理的目标时,既要考虑酒店内部的现状和实际管理水平,也要看到外部市场对酒店的要求与挑战。没有一种固定的方法或公式可以使酒店轻易地达成客户关系管理的目标。在确立目标的过程中,酒店必须清楚地认识到,建立 CRM 系统是由于市场上的竞争对手采用了有效的 CRM 管理手段,还是为了加强客户服务的能力。这是在建立 CRM 项目前必须明确给出答案的问题。只有明确实施 CRM 系统的初始原因,才能给出适合酒店自身的 CRM 目标。

具体而言,客户关系管理的目标有以下几个:

(1) 提高工作效率,增强客户满意度

实施客户关系管理是酒店战略管理的一个重要组成部分。它着眼于如何去理解和管理酒店当前的和潜在的客户需求。CRM 系统提供给客户多种形式的沟通渠道,利用这些渠道,销售部门可以对客户要求作出迅速而正确的反应,让客户在对购买产品满意的同时也愿意保持与酒店的有效沟通。

(2) 拓展市场份额,降低营销成本

CRM 系统可以采用信息技术和新的业务模式(电话、网络)提高业务处理流程的自动化程度,实现酒店范围的信息共享;可以提高酒店员工的工作能力,使酒店内部能够更有效地运转;还可以对客户进行具体甄别和群组分类,并对其特性进行分析,使市场推广和销售策略的制定与执行避免了盲目性,节省时间和资金,从而扩大酒店经营范围,使酒店能够及时把握新的市场机会,占领更多的市场份额。

(3) 保留有效客户,提高销售收入

利用 CRM 系统提供的多渠道的客户信息,确切了解客户的需求,酒店可以保留更多有价值的老客户,并更好地吸引新客户,增加销售的成功概率,进而提高销售收入。

(4) 创造客户价值,增加酒店利润

酒店以创造客户价值为目标,为客户提供具有价值的产品和服务并以某种价格在市场上推销。由于对客户有更多的了解,业务人员能够有效地抓住客户的兴趣点,有效进行销售,避免盲目地以价格让利取得交易成功,从而提高销售利润。

(5) 实现客户关系更多、更久、更深层次的发展

"更多"指的是客户数量的增多。实现"更多"的途径有三个:挖掘和获取新客户、赢回流失客户、识别新的细分市场。虽然挖掘和获取一个新客户的成本要高于挽留一个老客户,但由于酒店不能保证不发生客户流失,因此酒店在尽可能挽留老客户的同时,必须积极发展新客户,这可以起到补充和稳定客户源的作用。赢回流失客户就是要恢复和重建与已流失的客户之间的关系,主要针对那些曾经属于酒店但因某种原因已经终止与酒店联系的客户。识别新的关系细分市场,也可以有效地增加酒店的客户关系量。

"更久"关注的主要是客户关系的持续时间,即通过提高客户忠诚度,挽留有价值的客户,减少客户流失,改变或放弃无潜在价值的客户。其主要任务就是提高客户忠诚度和加强客户挽留,延长客户关系生命周期。

"更深"是指现有客户关系质量的提高,即通过交叉销售和激发客户的购买倾向等手段使客户使用酒店的次数增多,从而加深酒店与客户之间的密切关系,提高每一个客户关系的质量。

三、如何建立良好的客户关系

在酒店的客我交往中,双方扮演着不同的社会角色,酒店员工是服务的提供者,客人是被服务的对象。在服务过程中,把客户当作你的朋友,就能够将原本枯燥的服务转换成有感情的协作过程。

(一) 树立"客人至上,服务第一"的理念

"客人至上,服务第一"已经成为酒店经营者的共识,酒店的一切活动都要以客人的利益和要求为导向。

1. 要有一个认真负责的服务态度

一项调查显示,企业之所以会失去客户,1%是因为客户死亡,3%是因为客户搬家,5%是因为客户有了新的合作伙伴,9%是因为竞争关系,14%是因为客户对产品不满意,68%是因为一个或者数个员工的冷漠态度。所以,认真负责的服务态度至关重要。

案例 4-2

一位客人在预订某五星级饭店中餐厅晚餐的位置时,在电话中对中餐厅前台服务员说道:"我跟我妻子今天是结婚十周年纪念日,我们有一个蛋糕,您看能不能找个冰柜冷藏起来呢?"这位服务员不仅满足了这位客人的要求,并且在客人晚上用餐的时候,及时送出冷藏好的蛋糕,另外征得部门经理同意,送出玫瑰一支表示祝贺,客人对这位服务员认真负责的态度非常满意,从而保持对这个酒店的忠诚度,常常来此消费。

案例分析

在对宾客服务时,可以通过与宾客无意间的聊天获知重要信息,为宾客提供令其满意的服务。

2."客人永远是对的"

客人是我们的生意血脉,没有客人,我们就没有生意。我们因为有客人才有工作。在酒店业中,有一句名言:"客人永远是对的。"这一观念要求服务员礼让客人,在任何时候,服务员都不能与客人争吵。即使客人错了,也应该态度温和,包容客人的错误。

案例 4-3

一天,某酒店1808号客房的徐先生气冲冲地跑到总台,把房卡狠狠地在台面上一摔,说道:"你们怎么搞的,我的房门又打不开!早上已经换了一张,现在又没用了,怎么回事!"这时候,大堂经理到场处理,先是安慰了客人,然后又迅速地把房卡读了一遍,的确是1808号客房,时间也对,应该是可以打开的。为了确保无误,大堂经理又重新做了一张新卡,并陪同客人一起去客房。当时客人还很恼火,说:"早上就打不开了,是服务员给我开的门,我到总台已经换了一张卡了,没想到回来还是打不开。"到了客房,大堂经理却发现房卡没有问题,这种情况很可能是由于客人没有正确使用房卡,插反了方向。于是,大堂经理把门关上,用慢动作再一次把门打开。这一切客人都看在眼里,他心里自然就明白怎么回事了。但是大堂经理还是很礼貌地对客人说:"对不起,徐先生,可能是刚才门锁有点小问题。"这时客人的表情变了,态度也变了,忙说:"谢谢,麻烦你了。"

案例分析

我们平时在处理问题的时候,一定不能和客人抢"对",要把"对"留给客人,事情也就会迎刃而解。否则,就算说明我们是对的,表面上我们是赢了,但是实际上呢,我们却输掉了这位客人。

(二) 掌握与客人沟通的技巧

1. 把握客人的心理需求,重视对客的心理服务

客人住在酒店的这段时间,实际上是在过一种"日常生活之外的生活",或者说,酒店为客人提供的是"双重服务",即"功能服务"和"心理服务"。"功能服务"满足客人的实际需要,比如说住宿、餐饮服务,而"心理服务"就是除了满足客人的实际需要以外,还要能使客人得到一种轻松愉快的心情。

案例 4-4

在一个很冷的晚上,一位客人登记住宿时无精打采,而且不停地擦鼻涕,接待员便问:"先生,您不太舒服吗?"那位客人无奈地说:"火车上太冷了,车又晚点,实在很冷。"接待员于是给他安排了一间供暖较好的客房,并给他送去一杯姜丝可乐,并附了一张"祝您早日康复"的卡片,客人非常惊喜,也非常感动。

案例分析

宾客入住酒店,除了希望得到一晚上的房间使用权外,还希望"宾至如归",能够感受到酒店人性化的关怀。

2. 对客人要彬彬有礼

对待客人要热情周到,笑脸相迎,不要和客人比高低,争输赢。同时,要能正确地判断客人的处境和心情,并据此作出适当的语言和行为方面的反应。

3. 提供细微服务

有一句话叫作细节决定成败。细微服务就是细节服务,服务人员要善于从客人身上发现一些细小的、别人不曾注意的习惯,从而满足客人的需求。它是对传统的服务理念和服务意识的扩展和深化。为了能给客人提供人情

化、个性化服务,员工在工作中要仔细观察,用心发现客人的特殊需要,这样的服务才是一流的。

案例 4-5

有一位客房服务员在为常住客打扫客房时,发现这位客人喜欢把客房里的免费水放在冰箱里冰镇之后饮用。于是,在之后每次打扫房间时,他都会直接将补充的免费水放入冰箱内,并且把这个消息告知同事。当客人发现这一服务细节时,写了封感谢信表扬酒店的细致服务。

案例分析

从这个案例中我们可以看出,在日常工作中要多关注客人的习惯,从小事做起,将尊重落实到细节上,这样的服务,客人是一定能够感受到的。

4. 投其所好,提供超值服务

随着社会不断向前发展,酒店行业竞争日益加剧,顾客消费行为和消费心理日渐成熟,个性化的需求不断展现,因此仅仅提供传统的规范化服务已经不能满足顾客的需求了。面对这样的挑战,酒店经营者应该让客人感觉到物有所值,甚至物超所值,才能留住顾客。超值服务即是指酒店员工用真诚、爱心、细致向顾客提供超越常规的、甚至是超越顾客期望值的服务。这种服务往往是一种令顾客感动和惊喜的服务。

案例 4-6

有位顾客第一次入住某酒店,有天客房服务员在清扫客房的时候发现办公桌上放着一张全家福照片,却没有相框,因此在得到部门经理批准后,买了一个精美的相框将顾客的照片镶嵌进去。当顾客晚上回到酒店的时候,发现了这件事情,心里无比感激和感动。办理离店后,他常常想着属于他的那个相框还摆放在办公桌上,他感到酒店重视自己,为自己着想。因此他以后常常入住这家酒店,成了忠实顾客。

案例分析

员工在服务过程中发现的服务细节能够被实现,获得宾客的认可,其实也是对员工最大的鼓励。

5. 讲究服务语言艺术

服务语言是员工素质的最直接的体现。在与客人沟通的过程中要讲究服务语言艺术。

(1) 称谓

一定要记住客人的姓、职位,拉近与客人的距离感。如果把握不准,就对男性称先生,女性称女士。要注意灵活变通。例如:酒店已经接到预订,知道是一位母亲带着女儿来用餐,那么如果称女儿为小姐,称母亲也为小姐就不太合适,这个时候就应该称其为阿姨或者女士。

(2) 问候语

如早上好、中午好、晚上好、新年好。但是要注意时空感,中秋节的时候,就可以对客人说中秋快乐,而不仅仅是中午好。还要注意距离,一般在客人离服务员1.5米的时候问候最为恰当,对于距离较远的客人就不适宜打招呼,适合微笑点头示意。

(3) 征询语

确切地说就是征询意见与询问的话语。如"先生,现在可以上菜了吗?""先生,您的酒可以开了吗?"如果征询语运用不当,就会使客人很不愉快。

(4) 委婉推脱语

一般应该先肯定,后否定,客气委婉,不简单拒绝。要掌握说"不"的艺术,尽可能用肯定的语气去表示否定的意思。如用"您可以到那边去吸烟"来代替"您不能在这里吸烟",用"请稍等,您的客房马上收拾好"来代替"对不起,您的客房还没有收拾好"。

面对竞争日益激烈的酒店行业,越来越多的管理者意识到建立密切良好的客户关系是酒店在激烈的市场竞争中拥有持久的竞争优势并保持较高利润的有力武器。因此,酒店应该将维持良好的客户关系作为酒店的一项战略长期坚持下去。

第二节 客户投诉管理

一、正确认识客人投诉

酒店工作的目标是使每一位顾客满意。但事实上，无论是多么豪华、多高档次的酒店，无论酒店管理者在服务质量方面下多大的功夫，总会有些客人，在某个时间，对某件事、物或者人表示不满，因此，投诉是不可避免的。

投诉是酒店管理者与客户沟通的桥梁，对客人的投诉应有一个正确的认识。投诉是坏事也是好事，它可能使被投诉者感到不快，甚至受罚，接待投诉客人也是一件令人不愉快的事，妥善处理投诉具有挑战性；但投诉又是一个信号，告诉酒店服务和管理中存在的问题，避免出现更大的问题。因此，酒店对客人的投诉应给予足够的重视。

（一）客户投诉的必然性和合理性

酒店向客人提供的是服务产品，作为一种公开销售的服务产品，客人有权对服务项目、服务设施和设备、服务态度、服务程序、服务效率以及服务效果等产品质量方面的内容进行评论。客人投诉不仅仅意味着客人的某些需求未能得到满足，而且说明酒店的工作有漏洞。实际上，投诉也正是客人对酒店服务质量和管理质量的一种评价。真正投诉的客人并不多。虽然投诉并不令人愉快，任何酒店、任何员工都不希望有客户投诉自己的工作，这是人之常情，然而，即使是世界上最负盛名的酒店也会遇到客人的投诉。

酒店必须清楚地知道：

- 无论服务的软件和硬件多么完善，都不可能达到完美的程度，所以客人的投诉是难于避免的。
- 客人的要求具有多样性和特殊性，可谓是众口难调。
- 酒店服务工作中，难免有不尽如人意的地方。
- 现在的客人自我保护意识越来越强，他们清楚自己付出的较高费用应该享受的服务程度。

（二）客户投诉的双重性——积极因素和消极因素

1. 积极因素

客人来自四面八方，不乏有一些见多识广、阅历丰富的人。客人从自身的角度，对酒店服务工作提出了宝贵的批评意见，有利于酒店不断改进和完善服务工作。

2. 消极因素

客人在服务环境中或公众面前投诉，会影响酒店的声誉和形象，这是对酒店最不利的消极因素。

事实上，投诉产生后，引起客人投诉的原因并不重要，关键是酒店怎样看待客人的投诉，使用怎样的态度去面对，采取怎样的方法来解决客人的投诉。成功的酒店善于把投诉的消极面转化为积极面，通过处理投诉来促进自己不断提高工作质量，防止投诉的再次发生。

二、投诉的原因

就酒店而言，容易被客人投诉的原因和环节是多方面的，既有酒店方面的原因，也有客人方面的原因。

（一）酒店方面的原因所引起的投诉

1. 酒店的硬件设施设备

因酒店设施设备不正常、配套项目不完善而让客人感觉不便是导致客人投诉的主要原因之一，经常发生于以下情景：客房空调系统失灵，不能制冷或制热，或者只能由酒店控制温度，宾客不能自行调节；洗手间排水系统堵塞，使客房充满异味；会议室未配备必要的设备，导致宾客会议不能顺利进行等。

2. 酒店的软件服务

因服务方法欠妥而对客人造成伤害或使客人蒙受损失也是导致客人投

诉的重要原因之一。例如，大堂地面打蜡时不设护栏或标志，导致客人摔倒；总台催交房费时表达方式不当，导致客人理解为暗指自己故意逃账；服务人员与客人意外碰撞，导致客人被烫伤等。

3. 酒店的食品及饮料

酒店应提供给宾客安全的环境，其中餐饮环节至关重要。食品储藏不当导致口感及品质发生变化，引起宾客身体不适，或者饮料过期等造成宾客食物中毒等，都易引起宾客投诉，严重时甚至会给酒店带来官司。

4. 酒店安全状况

安全是宾客最基本的需求，酒店安保措施实施不到位、安保人员未能及时帮助宾客等情形，极易使宾客感觉人身安全受到威胁。

5. 酒店相应的规定及制度

每个酒店的规定与制度都不尽相同，且随着社会环境的变化，酒店制度或者优惠政策会发生调整，若是没有及时通知到宾客，导致宾客多付费用等，会影响宾客入住心情，导致投诉。

（二）客人方面的原因所引起的投诉

1. 客人对酒店的期望值

客人对酒店的期望太高，感到酒店相关的服务及设施、项目没有达到应有的水准，不符合其心中的理想，未能体现出物有所值。一旦发现与期望值相差太远，客人会产生失望感。

2. 客人的价值观念

客人的需求及价值观念不同，对事物的看法及衡量的标准与酒店不一致，对酒店宣传内容的理解与酒店有分歧，导致其不同的看法及感受，从而产生某种误解。

3. 客人自身原因

由于客人自身的敏感，其对酒店工作可能会有些挑剔。也可能由于客人本身心情不佳,或其他非酒店原因产生的不满,其在酒店内宣泄,或借题发挥,或故意挑衅寻事,导致对服务的投诉。

三、处理投诉的原则与程序

(一) 处理投诉的原则

1. 坚持"客户至上"的服务宗旨

对客人投诉持欢迎态度,不与客人争吵,不为自己辩护。接待投诉客人,受理投诉,这本身就是酒店的服务项目之一。如果说客人投诉的原因总是与服务质量有关的话,那么,此时此刻代表酒店受理投诉的管理人员应真诚地听取客人的意见,表现出愿为客人排忧解难的诚意;对失望痛心者温言安慰、深表同情,对脾气火爆者豁达礼让、理解为怀。争取完满解决问题,这本身就是酒店正常服务质量的展现。如果说投诉客人都希望获得补偿的话,那么,在投诉过程中对方能以最佳的服务态度对待自己,这对通情达理的客人来说,也算得上是某种程度的补偿。

2. 处理投诉要注意兼顾客人和酒店双方的利益

管理人员在处理投诉时,身兼两种角色。一方面,他是酒店的代表,代表酒店受理投诉。因此,他不可能不考虑酒店的利益。另一方面,只要他受理了客户的投诉,只要他仍然在此岗位工作,他也就同时成了客人的代表,既是代表酒店,同时也是代表客人去调查事件的真相,给客人以合理的解释,为客人追讨损失赔偿。客人直接向酒店投诉,这种行为反映了客人相信酒店能公正妥善解决当前问题。为回报客人的信任,以实际行动鼓励这种"要投诉就在酒店投诉"的行为,管理人员必须以不偏不倚的态度,公正地处理投诉。

(二) 投诉的一般处理程序

1. 接受宾客的投诉

(1) 确认是否为住店客人,记录客人的姓名、房号、投诉部门和事项。
(2) 听取宾客的投诉:头脑冷静、面带微笑,仔细倾听,对宾客遇到的不快表示理解并致歉意。

（3）对客人的投诉，酒店无论是否有过错，都不要申辩，尤其是对火气正大或脾气暴躁的客人，先不要做解释，要先向客人道歉，表示安慰，让客人感到你是真心实意为他着想。

2. 处理宾客的投诉

（1）对一些简单、易解决的投诉，要尽快解决，并征求客人的解决意见。

（2）对一些不易解决或对其他部门的投诉，首先要向客人道歉，并感谢客人的投诉，同时向有关部门的经理汇报。

（3）查清事实并作处理，同时将处理结果通知客人本人，并征求客人对解决投诉的意见，以表示酒店对客人投诉的重视。

（4）处理完客人的投诉后，要再次向客人致歉，并感谢客人的投诉，使酒店在其心目中留下美好的印象，以消除客人的不快。

3. 记录投诉

（1）详细记录投诉客人的姓名、房号或地址、电话、投诉时间、投诉事由和处理结果（见图4-2）。

（2）将重大的投诉或重要客人的投诉整理成文，经前厅部经理阅后呈总经理批示。

知识链接

酒店投诉处理技巧："CLEAR"方法

酒店运营中，处理顾客投诉是服务提供者的一项重要工作，如何平息顾客的不满，使被激怒的顾客"转怒为喜"，是酒店获得忠诚顾客的最重要手段。掌握"CLEAR"方法，也即顾客愤怒清空技巧，能够帮助酒店妥当地处理最棘手的情形，令顾客心情晴朗。应对顾客投诉的"CLEAR"方法包括以下步骤：

C——控制你的情绪（Control）。

L——倾听顾客诉说（Listen）。

E——建立与顾客共鸣的局面（Establish）。

A——对顾客的遭遇表示歉意（Apologize）。

R——提出应急和预见性的方案（Resolve）。

客户投诉处理记录表				
投诉日期	8月5日	投诉方式	前台	投诉人
^	^	^	^	投诉电话
投诉内容	客人在网上预定了三间房,由于当天客人较多,排房紧张,楼层大姐调休,所以客房没有打扫出来。客人起初等待,但因为等待时间较长,引起客人不满,造成了不愉快。			
受理人	当班大副			
处理意见	大副亲切、热情、耐心地给客人解释,并给客人赠送水果盘,积极为客人解决了排房问题,在大副的亲切关心和协助下,客人感受到了酒店无微不至的贴心服务,客人当天撤销投诉,并表示下次会光临。			
结果跟踪	在酒店的贴心服务下,客人在次日办理了续住手续,并且在携程网上给予了好评。			

图 4-2　客户投诉处理记录表

第三节　客史档案管理

一、建立客史档案的意义

建立客史档案是酒店了解客人,掌握客人的需求特点,从而为客人提供针对性服务的重要途径。对于那些力图做好市场营销,努力使工作卓有成效的酒店工作人员来说,客史档案是一个非常有用且珍贵的工具,建立客史档案对提高酒店服务质量,改善酒店经营管理水平有重要的意义。对酒店而言,主要有以下三个方面的好处。

(一) 有利于酒店提供"个性化"服务,增加人情味

服务的标准化、规范化,是保障酒店服务质量的基础,而个性化服务则是酒店质量的灵魂。要提高服务质量,必须为客人提供更加富有人情味的、突破标准化与规范化的"个性化"服务,这是服务的最高境界,是酒店服务的发展趋势。

(二) 有利于做好针对性的促销工作,争取回头客,培养忠诚顾客

客史档案的建立,能使酒店根据客人需要,为客人提供有针对性的促销。

比如，通过客史档案，了解客人的需求特点，定期与客人取得联系，为酒店培养更多的忠实顾客。

（三）有助于提高酒店经营决策的科学性，提高经营管理水平

任何一家酒店，都应该有自己的目标市场，通过最大限度满足目标市场的需要来赢得客人，获取利润，提高经济效益。如果酒店管理者不能有效利用这一潜力巨大的资料库，忽视了它的作用，就会影响到酒店的经营活动，进而影响到酒店经营决策的科学性。

二、客史档案的内容

（一）常规档案

主要包括来宾姓名、国籍、地址、电话号码、单位名称、年龄、出生日期、婚姻状况、性别、职务、同行人数等。酒店收集和保存这些资料，可以了解市场基本情况，掌握客源市场的动向及客源数量等。

（二）消费特征档案

主要包括客房的种类、房价、餐费，以及在商品、娱乐等其他项目上的消费；客人的信用卡账号；客人对服务设施的要求、喜好等。通过这些信息，可以了解客人的消费水平、支付能力以及消费额、信用状况等。

（三）预订档案

预订档案包括客人的预订方式，介绍人，订房的季节、月份、日期及订房的类型等。掌握这些资料有助于酒店选择销售渠道，做好促销工作。

（四）个性档案

这是客史档案中最重要的内容，主要包括客人的脾气、性格、爱好、兴趣、生活习俗、宗教信仰、生活禁忌、特殊日期和要求等。这些资料有助于酒店有针对性地提供"个性化"服务。

（五）反馈意见档案

包括客人对酒店的表扬、批评、建议和投诉记录等。

三、客史档案资料的收集与管理

（一）客史档案资料的收集

及时、准确地收集和整理客史档案资料，是做好客史档案的管理工作的基础。这既要求酒店有切实可行的信息收集方法，又要求前台和酒店其他对客服务部门的员工用心服务，善于捕捉有用信息。

收集客史档案资料的主要途径如下。

1. 总服务台收集

总服务台通过预订单、办理入住登记、退房结账等收集有关信息。有些信息从客人的证件和登记资料中无法获得，应从其他途径寻觅，如索取客人的名片、与客人交谈等。

2. 大堂经理收集

大堂经理每天拜访客户，了解并记录客户的服务需求和对酒店的评价；接受并处理客户投诉，分析并记录投诉产生的原因、处理经过及客户对投诉处理结果的满意程度。

3. 与客人交流过程中收集

客房、餐饮、康乐、营销等服务部门的全体员工主动与客人交流，对客人反映的意见、建议和特殊需求认真记录，并及时反馈。

4. 媒体资料收集

酒店有关部门及时收集客人在酒店官网、预订网站或社交媒体上发表的有关酒店服务与管理、声誉与形象等方面的评价。

（二）客史档案的管理

酒店的客史档案管理工作一般由前厅部承担，而客史信息的收集工作要依赖全酒店的各个服务部门。所以，做好这项工作必须依靠前厅部员工的努力，同时还有赖于酒店其他部门的大力支持和密切配合。

客史档案的管理工作主要有以下几方面内容。

1. 分类管理

为了便于管理和使用客史档案，应对客史档案进行分类整理。如按国别和地区划分，可分为国外客人、中国内地（大陆）客人和中国港澳台地区客人；又如按信誉程度划分，可分为信誉良好客人、信誉较好客人、黑名单客人等。对客史档案进行归类整理是客史档案有效运行的基础和保证。

2. 有效运行

建立客史档案的目的，就是为了使其在有效运行中发挥作用，不断提高经营管理水平和服务质量。客人订房时，预订员可以了解其是否曾入住过本店。属重新订房的，可直接调用客史，打印客史档案卡，与订房资料一道存放，并按时传递给总台接待员；属首次订房的，应将常规资料和特殊要求录入酒店管理信息系统，并按时传递给总台接待员。未经预订的常客抵店，总台接待员在客人填写登记表时，应调出该客人的客史档案，以提供个性化服务；未经预订的客人第一次住店，总台接待员应将有关信息录入酒店管理信息系统。对涉及客房、餐饮、康乐、保卫、电话总机等部门的服务要求，要及时将信息传递到位。

3. 定期清理

为了充分发挥客史档案的作用，酒店应每年系统地对客史档案进行1至2次的检查和整理。检查资料的准确性，整理和删除过期的档案。对久未住店的客人档案予以整理前，最好给客人寄一份"召回书"，以唤起客人对曾住过酒店的美好回忆。

练习与思考

一、单选题

1. 下列不属于客户档案的主要形式的是(　　)。
   A. 客户入住信息档案　　　　B. 客户名册
   C. 客户数据库　　　　　　　D. 客户资料卡
2. 关于客户信息的完善,下列说法不正确的是(　　)。
   A. 信息更新的固定性　　　　B. 抓住关键信息
   C. 及时分析信息　　　　　　D. 及时淘汰无用资料
3. SCRM 是指(　　)。
   A. 客户　　　　　　　　　　B. 客户关系管理
   C. 客户管理　　　　　　　　D. 社会化客户关系管理
4. 下列不属于酒店客户关系管理的主要内容的是(　　)。
   A. 分析客户　　　　　　　　B. 客户信息管理
   C. 客户促销管理　　　　　　D. 客户开发
5. 下列不属于提高客户满意度的方法的是(　　)。
   A. 坚持"以顾客满意为中心"
   B. 视顾客为亲人
   C. 对顾客适当地说"不"
   D. 不让顾客吃亏

二、简答题

酒店客户关系管理的目标是什么?

三、案例分析题

一天下午,某酒店商务中心收到某大公司常客陆先生发来的线上投诉,投诉中讲述了他前几天来到酒店的遭遇,要向酒店讨个说法。

一个星期以前,陆先生打电话到酒店预订两天后的一个大床间,当时酒店预订员告诉陆先生两天后的大床间都已订满,陆先生无奈只好订了一个标准间。两天后,当陆先生来到酒店,在前厅办理入住登记手续时,听到旁边一位无预订的顾客却被接待员安排了大床间,陆先生十分疑惑与不满,心想可能是有其他原因吧,也就没说什么。住在酒店的三天中,从无一人询问他是否需要换到大床间。陆先生认为,这本来是一件小事,但作为酒店的长期合作宾客受此待遇,心里感到十分不快,他还是希望酒店给个合理的解释,并考虑以后是否还会入住。

　　大堂经理看完投诉内容，立刻找当班预订员小陈和接待员小许询问原因。经查，在陆先生打电话订房时，酒店确实没有大床间了，所以预订员小陈才在征得陆先生的同意后，给他安排了一个标准间。在陆先生入住时，接待员小许根据预订单将预留好的客房分配给陆先生。事又凑巧，此时另一接待员小腾恰好将一间刚刚结账的大床间又分配给了正在前厅询问有没有大床间的张先生。因此在陆先生看来，觉得酒店厚此薄彼，令人难以接受。

　　事情了解清楚后，大堂经理精心拟写一份热情诚恳的邮件发送给陆先生，向客人道歉。并在解释原因的同时，表示酒店的接待工作仍有待完善，非常感谢陆先生中肯的意见。酒店在最近的装修中会适当增加大床间，恳请陆先生再次下榻。

　　一个月之后，陆先生又光临该酒店，入住了新改建的舒适的大床间，他十分满意。

　　问题：

　　1. 你认为酒店在常客陆先生入住的整个过程中存在什么问题？我们应该吸取的教训是什么？

　　2. 当常客陆先生对酒店产生不满时，我们还有哪些方法补救？

　　3. 你是否认为陆先生小心眼、小题大做？

第五章

前厅系列服务

学习目标：通过本章学习，能够明晰前厅系列服务的主要流程及要点；能够在实践情境中完成礼宾服务、总机服务、商务中心服务等系列服务；能够对比不同酒店行政楼层服务之间的差异。

核心概念：礼宾服务；总机服务；商务中心；问讯；收银；行政楼层

案例 5-1

某日的上午，天气晴朗，阳光明媚。某酒店大堂结账处有许多客人正在结账，1108 号客房的张先生也来到前厅结账。这时结账处接到查房服务员的报告："1108 号客房少了一个高档衣架。"收银员微笑着对张先生说："张先生，您的客房少了一个衣架，可以请您帮忙寻找一下吗？"谁知客人一听，很生气地否认了曾经在客房看到过衣架，并否认带走了衣架。收银员便立即通知了大堂经理，大堂经理在前厅处找到了张先生。"张先生您好，麻烦您到旁边来一下好吗？"客人随着大堂经理来到了大厅的一个角落。大堂经理婉转地向客人表述酒店客房物品遗失的规定，然后说："张先生，如果您没拿衣架，那么有没有可能是您的亲朋好友来拜访您时顺便带走了？"张先生说："没有，我住店期间根本没有亲友来过。"大堂经理顺势提醒："请您再回忆一下，您会不会把衣架顺手放到别的地方了？"大堂经理干脆给了他一个明确的提示："以前我们也曾发现过一些客人住过的客房里的衣架、浴巾、浴袍之类的不见了，但他们后来回忆起来是放在床上了，或是被被子、毯子遮住，或是不小心裹在衣服里带走了。您能否上去再看看，会不会也发生类似情况呢？"

张先生觉得拖延下去对自己没有什么好处，便不耐烦地说："你们还真是麻烦。这样，我上去帮忙找一下吧。"大堂经理提出帮客人看管一下行李箱。张先生却慌张地说："不用，不用。"边说着边匆匆地提着箱子上了电梯，大堂经理和收银员会意地相互看了一眼。不一会儿,张先生下来了,故作生气状地说:"你们的服务员也太不仔细了,衣架明明就掉在床上被毛毯遮住了!"大堂经理知道客人已经把衣架放回去了,便不露声色,很有礼貌地说:"实在对不起,张先生,麻烦您了。"为了使客人不感到尴尬,大堂经理还很真诚地对客人说:"张先生,希望您下次来还住我们酒店!我们随时欢迎您的再次光临。谢谢!"

案例分析

本案例属于酒店前厅部收银结账遇到的问题。在酒店服务过程中,难免有些客人个人素养不高、虚荣心强、举止不文雅,但前厅部服务人员的职责是为客人提供服务,而不是"教训"客人,所以服务员要认真地帮助客人,采取灵活多样的手段,把"对"让给客人。

第一节　礼宾服务

一、礼宾部概述

许多高档次的酒店都设立了礼宾部,这是为了体现酒店的档次和服务水准。而在一些中小规模的低星级饭店中,则称为行李部。礼宾服务由酒店的礼宾部提供,其主要职责就是围绕客人需求提供"一条龙服务"。前厅礼宾服务提供迎宾、行李等各项服务。

礼宾部的工作特点是人员分散工作,服务范围大(见图5-1)。在大中型酒店中,礼宾部一般下设迎宾员、门童、行李员、派送员、机场代表等几个岗位。礼宾部的工作人员在客人心目中常被视为"酒店代表",其服务态度、工作效率和质量都会给酒店的经济效益带来直接的影响。

二、礼宾部岗位工作职责

礼宾部的人员多负责搬运行李、守门的工作,他们的任务向前厅部经理直接报告,但多数礼宾部都是以独立模式运作的。无论礼宾部的规模如何,它在客户服务的范畴中都扮演着一个相当重要的角色,行李员在客人到达的时候会出门迎接,为他们整顿行李以及解答一切疑问。在客人离开的时候,行李员会帮助客人把行李从客房运送到出租车上。

图 5-1 礼宾部岗位设置

礼宾部岗位工作职责为:
- 在门厅或机场、车站迎送客人(门童);
- 负责客人的行李运送及安全(从车到酒店、从前厅到客房);
- 为客人寄存行李,寄存和出租雨伞;
- 在公共区域寻找客人;
- 陪同散客进房并进行介绍服务;
- 分送客人报纸(长住客、熟客、重要客人);
- 分送客人信件和留言(特快专递);
- 为客人传递物品;
- 代客招呼出租车及提供"Please send(drive) me to"(请送我至)卡(卡上标有酒店方位、电话);
- 协助进行酒店大门口管理,包括维护车道秩序、督促清洁工作等;
- 严格遵守各项规章制度和服务操作规程。

三、行李服务

酒店的行李服务是由前厅部的行李员(Baggage Handler)提供的,通常属于酒店的礼宾部(Concierge)。行李员在欧美国家又称为"Bellboy"、"Bellman"、"Bellhop"和"Porter",其工作岗位是位于酒店大堂一侧的礼宾部(行李服务处)。礼宾部主管(或"金钥匙")在此指挥,调度行李服务及其他大厅服务。每天上班后,礼宾部主管就要查询酒店管理信息系统,或认真阅读、分析由预订处和接待处送来的预计当日抵店客人名单(Expected Arrivals)和预计当日离店客人名单(Expected Departures),以便掌握当日客人的进出店情况,做好工作安排。以上两个名单中,尤其要注意 VIP 客人和团体客人的抵离店情况,以便做好充分准备,防止出现差错。在此基础上,礼宾部主管制定当日的工作安排计划,并召集全体行李员,布置工作任务。

(一) 行李员的岗位职责

1. 行李员的职责

行李员不仅负责为客人搬运行李,还要向客人介绍店内服务项目及当地旅游景点,帮助客人熟悉周围环境,跑差(送信、文件等),传递留言,递送物品,替客人预约出租车。

行李员的另一职责就是在大堂、餐厅等公共区域寻找客人或同事(行业术语为"Paging")。行李员在餐厅或公共区域找人时,会手持小铃铛,当小铃铛发出响声时,就会引起客人的注意,因此,行李员又称为"Bellboy"。

行李员还是酒店与客人之间联系的桥梁,他们的工作可以使客人感受到酒店的热情好客,因此,对于管理得好的酒店而言,行李员是酒店的宝贵资产。

知识链接

代客泊车、照看宠物

某酒店行李部工作时间为 7:00—23:00,负责车辆运输、清洁和保养,查询、预订火车票和飞机票,代客泊车,接送服务,旅游咨询,酒店外餐厅预订,信件、报纸、传真接收,行李收送、寄存,当地每月活动的介绍,以及一些繁琐的事务。

某酒店在酒店正门经常可以看到客人开着顶级跑车、吉普和房车。这种情况下,对行李部员工来说十分重要的就是能够熟练驾驶各种车辆并且知道如何使用车辆的各种功能。做到每天客人无论驾驶何种车辆来到酒店,他们只需说出姓名或房号,其他一切事情都不用费心。他们需要用车的时候告诉行李员房号,接着在大堂等候即可。行李员首先从礼宾部领取车钥匙,然后把车辆亲自交给客人。如果客人带着宠物临时到酒店用餐或者去健身中心(宠物只能进出客房、电梯、大堂),他们只需通知礼宾部或行李部,行李员便会照看宠物,让宠物喝些水,在大堂某个地方睡上一觉,或者带宠物出去转转。

2. 行李领班的职责

行李领班的岗位职责是支持和协助主管的工作，管理并带领行李员、门童为客人提供服务。具体内容如下：

(1) 协助主管制定工作计划。

(2) 准备好部门员工的排班表。

(3) 完成上级管理部门和人员下达的所有指令。

(4) 监督、指导、协助行李员和门童完成其工作任务。

(5) 确保抵、离店客人及时得到优质的行李服务。

(6) 对抵、离店客人分别表示欢迎和欢送，必要时为客人提供行李搬运等各种服务。

(7) 督促行李员认真做好行李的搬运记录工作。

(8) 为住店客人提供各种力所能及的帮助。

(9) 引导客人参观客房设施。

(10) 适时地向客人推销酒店的其他设施。

(11) 重视客人的投诉，并把这些投诉转达给相关部门，以便迅速解决。

(12) 协助酒店有关部门和人员为住店客人过好生日、周年纪念等。

(13) 每天检查行李部设施，确保良好的工作状态。

(14) 做好行李部设备的保管、清洁和保养工作。

(15) 留意宴会指南和大厅内其他公告牌，保证其正常放置。

(16) 认真填写交接班本，记下已完成的工作内容及有待下一班继续完成的工作，写上日期、时间和姓名。

（二）行李部员工的素质要求

为了做好行李服务工作，行李领班及行李员要具备一定的素质，掌握一定的知识，了解店内外诸多服务信息。具体要求如下：

1. 能吃苦耐劳，眼勤、嘴勤、手勤、腿勤，和蔼可亲。

2. 性格活泼开朗，思维敏捷。

3. 熟悉本部门工作程序和操作规则。

4. 熟悉酒店内各条路径及有关部门位置。

5. 了解酒店内客房、餐饮、娱乐等各项服务的内容、时间、地点及其他有关信息。

6. 广泛了解当地名胜古迹、旅游景点和购物点,尤其是那些地处市中心的购物场所,以便向客人提供准确的信息。

(三) 行李服务注意事项

行李服务不当,常常引起客人的投诉。在为客人提供行李服务时,行李员及其管理人员应特别注意以下事项。

1. 行李搬运时的注意事项

(1) 认真检查行李。为客人提供行李服务时,要清点行李件数(特别是团队行李件),并检查行李有无破损。如有破损,必须请客人签字确认,并通知团队陪同及领队,以免日后引起客人的投诉。

(2) 搬运行李时,客人的贵重物品及易碎品,如相机、手提包等要注意让客人自己拿。

(3) 装行李车时,要注意将大件、重件、硬件放在下面,小件、轻件、软件放在上面。

(4) 搬运行李时必须小心,不可用力过大,更不许用脚踢客人的行李。

(5) 照看好客人的行李。客人办理住宿登记手续时,行李员站在总台一侧(离总台约 2 米)的地方等候客人,注意照看好客人的行李,眼睛注视总台接待员。

(6) 引领客人时,要走在客人的左前方,距离两三步(或与客人并行),和着客人的脚步走;在拐弯处或人多时,要回头招呼客人。

(7) 引领客人进房途中,要热情主动地问候客人,与客人交谈,向客人介绍酒店服务项目和设施,推荐酒店的商品。

(8) 介绍房内设施及使用方法。带客人进客房,要向客人介绍客房的设施设备的位置和使用方法。

(9) 离房前要问客人是否还有其他吩咐,并祝客人住店愉快,随后将房门轻轻拉上。

(10) 将离店客人的行李搬运至大厅后,要先到结账处确认客人是否已结账,如客人还未结账,应有礼貌地告知客人结账处的位置。

(11) 做好行李搬运记录。为客人提供行李服务时,要做好各种行李搬运记录。

2. 客房介绍时的注意事项

行李员带客人进客房,要向客人介绍房内设施及使用方法,比如:客房比较隐蔽的设施、设备以及较为先进的设备的使用方法等。特别是有些智能电视以及遥控器、机顶盒等的使用方法,客房上网方法以及无线网络密码也需要介绍。

行李员在向客人介绍房内设施时,不要太啰唆,不必要介绍的则不要介绍,避免"这是电视""这是卫生间"之类的简单内容。因为客人经过长途旅行,受了长时间的舟车劳顿之苦,此时最需要的是尽早休息,而不是听服务员没完没了的"介绍"。另外,介绍时要因人而异,由于客人消费层次和住宿经验的不同,对某些客人需要介绍的项目,对另一些客人则可能不需要介绍。

3. 行李寄存时的注意事项

(1) 确认客人身份。客人要求寄存行李时,行李员要先问清是住店客人还是外来客人,外来客人的行李一律不予寄存。

(2) 检查行李。客人寄存行李时,行李员要认真检查每件行李是否已上锁,并告诉客人行李内不能放入贵重物品或易燃品、易爆品、化学腐蚀剂、剧毒品、枪支弹药等。如客人执意要寄存未加锁的行李,要把寄存行李的规章给客人看,发现有未上锁的行李或购物袋无法上锁时,要马上通知领班,向客人说明后,把行李放在安全的地方。

(3) 如果客人丢失"行李领取卡",行李员一定要凭借足以证实客人身份的证件放行行李,并要求客人写出行李已取的证明。如果不是客人本人来领取行李,一定要请他出示证件,并登记证件号码,否则不予放行。

(4) 行李员在为客人办理行李的寄存和提取业务时,一定要按规定的手续进行,绝不可因为与客人"熟"而省略必要的行李寄存手续,以免引起不必要的纠纷,或给客人造成损失,或带来不必要的麻烦。

四、店外接送服务

这项工作主要由机场代表负责,负责在机场、车站、码头迎接客人。机场代表应特别注意自己的仪表、仪容,举止言谈要温和得体,动作要快而准确,充分体现本岗位的工作特点。

（一）机场代表的概念

酒店的机场代表属于酒店前厅的礼宾部员工，主要负责在机场、车站迎接酒店的预订客人和 VIP 客人。去机场、车站迎送客人是酒店服务的延伸，高星级饭店都为客人提供这项服务。在国外，不少青年旅馆等经济型酒店也为客人提供这项服务。

机场代表是客人到达目的地后遇到的第一个酒店员工，他们所提供的服务会给客人留下酒店的第一印象。因此，服务是否到位、是否专业热情，直接体现酒店的档次和服务水平。

机场代表所提供的服务是酒店礼宾服务的重要组成部分，酒店管理者应该予以重视，加强对他们的管理，确保为客人提供热情、周到、专业、规范的服务，同时，做好各项协调工作，避免出现漏接客人、让客人久等等服务差错。

（二）机场代表的岗位职责

1. 代表酒店到机场、车站、码头迎接客人。
2. 每日上班前查阅预订报告，了解每天接送客人情况预测表，掌握客人的特殊需求。
3. 向车队发出接送通知单，提前抵达机场、火车站、码头等地欢迎、接待客人，并在沿途适当介绍本地景观及酒店情况。
4. 负责处理客人行李问题。
5. 在机场宣传、介绍酒店产品及服务，争取使未预订的散客入住酒店，在淡季积极争取客源。
6. 向酒店提供贵宾到达及预计抵达时间方面的信息。
7. 回答客人的各种疑问，灵活处理客人提出的各种问题。
8. 注意与车队司机协调配合，顺利完成迎接任务；及时与前台和机场联系，获取航班抵离情况，避免误接或漏接的现象发生。
9. 维护与酒店其他机场代表的关系及协调酒店有关部门联系机场业务。

（三）机场代表的服务流程和物品准备

1. 服务流程

机场代表的服务流程如下：

（1）准备现场接待物品；

（2）核对航班信息；

（3）正确拿取酒店接机牌；

（4）确认客人身份；

（5）问好和欢迎；

（6）送客人上车；

（7）登记客人信息；

（8）打电话通知酒店。

2. 接机服务应准备的用品

接机服务不仅是为宾客提供的服务项目,也是一次在公众场合进行公关营销的活动。有的酒店在接机时,手里拿着一张白纸,上面手写被接人的名字,这不仅不专业,也是对被接宾客的不尊重。为了做好接机服务,要准备以下物品：

（1）与酒店档次一致的接机牌

在公众场合,酒店使用的物品体现酒店的档次和水准。因此,在机场、码头等接机接站时,必须选用体现酒店特色和档次的接机牌。除非手写的字体能体现酒店的特色,否则要使用打印字体。有些酒店接机人员认为与被接者认识,不需要接机牌,实际上是不对的。接机是代表酒店专业度和对宾客的尊重的一个服务项目,不要因为彼此熟悉就省略或简化。同时,接机也是一次免费对外展示形象的机会,要做好这次免费的广告宣传。

（2）雨伞

不管下雨天还是晴天,雨伞都是接机服务的必备品。下雨天可以避雨,晴天可以遮阳。千万不要嫌麻烦,一旦下起大雨,会让人措手不及。

（3）茶水、矿泉水、冷热毛巾

要根据被接贵宾的喜好准备好茶水,常温或者冰镇的矿泉水。毛巾要根据季节使用保温桶准备,夏天要提供冰毛巾和常温毛巾,冬季应提供热毛巾。

（4）点心

宾客下机时,可能在飞机上或者登机前已用过餐,但为防万一,最好准备一些酒店的特色点心,供宾客选择。

（5）报纸杂志和轻松幽默的故事

应根据宾客的喜好准备杂志和报纸供其阅览。如果宾客比较健谈,希望聊天,可按照宾客引导的话题进行交流或倾听。如果宾客喜欢你作为谈话的引导者,可以用当地高雅幽默的小故事和笑话,帮宾客打发路途中的无聊时光。

(四) 机场代表的服务礼仪规范

1. 应制作接机、接站标志牌

标志牌应制作规范,符合酒店的形象。接送车辆的规格应符合客人事先的要求。

2. 提前到达

接机、接站人员应提前到达指定地点迎候客人,平稳地拿举标志牌,抬头挺胸,站立端正,微笑着目视出站口。

3. 主动问候

见到客人主动问候,正确称呼客人的姓名或职务,得体地进行自我介绍。

4. 行李服务

为客人提拿行李时,应轻拿轻放,保证完好,在尊重客人意愿的前提下提供行李服务。

5. 指引服务

为客人引路时,接送人员应与客人保持适当的距离,根据客人的性别、职位、路况和环境等因素选择合适的站位和走位。

6. 泊车

接送车辆应按照交通法规合理停放,停靠位置应方便客人上下车。

7. 迎客上车

接送人员应根据不同车辆选择合理的站位,迎送客人上下车。安排座位时应符合座次礼仪并照顾客人的意愿。开关车门动作应轻缓,适时为客人护顶,且护顶时应尊重客人的宗教信仰。

8. 与客人告别

与客人告别时,接送人员应保证客人的行李准确完好,根据客人的走向随时调整站位,微笑着注视客人,祝客人一路平安。客人走出视线后再转身离开。

(五) 机场代表的素质要求

(1) 较高的外语交流水平;
(2) 熟悉酒店客情;
(3) 掌握主要客源国旅游者的生活习俗和礼仪;
(4) 有较强的应变能力;
(5) 有较强的人际交往能力。

案例 5-2

我是一家著名的国际酒店新入职的员工,我的工作岗位是礼宾部的机场代表。实操前,礼宾部经理(金钥匙)给我们做了培训,我发现这家酒店在接送客人的流程上跟其他酒店有很大不同,不仅仅是到机场接一个客人那么简单,其流程很专业,而且有效——准备现场接待物品,核对航班信息,正确拿取酒店接机牌,确认客人身份,问好和欢迎,送客人上车,完成登记任务,打电话通知酒店。所以,刚开始,我很佩服酒店的各项管理和工作流程的安排。

但是后来我发现理论和实际还是有差异的。除了第一天有礼宾部经理在现场指挥,后面的几天就只有几个酒店的员工和实习生,在如此混乱的机场,加上正值某大型展会的客流高峰期,经理竟然没有选出一个主管或者暂时负责统筹指挥的人。从酒店出发前,员工都不知道具体是谁在准备物品。到了机场更乱,对讲机不够,导致客人已经被同事接走并接送上车,另外一个同事还在人群中举着接机牌。接到客人的时候,如果根据培训时所说,应该先问候,再问他的名字,询问其是否预订豪华车,行李有没有遗漏,总共几个人……事实却不是如此。我所看到的正式员工,只是用几个能表达出意思的英语单词询问一下,不要说问候和欢迎,连最基本的笑容都没有。客人下榻到酒店所见到的第一个酒店员工竟然是这样,培训时所说的企业文化、"让客人满意计划""实现客人、员工和合作伙伴'三赢'"等对一线员工来说就像口号一样,只有那些管理层的人才会真正去贯彻。但他们又怎么知道一线员工实际是怎么做的呢?继续让员工这样对待客人,贯彻这种口号又有什么意义呢？后来我还发现有问题的不只是一线员工，管理层之间也有不少矛盾。有一天我们接到客人，但是订的车迟迟不来，一个同事告诉我，这是因为车队的司机不肯出车。我感到十分奇怪，派车接客人并不是想不想的问题，作为酒店的员工必须为客人服务，而且经过这几天跟车队司机的相处，我觉得他们都很好，应该不会这样做。最后才知道是因为车队的领导跟我们礼宾部的经理不和。在其他酒店，车队一般是属于礼宾部的，受礼宾部调动，而我们酒店的车队和礼宾部地位相等，当两个部门不和的时候，车队不出车，客人投诉的是礼宾部，然后矛盾更激烈，最终导致恶性循环。

案例分析

礼宾部工作需要遵循流程，更不可或缺的是部门内以及酒店部门之间的互相配合。在酒店有团队客人时，需要提前统筹协调好工作，每个员工各司其职，互相配合，完成接待任务。

五、门厅迎送服务

案例 5-3

一辆出租车在江苏南通某酒店的门口刚停住，酒店门童小陈便主动迎上前去开车门，但坐在车内的一位香港客商并不急着下车。他手里拿着一张面值一百元的港币，等待司机找零钱。司机说："先生，不好意思！请问您能付人民币吗？我们这不收港币。"客人尴尬地说："哎呀，这可怎么办啊？我刚下飞机，还没来得及兑换人民币！"司机师傅开始不耐烦地催着这位客人快点付钱，客人急得满头大汗。见此状，门童小陈便问司机："车费一共要多少？"司机回答说："人民币 56 元。"当时小陈身穿制服，口袋里没有钱可以付。他本来想自己又不是管换钱的，不关他什么事，但是又看到这位客人焦急的表情及无助的眼神，于是他便请客人坐在车内稍等片刻，然后急忙奔到总台说明原委，以他个人作担保向总台服务员暂支人民币 60 元，然后又跑到门口帮助客人付清了车款，并很有礼貌地对客人说："等您办好入住手续，兑换人民币以后再还我也不迟。"客人十分感动，急忙大步走进了酒店。客人准备立即去酒店的货币兑换处换一下货币，好还给门童小陈。当客人来到外币兑换处，要求换 8 000 元港币时，外币兑换处的收银员发现手边正好没有足够的备用金，本来想婉言请客人自己到附近银行去兑换，但后来想到这会给客人带来不便，而且客人人地生疏也不安全，于是该收银员主动和总台联系，希望先为客人办理入住手续，且暂不收取押金，等一会空闲的时候，联系银行兑换足够的人民币后再联系客人。经总台值班领班同意，接着征求客人同意后，将港币交给外币兑换处，开好单，马上由酒店派人到附近银行兑换人民币，再通知该名客人凭单来取款。客人对此办法表示非常满意，并对酒店如此周到的安排表示感谢。

案例分析

本案例属于酒店前厅部门中的礼宾服务、货币兑换处和前厅几个部门之间通力协作的情况。在酒店行业大力提倡超值服务的今天，决不能轻易地拒绝客人，就是婉言拒绝也不足为取。酒店各部门员工应该牢牢树立"客人的需要是我们的根本"的思想，哪怕有再大的困难和麻烦，也应该尽全力用诚实、高效的超值服务去赢得住店客人的认可。

（一）门童的定义和作用

1. 门童的定义

门童（Doorman）又称"门迎"，是站在酒店入口处负责迎送客人的前厅部员工。

2. 门童的作用

门童值班时，通常身着镶有醒目标志的特定制服，显得精神抖擞，同时，还能营造一种热烈欢迎客人的气氛，满足客人受尊重的心理要求。

（二）门童的岗位职责

1. 迎宾

门童负责宾客抵店时的欢迎工作。客人抵达时，门童向客人点头致意，表示欢迎。门童应时时刻刻都以标准的站立姿势站在自己的岗位上；细心观察自己视野中即将要通过门庭的客人。当客人距手拉门 5 米时，面带微笑并用眼神关注客人；在客人距离手拉门 1.5 米时，迅速用标准规范的动作打开门；在客人经过门童面前时，面带微笑示意，并用得体的语言问候客人。如遇客人乘坐小汽车,则应替客人打开车门,并提醒客人"小心碰头",同时,要注意搀扶老人及儿童。门童要协助行李员卸下行李,查看车内有无遗落物品。对于重要客人及常客的迎送工作,门童要根据通知,做好充分准备,向客人致意时,能礼貌、正确地称呼客人的姓名。此外,住店客人进出酒店时,门童同样要热情地招呼致意,如遇雨天,门童还应打伞为客人服务。

2. 指挥门前交通

门童要掌握酒店门前交通、车辆出入以及停车场的情况,准确迅速地指挥车辆停靠在合适的地点。大型车辆会阻挡门口,故应让其停在稍远离酒店正门口的位置。

3. 做好门前安保工作

门童应利用其特殊的工作岗位,做好酒店门前的安全保卫工作。注意门前来往行人、可疑人员,照看好客人的行李物品,确保酒店安全。

4. 回答客人问题

因其工作岗位的特殊位置,门童经常会遇到客人有关店内外情况的问讯,如酒店内有关设施和服务项目,有关会议、宴会、展览会、文艺活动举办的地点和时间,以及市区的交通、游览点和主要商业区情况。对此,门童均应以热情的态度,给予客人正确、肯定的答复。

5. 送客

对结完账要离店的客人,门童应打开大门,一边装行李一边说"多谢您了"。当客人上车时,预祝客人旅途愉快,并感谢客人的光临。汽车启动后,门童带着感谢的心情深鞠躬,目送客人离开,万一客人有其他需求,门童便能及时进行跟进服务。对逗留中、暂时外出的客人,只问一声"您走好"就够了。客人是要离店,还是暂时外出,从行李和气氛中基本可以判断得出来。

知识链接

问候的小窍门

不管是什么样的服务,只按条条框框做是乏味的,向客人问候也是如此。对于门童而言,光"读"规章中的句子就很不自然,话不达情。如果可能的话,最好添一句含真情的话。盛夏时节加一句"今天好热呀",对深夜才到的客人问一声"您累了吧",向要离店的客人送上一句"一路平安"。听上去是一句平平常常的话,但正是这平平常常的一句,有时却能触动旅人的心弦。

当然,问候不能给客人嘈杂的感觉,要是让客人觉得你啰唆,就是服务出格了。作为酒店员工,既保持适当的矜持,又能以短短的问候给客人留下一个有人情味的温暖的印象,这是服务的要点。

(三) 门童的选择

1. 门童的素质要求

为了做好门童工作,管理人员可选用具有下列素质的员工担任门童。

(1) 形象高大,气质高雅

与酒店的建筑、门面一样,门童的形象往往代表了整个酒店的形象,因此,门童要有良好的气质和形象。

(2) 记忆力强

能够轻易记住客人的相貌,行李件数以及出租车的牌号。

(3) 目光敏锐,接待经验丰富

门童在工作时,可能会遇到形形色色的人和事,必须妥善地、灵活机智地加以处理。

(4) 知识面广

能够回答客人有关所在城市的交通、旅游景点等方面的问题。

2. 门童的选择

(1) 由女性担任门童

酒店的门童通常由男性担任,被称为 Doorman,但由女性担任也未尝不可。由女性担任门童不仅具有特殊的魅力,而且可以成为酒店一道亮丽的风景。

(2) 由长者担任门童

虽然称为"门童",但这一岗位并非一定是由青年人担任。有气质、有特色的老年人同样可以做好门童工作,而且可以成为酒店的一大特色,作为酒店吸引客人、扩大影响的一大"卖点"。

(3) 雇用外国人做门童

除了考虑任用女性和长者担任门童以外,还可以考虑雇用外国人做门童,使酒店具有异国情调,树立酒店的国际化形象,增强吸引力。

(四) 门童工作注意事项

1. 注意自己的仪容仪表,始终保持饱满的精神状态

良好的仪容仪表及饱满的精神状态会使客人产生一种受到欢迎的尊重感,会对酒店服务产生信赖。这也代表着酒店形象,能够给客人留下良好的第一印象。

2. 记住客人所乘出租车牌号

为了防止搭乘出租车来酒店的客人将物品遗落在车内,越来越多的高星级饭店要求门童记下客人所乘出租车的车牌号,并将号码转交客人,以备不急之需。

3. 为客人开、关车门时的注意事项

当客人坐小轿车抵店时,门童应先示意司机开到门前适当的位置,然后上前以左手拉门,右手放车门框下(此时车头朝门童的右手),或根据车门朝向换一下手,站在车门之后。在拉车门的同时用礼貌用语向客人问好(如果知道客人的姓名,应用客人的姓氏称呼,这样客人会有亲切感)。但遇到信奉佛教、伊斯兰教的客人时不可把手放在车门框处,遇到南亚或东南亚某些国家的客人时也应如此(因为他们有些人除了是佛教徒外,还认为人的头部是神圣不可侵犯的),否则是不礼貌的,这种情况也适用于客人离店的场景。

另外,当客人坐出租车抵达时,不要一停车就把门打开,因为客人还要花点时间付账,如果把门打开了,客人还没有出来,风一吹进车里就会感觉不舒服(因为车内有空调),特别是冬天更应注意。当客人离店,在关小车的车门时,不能甩手关门,使门发出很大的声响,应先握住门把手,关到离门框30厘米左右停顿一下,看看客人是否已将腿跨入车内,衣服是否被夹住,同时用敬语向客人道别,再用适中的力量将门一次关紧。如有几辆车同时驶入,应先为重要宾客或主宾拉门。

六、"金钥匙"

（一）"金钥匙"的服务理念

"金钥匙"是一种"委托代办"（Concierge）的服务概念，又被客人视为"万事通""万能博士"。"Concierge"一词最早起源于法国，指古代城堡的守门人，后演化为酒店的守门人，负责迎来送往和掌管酒店的钥匙。随着酒店业的发展，其工作范围不断扩大，在现代酒店业中，Concierge 已成为为客人提供全方位服务的岗位，只要不违反道德和法律，任何事情 Concierge 都能尽力办到，以满足客人的要求。其代表人物就是酒店主管"金钥匙"，他们见多识广、经验丰富、谦虚热情、彬彬有礼、善解人意。

（二）"金钥匙"的兴起和在中国的发展

1. 国际"金钥匙"组织

1800 年，随着陆上铁路和游轮的增加并初具规模，旅游业欣欣向荣，现代酒店的"Concierge"诞生了；1929 年，在法国巴黎 Grand Hotel 酒店建立了"金钥匙"协会；1952 年，在法国东南部的嘎纳创办了欧洲"金钥匙"组织；1970 年，成立国际"金钥匙"组织。

2. 中国"金钥匙"组织的成立和发展

"金钥匙"在中国最早出现在广州白天鹅宾馆。1982 年建馆之初，在副董事长霍英东先生的倡导下，宾馆前台设置了委托代办。此后，宾馆总经理意识到中国酒店业的发展必须与国际惯例和标准接轨，1990 年 4 月，宾馆派人参加了"第一届亚洲金钥匙研讨会"。宾馆委托代办负责人于 1993 年率先加入国际"金钥匙"组织，成为中国第一位国际"金钥匙"组织成员。1994 年初，白天鹅宾馆的"金钥匙"代表向国际"金钥匙"组织提出根据中国国情发展"金钥匙"的有关建议，为"金钥匙"在中国的发展奠定了基础。

1995 年，白天鹅宾馆又派人参加了在悉尼召开的国际"金钥匙"年会。同年 11 月，在全国主要五星级饭店的大力支持和响应下，中国第一届"金钥匙"研讨会在白天鹅宾馆召开。大会探索了一条既符合国际标准又具有中国特色的委托代办发展之路,同时决定筹建中国委托代办"金钥匙"协会。至此,中国酒店业委托代办的联系网络初步建立。

在1997年1月的第44届国际"金钥匙"年会上,中国成为第31个"金钥匙"成员方。

2000年1月16日至21日,"第47届国际饭店金钥匙组织年会"在中国广州召开,标志着中国"金钥匙"组织已发展壮大到一定的规模,在国际"金钥匙"组织中占据重要地位。

目前,中国饭店"金钥匙"组织已发展到一定的规模。自1995年正式引入以来,"金钥匙"经过二十多年发展,目前覆盖全国300个城市,3 100多家高端企业,拥有5 000多名"金钥匙"会员。

(三)"金钥匙"的岗位职责

"金钥匙"通常是酒店礼宾部主管,其岗位职责主要有以下15个:

(1) 全方位满足住店客人提出的特殊要求,并提供多种服务,如行李服务,安排钟点,医务服务,托婴服务,安排沙龙约会,推荐特色餐馆、导游、导购等,对客人有求必应。

(2) 协助大堂经理处理酒店各类投诉。

(3) 保持个人职业形象,以大方得体的仪表、亲切自然的言谈举止迎送抵离酒店的每一位宾客。

(4) 检查大厅及其他公共活动区域。

(5) 协同安保部对行为不轨的客人进行调查。

(6) 对行李员的工作活动进行管理和控制,并做好有关记录。

(7) 对进、离店客人给予及时关心。

(8) 将上级命令、所有重要事件或事情记在行李员、门童交接班本上,每日早晨呈交前厅经理以便查询。

(9) 控制酒店门前车辆活动。

(10) 对受前厅部经理委派进行培训的行李员进行指导和训练。

(11) 在客人登记入住时,指导每个行李员帮助客人。

(12) 与团队协调,使团队行李顺利运送。

(13) 确保行李房和酒店前厅的卫生清洁。

(14) 保证大门外、门内、大厅三个岗位都有人值班。

(15) 保证行李部服务设备运转正常。

除了上述职责以外,现在的酒店(特别是以接待商务旅行者为主的酒店)也为客人提供一项全新而又急需的服务:电脑与通信技术支持,这已成为"金钥匙"的一项新的职责。

(四)"金钥匙"的素质要求

"金钥匙"以其先进的服务理念、真诚的服务思想,通过其广泛的社会联系和高超的服务技巧,为客人解决各种各样的问题,创造酒店服务的奇迹。因此,"金钥匙"必须具备很高的素质。

1. 思想素质

(1) 遵守国家法律、法规,遵守酒店的规章制度,有高度的组织纪律性。
(2) 敬业乐业,有耐心,热爱本职工作,有高度的责任心。
(3) 遵循"客人至上,服务第一"的宗旨,有很强的顾客意识、服务意识。
(4) 有热心的品质,乐于助人。
(5) 忠诚。即对客人忠诚,对酒店忠诚,不弄虚作假,有良好的职业道德。
(6) 有协作精神和奉献精神,个人利益服从国家利益和集体利益。
(7) 谦虚、宽容、积极、进取。

2. 能力要求

(1) 交际能力:彬彬有礼,善解人意,乐于且善于与人沟通。
(2) 语言表达能力:表达清晰、准确。
(3) 身体素质能力:身体健康,精力充沛,能适应长时间站立工作和户外工作。
(4) 情绪控制能力:有耐心。
(5) 应变能力:能把握原则,以灵活的方式解决各种问题。
(6) 协调能力:能够建立广泛的社会关系和协作网络,能正确处理与相关部门的协作关系。

3. 业务知识和技能

"金钥匙"必须亲切热情、学识渊博,熟悉酒店业务及旅游等有关方面的知识和信息,了解酒店所在地区旅游景点、酒店及娱乐场所的信息。在某种意义上,"金钥匙"可充当本地的"活地图"。

"金钥匙"必须掌握的业务知识和技能包括以下内容:

（1）熟练掌握本职工作的操作流程。

（2）通晓多种语言。只有高档酒店才提供"金钥匙"服务，高档酒店的客人通常来自世界各地，对服务的要求也很高，因此，"金钥匙"应该通晓多种语言。按照中国"金钥匙"组织会员入会考核标准，申请者必须会说普通话且至少掌握一门外语。

（3）掌握中英文打字、电脑文字处理等技能。

（4）掌握所在宾馆的详细信息资料，包括酒店历史、服务设施、服务价格等。

（5）熟悉本地区三星级以上酒店的基本情况，包括地点、主要服务设施、特色和价格水平。

（6）熟悉本市主要旅游景点，包括地点、特色、服务时间、业务范围和联系人。

（7）掌握一定数量的本市高、中、低档的餐厅以及娱乐场所、酒吧的信息资料，包括地点、特色、服务时间、价格水平、联系人。按照中国饭店"金钥匙"组织会员入会考核标准，申请者必须了解本市高、中、低档的餐厅各5家，娱乐场所、酒吧5个（小城市为3个）。

（8）能帮助客人购买各种交通票，了解售票处的服务时间、业务范围和联系人。

（9）能帮助客人安排市内旅游，掌握其线路、花费时间、价格、联系人。

（10）能帮助客人修补物品，包括手表、眼镜、小电器、行李箱、鞋等，掌握这些维修处的地点和服务时间。

（11）能帮助客人邮寄信件、包裹、快件，懂得邮寄的要求和手续。

（12）熟悉本市的交通情况，掌握从本酒店到车站、机场、码头、旅游点、主要商业街的路线、路程和出租车价格（大约数）。

（13）能帮助外籍客人解决办理签证延期等问题，掌握有关单位的地点、工作时间、联系电话和手续。

（14）能帮助客人查找航班托运行李的去向，掌握相关部门的联系电话和领取行李的手续等。

案例5-4

某天上午，某星级饭店正在接待川流不息的客人。这时一位女住客急匆匆地来到酒店大堂礼宾部，手里拿着两张发票，她径直走到身着燕尾服的"金钥匙"服务员小方面前,用颤抖的声音急促地问道:"您是酒店的'金钥匙'吗?有这样一件事情您帮一帮我。今天早上我是乘出租车来到你们酒店的,刚才我收拾物品时才发现我把摄影机的架子忘在出租车的后排座位上了,更可气的是出租车司机撕给我的发票竟然是长途汽车的发票,而不是出租车的发票,这让我回去怎么报销呢?"小方说:"不好意思,女士,让您久等了。请问早上您下车时,行李员给您的那张提示卡还在吗?"客人回忆说:"好像还在,我找一下。"于是客人在包里翻找起来,终于找到了一张被团成一团的小小的提示卡。"就是这张小小的提示卡上面有那辆出租车公司的名字和出租车牌号。请把它给我吧,我马上去和该出租公司联系。"小方微笑着说。随后小方立即通过礼宾部联系到了出租车调配中心,找到了这家出租车公司的电话,在电话里向对方说明了整件事情的情况,出租车公司则表示将以最快的速度将东西送到酒店,并态度诚恳地做出了口头承诺:"我们马上派人在半小时内把发票和摄影架送到酒店前厅部,绝不耽误客人的时间,抱歉了。"20分钟后,一辆出租车停在了酒店门口,司机把发票和摄影架送到了前厅部。服务员小方迎上前去,对司机表示了感谢,同时司机也向客人表示了歉意。拿到摄影架和发票的住客付小姐高兴地说:"太谢谢你们了,谢谢你们的细心和周到。还有这张给我留下美好回忆的提示卡。"客人感激不已,脸上露出了灿烂的微笑。

案例分析

服务的最高境界是使宾客满意,舒适而归。这个过程离不开团队合作,更离不开员工们对于宏观环境和微观环境的了解。员工需要在此基础上,迅速、准确地为宾客解决问题。

第二节 电话总机服务

案例 5-5

5月21日的下午,我致电本市知名酒店,想给我远道而来的朋友预订一间客房。下面是我跟酒店总机话务员的对话。

我:下午好,我想订一间客房。

3秒左右没有回应,我又说了一遍。

话务员(带有浓重地方口音的普通话):喂,喂,你说啥?

我又说了一遍。

话务员:嗯,那个,好的。嗯嗯……那你要订哪一天到哪一天的嘛。

我:22号到25号,请问那时候贵酒店有什么优惠吗?

话务员:哦,我知道了,22号到25号。优惠嘛,我不晓得,我问问同事再说。

此时我能听到小声地对话,话务员说:刚才那个女的问我们有没有优惠,我怎么回答呢?

另一个女声说:我们端午节有入住免费送粽子活动,并且有免费双人早餐的活动。

随后,接电话的话务员对我说:哦,我问到了。我们有送粽子和早餐活动。

我心里想,别的等到了现场再问吧,现在也问不出来什么了……于是我跟话务员说:好的,那帮我定一间大床房吧,时间是22号到25号。客人姓王,是位女士。

话务员:好的。

22日,在为我朋友办理入住的时候,我们怎么都找不到我朋友的信息,最后发现酒店登记的是黄女士。

案例分析

这个案例反映出了什么问题?

一、总机服务概述

酒店总机所提供的服务项目主要包括:店内外电话接转服务、长途电话服务、叫醒服务、代客留言与问讯服务、店内传呼服务、紧急情况下充当临时指挥中心等。

在当今网络发达的时代,酒店总机通过一台电脑与一个通话软件平台即可实现完善的服务。但在设备实力较弱的情况下,酒店总机应具备以下设备:

(1)电话交换机;

(2)话务台;

(3) 自动打印机；
(4) 电脑；
(5) 电话；
(6) 留言簿；
(7) 定时钟。

二、总机服务的内容和基本要求

（一）店内外电话接转服务

为了能准确、快捷地接转电话，话务员必须熟记常用电话号码，了解本酒店的组织结构以及各部门的职责范围，掌握最新的住客资料，坚守工作岗位，并尽可能多地记下住店客人、酒店管理人员及服务人员的姓名和嗓音。

(1) 电话铃响三声必须提机，主动向客人问好，自报店名或岗位。外线应答："您好，××酒店。"内线应答："您好，总机。"

(2) 仔细聆听客人的要求，迅速准确地接转电话，并说"请稍等"。若没有听清楚，可礼貌地请客人重述一遍。

(3) 对无人接听的电话，铃响半分钟（五声）后，必须向客人说明："对不起，电话没有人接，请问您是否需要留言？"需要给客房客人留言的电话一律转到问讯处。给酒店管理人员的留言，一律由话务员记录下来，并重复、确认后，通过寻呼方式或其他有效方式尽快转达。

(4) 如果通话者只告诉客人姓名，应迅速通过酒店管理信息系统查找，找到房号后接通电话；如果通话者只告诉房号，应首先了解受话人的姓名，并核对酒店管理信息系统中相关信息，再根据酒店的具体规定，判断是否直接接通房内电话。

(5) 电话占线或线路繁忙时，应请对方稍候，并使用音乐保留键，播放悦耳的音乐。

(6) 对要求房号保密的客人，如果其并没有要求不接任何电话，可问清来电话者姓名、单位等，然后告诉客人，询问客人是否接听电话。如果客人表示不接任何电话，应立即通知总台在酒店管理信息系统中将房号标记保密标志，遇来访或电话查询，即答客人未住本酒店。

(7) 如果客房客人要求"免电话打扰"，应礼貌地向来电话者说明，并建议其留言或待取消"免打扰"之后再来电话。

（8）如果客人错拨电话进来，应有礼貌地对客人说："对不起，您拨错了。"如果是客人在客房或酒店内公共场所拨错电话，应耐心地问清客人的要求，再将电话转出。

案例 5-6

某公司的毛先生是某市某三星级饭店的商务客人。他每次到该市，一定会入住这家酒店，并且每次都会提出一些意见和建议。可以说，毛先生是一位既忠实友好又苛刻挑剔的客人。某天早晨 8 点，再次入住的毛先生打电话到总机，询问同公司的王总住在几号房。总机李小姐接到电话后，请毛先生"稍等"，然后在酒店管理信息系统上进行查询。李小组查到王总住在 901 号客房，而且并未要求电话免打扰服务，便对毛先生说："我帮您转过去。"说完就把电话转到了 901 号客房。此时 901 号客房的王先生因昨晚旅途劳累还在休息，接到电话就抱怨下属毛先生不该这么早吵醒他，并为此很生气。

案例分析

总机李小姐应该考虑早上 8 点通话是否会影响到客人休息，应迅速分析客人询问客房号码的动机，必要时可以委婉地提醒客人：是否可以晚些时候再通话。

（二）电话服务

酒店长途电话一般有人工挂拨长途和程控直拨长途两类。现代酒店一般采用国内、国际程控直拨电话（简称 DDD 和 IDD）。当客人拨通电话时，可以不必经过总机，通过拨号自动连接线路，酒店管理信息系统会自动计时；通话结束后，酒店管理信息系统自动计算出费用并打印出电话费用单。

（三）叫醒服务

电话叫醒服务是酒店对客服务的一项重要内容。它涉及客人的计划和日程安排，往往还会关系到客人的航班和车次。如果叫醒服务出现差错，会给酒店和客人带来不可弥补的损失。酒店叫醒服务分为人工叫醒和自动叫醒两种。

1. 人工叫醒

（1）接受客人叫醒要求时，需问清房号、叫醒时间，并与对方核对。

（2）填写叫醒记录，内容包括叫醒时间、房号等；记录时要求字迹端正，以防出现差错。

（3）在定时钟上准确定时。

（4）定时钟鸣响即接通客房分机，叫醒客人："早上好（您好），现在是××点，您的叫醒时间到了。"

（5）如无人应答，五分钟后再叫醒一次，如果仍无人应答，则应通知大堂经理或客房服务中心，弄清原因。

2. 自动叫醒

（1）准确记录叫醒客人的姓名、房号和叫醒时间。

（2）把叫醒信息输入酒店管理信息系统，设置自动叫醒。

（3）客房电话按时响铃唤醒客人。酒店管理信息系统进行叫醒时，须仔细观察其工作情况，如发现系统出现故障，应迅速进行人工叫醒。

（4）查询自动打印记录，检查叫醒工作有无失误。

（5）若无人应答，可用人工叫醒方法补叫一次。

（6）把每天的资料存档备查。

无论是人工叫醒，还是自动叫醒，话务员在受理时，都应认真、细致、慎重，避免差错和责任事故的发生。一旦出现失误，不管责任在酒店还是在客人，都应给予高度重视，积极采取措施，而不要在责任归属上纠缠。同时，还应注意叫醒的方式。例如，用姓名加尊称称呼客人，对VIP客人派专人人工叫醒，尽可能使客人感到亲切。若能在叫醒服务时将当天的天气变化情况通报给客人，并询问是否需要其他服务，则会给客人留下深刻美好的印象。

案例 5-7

一天，一位酒店客人要求总台为他提供第二天早上6点钟的叫醒服务。总台小姐马上通知了总机。然而，第二天早上7点过后，客人非常气愤地来到大堂经理处投诉：今天早上并没有人来叫他起床，他也没有听见电话铃声，以致他延误了国际航班。后经查，总机在接到总台指令后，立刻就通过酒店管理信息系统为他设置了叫醒服务，并排除了线路及器械上故障的可能。酒店在经过分析后认为，可能是由于客人睡得较沉，没有听见。电话铃声响了几次之后就会自动切断，以致造成最终"叫而不醒"的结果。

案例分析

除了在酒店管理信息系统中设置之外,5分钟后再让服务员到客房做一次上门叫醒,就可以完全避免此案例中所发生的不愉快。假如客人已经醒了,可以询问客人是否要退房,是否要为他叫辆出租车,以及是否帮他把行李搬下去等。总之,在服务过程中,能设身处地为客人多想一想,那么,这些事根本就不可能发生。

(四) 代客留言与问讯服务

1. 代客留言

客人来电话找不到受话人时,话务员应主动地向来电客人询问是否需要留言。具体步骤如下:

(1) 问清留言人姓名、电话号码和受话人姓名、房号。
(2) 记录留言内容并复述一遍,尤其注意核对数字信息。
(3) 答应在指定的时间内将留言转交受话人,请对方放心。
(4) 开启客人客房的留言信号灯。
(5) 受话人回来后打电话询问时,把留言念给客人听。
(6) 关闭客人客房的留言信号灯。

2. 问讯服务

店内外客人常常会向酒店总机提出各种问题,因此,话务员要像问讯处员工一样,掌握店内外常用的信息资料,尤其是酒店各部门及本市主要机构的电话号码,以便对客人的问讯、查询做出热情、礼貌、准确而迅速的回答。

(五) 店内传呼服务

现代酒店特别是大型酒店设有由酒店管理信息系统控制的店内呼叫系统,话务员利用它提供店内呼叫服务,因此,话务员应熟悉各部门主要负责人的呼叫号码,并了解他们的工作区域、安排及去向。店内外客人或店内员工提出转接要求时,话务员询问并键入受话人姓名、分机或总机号码,服务要准确及时、耐心周到。

（六）紧急情况下充当临时指挥中心

总机除提供以上服务外，还有一项重要职责，即酒店出现紧急情况时，应成为酒店管理人员采取相应措施的指挥协调中心。

酒店的紧急情况是指诸如发生火灾、水灾、伤亡事故、恶性刑事案件等情况。紧急情况发生时，酒店领导为迅速控制局面，必然要借助于电话系统，话务员要沉着、冷静，提供高效率的服务，要点如下：

（1）接到紧急情况报告电话，应立即问清事情发生的地点、时间及简单情况，问清报告者姓名、身份，并迅速做好记录。

（2）即刻通报酒店领导和有关部门，并根据现场指挥人员的指令，迅速与市内有关部门（如消防、公安等）紧急联系，并向其他话务员通报情况。

（3）严格执行现场指挥人员的指令。

（4）在未接到撤离指示前，不得擅自离岗，并保障通信线路的畅通。

（5）继续从事对客服务工作，并安抚客人，稳定其情绪。如有人打听情况（如火情），一般不作回答，转大堂经理答复。

（6）完整记录紧急情况的电话处理细节，以备事后检查。

（七）总机服务的基本要求

总机话务人员的素质要求为：
（1）口齿清楚，态度和蔼；
（2）听写迅速，反应灵敏；
（3）工作认真，记忆力强；
（4）有较强的外语听说能力；
（5）精通业务，热爱本职工作；
（6）有良好的职业道德素养。

案例 5-8

在许多酒店，即使是不直接参与接待客人的部门，也会在工作人员进出口放置大的穿衣镜。

这么做是因为，整理的不仅是外表，还有内心。某酒店的老前辈甚至创作过一条标语："立于镜前，整姿正心"。也就是说，无论是否站在客人的面前，工作的态度都是一样的。不仅是穿着，"笑容"也是非常重要的。所以要提醒自己无论何时都要面带笑容,并用镜子检查确认。

在某酒店的话务中心,每一部电话前也都放着镜子。作为每天要接听200多通电话的接线员,应努力做到从接听每天的第一通电话到最后一通电话都保持"满面笑容"。无论是谁都有疲劳的时候,都有难以挤出笑容的一刻,所以放在电话机前的镜子就是一个小小的道具,帮助接线员们一直保持笑容。电话接线虽然是一个看不到员工的样子,只能听到她们的声音的工作岗位,但是时刻保持笑容的努力都体现在了一个人的声音当中。

不直接接待客人的岗位也要放置镜子,只用声音与客人交流也要用镜子,这些措施的共同点在于一种通过镜子与眼见不到的客人心连心的诚挚态度。

案例分析

每个员工都是酒店的"代言人"。要时刻注意自己的形象与行为,在宾客面前留下美好的印象。

第三节　商务中心服务

为满足客人的需要,现代酒店尤其是商务型酒店都设立了商务中心。通常,商务中心应设在前厅,且在客人前往方便而又安静、舒适、优雅的地方,并有明显的标识牌。它是商务客人常到之处,其服务的品质,会直接影响到客人的商务活动和酒店客人是否再次光临。

一、商务中心的服务项目

商务中心是商务客人"办公室外的办公室",其主要职能是为客人提供各种秘书性服务,为客人提供或传递各种信息。先进的服务设施、设备,齐全的服务项目,加之高素质的专业或一专多能型的服务人员,是商务中心提供高水准、高效率对客服务的基本保证,也是现代高档次酒店的重要标志之一。

商务中心的服务项目很多,主要有会议室出租服务、电子邮件、传真服务、复印服务、打字服务、秘书服务和设备用品出租服务等。商务中心还可以提供翻译、名片印制、租车预订、票务预订、休闲活动预订、商业信息查询、快递、手机充电等服务。

为满足客人对商务服务的需要，商务中心应配备齐全的设施设备和用品。包括会议室、洽谈室、复印机、打印机、传真机、扫描仪、直拨电话、可上网的电脑、碎纸机、多媒体投影仪、白板、录音机、录像机、DVD机、大屏幕电视机及其他办公用品（如激光翻页笔、U盘、录音笔等），同时还应配备一定数量的办公桌椅、沙发，以及相关的查询资料，如商务刊物、报纸、经济年鉴、企业名录大全、电话簿、地图册、各语种词典、最新航班（车船）时刻表等。

二、商务中心服务程序

由于商务中心工作的特殊性，商务中心的人员应热情礼貌、业务熟练、耐心专注、服务快捷、严守秘密，并主动与酒店各部门、长住商务机构及客人协商配合，为客人提供满意的服务。

（一）会议室出租服务

1. 会议室预订

（1）接到预订，要简明扼要地向客人了解以下内容：预订人姓名或公司名称、酒店客房号码或联系电话、会议的起始时间及结束时间、人数及要求等，并做好记录。

（2）告知租用该室的费用（包括免费的服务种类，如茶、咖啡、文具、话筒、投影机、音响、录放机等），并邀请客人参观会场，介绍服务设施设备。

（3）确认付款方式，并要求对方预付定金，预订以收到定金时开始生效。

（4）填写会议室出租预订单，并在交接班本上做好记录。

（5）预约鲜花，如同时需要租用设备，也要做好预约工作。

2. 会议前准备工作

（1）按参加会议人数准备好各类合格的饮具、文具用品及会议必需品，待布置会场时使用。

（2）按参加会议人数放好椅子并摆设饮具及会议各类文具。

（3）主管或领班要亲临现场指挥和督导员工按需求布置会场，发现问题及时纠正。

3. 会议接待服务

（1）服务人员站立门口恭候客人，并引领客人至会议室坐下。
（2）按先主位、后次位的原则，逐一为客人提供所需饮品。
（3）会议过程中要做好添茶水、更换烟灰缸等工作。

4. 送客离场

（1）会议结束时，服务人员应在门口站立，并礼貌地说"再见""欢迎下次光临"等告别敬语，目送客人离去。
（2）客人离开后，迅速进入会场仔细地检查，如发现有客人遗落的物品，须立即设法追送，若无法追送，应速交至主管或大堂经理处。
（3）收拾会场。

（二）传真服务

1. 传真发送

（1）主动、热情问候客人，问明发往国家和地区。
（2）核对客人的传真稿件，查看发往国家或地区传真号、页数及其他要求。
（3）确认无误后，将传真稿件放入传真机发送架内进行发送操作，发送过程中的任何一步出现差错时，都要停止操作并重新开始。
（4）发送完毕，核对打印报告与发送传真号是否一致。
（5）根据显示的发传时间计算费用，办理结账手续。
（6）向客人道谢。按要求在"宾客发传真登记表"上登记。

2. 传真接收

（1）当传真机接收到发来的传真时，首先应与总台确认收件人的姓名及房号，并核对份数、页数等。
（2）将核对过的传真装入信封内，在信封上注明收件人姓名、房号、份数、页数，并通知客人来取，或派行李员送到客房，并记录通知时间、通知人。
（3）若收件人不在客房，必须及时通知问讯处留言，留言单上注明请客人回来后通知商务中心,以便派行李员将传真送到客房。

（4）在"宾客来传真登记表"上登记,以备查用。

（5）按规定的价格计算费用,办理结账手续。

（三）复印服务

（1）主动、热情问候客人。

（2）接过客人的复印原件,问明客人要复印的数量和规格,并告知客人复印的价格。

（3）按操作要求进行复印。如要复印多张,或者需放大或缩小,应先印一张,查看复印效果,如无问题,才可连续复印。

（4）将原件退给客人并清点复印张数,按规定价格计算费用,办理结账手续。

（5）若客人要求对复印件进行装订,则应为客人装订好。

（四）秘书服务

（1）了解客人的要求:需要什么秘书服务,要求什么时间服务,在什么地方工作,估计多长时间。

（2）告诉客人收费标准。

（3）弄清客人身份,如姓名、房号、付款方式等。

（4）向客人致谢。

（五）设备用品出租服务

酒店一般只向住店客人提供设备用品出租服务,而且只限在本酒店范围内使用。可供租用的设备用品种类很多,如笔记本电脑、台式电脑、激光打印机、彩色喷墨打印机、传真机、电视机、录像机、幻灯机、胶片投影机和多媒体投影仪等设备,以及激光教鞭、U盘等办公用品。

（1）了解客人要求,并填写清楚下列内容:使用时间、地点、客人姓名、房号、设备用品名称、规格、型号、数量。

（2）出租设备用品。

①出租音响设备:打电话到音响组了解情况,通知音响组派人安装、调试。

②出租笔记本电脑、传真机等设备:由商务中心人员负责安装、调试。

（3）要求客人签单或预付款项。

（4）向客人道谢并在交接班本上做好记录。

三、商务中心职能的转变

随着信息技术的飞速发展，客人都拥有自己的手机，越来越多的客人也拥有自己的笔记本电脑，在客房内也可以通过互联网直接订票，发送、接收电子邮件和传真，一些高档酒店还在客房内配备了打印机、复印机和传真机，因此，客人对酒店商务中心的依赖程度大大降低。商务中心必须研究客人需求的变化，转变服务职能，推出新的服务项目。例如提供现代化商务设施设备出租服务，提供电脑技术服务，推出为各类商务活动和会议提供支持和帮助的秘书性服务等。

> **知识链接**
>
> **Compcierge——电脑金钥匙**
>
> "金钥匙"的委托服务衍生出了专为商务客人提供电脑技术服务的"技术侍从"。一旦客人的笔记本电脑遇到麻烦或出现其他电子技术问题，这些电脑天才们可随叫随到，当即排除故障，保证客人顺利工作。著名的四季酒店和丽晶集团则创造出一个新名词——Compcierge，由电脑和金钥匙两个英语单词各取一半拼成，意即"电脑金钥匙"，Compcierge 能高水平地解决客人遇到的一切电脑问题。

第四节　问讯服务

问讯处所提供的服务有客人查询、问讯、代客留言、物品转交、代客联络、代客订餐订票、找人、安排会客、钥匙保管、收发邮件、联系旅行社等。

一、咨询服务

酒店咨询服务通常由问讯处负责。最主要的任务就是解答客人有关酒店服务、设施，及酒店所在城市的交通、游览、购物等内容的问题。

（一）查询住客情况

（1）客人是否入住本酒店；
（2）客人入住的房号；
（3）客人是否在客房；
（4）打听住客情况(姓名、地址、电话号码等)。

（二）有关酒店内部的问讯

（1）餐厅、酒吧、商场所在的位置及营业时间；
（2）宴会、会议、展览会举办场所及时间；
（3）酒店提供的其他服务项目，其营业时间及收费标准。如健身服务、保健服务、洗衣服务等。

（三）店外情况介绍

（1）酒店所在城市的旅游景点及其交通情况；
（2）主要娱乐场所、商业区、商业机构、政府部门、大中专院校及有关企业的位置和交通情况；
（3）近期大型文艺、体育活动的基本情况；
（4）市内交通情况；
（5）国际国内航班飞行情况。

二、留言服务

（一）访客留言

来拜访住客的来访者未见到住客，或者住客外出前未见到约定的来访者，都可以通过问讯处的留言服务及时帮助他们传递信息，保证客人活动的正常安排。

由于留言具有一定的时效性，所以留言服务的基本要求就是：传递迅速、准确。有的酒店规定每隔一小时打电话到客房通知客人留言内容，这样可以保证客人在回客房一小时之内得知留言的内容。为了对客人负责，对不能确认是否住在本店的客人，或是已退房离店的客人，不能接受访客留言，除非离店客人有委托。

（二）住客留言

住客留言是住店宾客给来访者的留言。宾客离开客房或酒店时，希望给来访者留言，问讯员应请宾客填写"住客留言单"。住客留言单通常一式两联，问讯处与电话总机各保存一联。来访客人到达酒店后，问讯员或话务员可将留言内容转告来访者。提供住客留言服务时应注意：

(1) 为了确保留言内容的准确性，尤其在受理电话留言时，应注意掌握留言要点，做好记录，并向对方复述一遍，得到对方的确认。

(2) 交接班时，要将留言受理情况交代清楚。

案例 5-9

一天，有两位外宾来酒店总台，要求协助查找一位叫帕特森的美国客人是否在此下榻，并想尽快见到他。总台接待员立即进行查询，果然有位叫帕特森的先生。于是接待员拨打客人的客房电话，但长时间没有应答。接待员便和蔼地告诉来访客人，确实有这位先生住宿本店，但此刻不在客房，也没有他的留言，请来访者在大堂休息等候或另行约定见面时间。这两位来访者对接待员的答复不太满意，并一再说明他们与帕特森先生是相识多年的朋友，要求总台接待员告诉他们帕特森先生的客房号码。总台接待员和颜悦色地向他们解释："为了住店客人安全，本店有规定，在未征得住店客人同意时，不得将房号告诉他人。两位先生远道而来，正巧帕特森先生不在客房，建议您可以在总台给帕特森先生留个便条，或随时与酒店总台联系，我们乐意随时为您服务。"来访客人听了接待员这一席话，便写了一封信留下来。晚上，帕特森先生回到酒店，总台接待员将来访者留下的信交给他，并说明为了客人的安全和不打扰客人休息，总台没有将房号告诉来访者，请他原谅。帕特森先生当即表示理解，并表示这条规定有助于维护住店客人的利益，值得赞赏。

案例分析

"为住店客人保密"是酒店服务的原则，但要处理得当，这位接待员始终礼貌待客，耐心向来访者解释，并及时提出合理建议。由于解释中肯，态度和蔼，来访者提不出异议，并且对这家酒店严格的管理留下深刻的印象。从这个意义上讲，维护住店客人的切身利益，以安全为重，使客人放心，这正是酒店的一种无形的特殊服务。

三、邮件服务

邮件的种类很多,包括信件、传真、包裹等。处理进出店的邮件也是问讯处的一项服务工作。客人的汇款单、挂号信、传真、特快专递及包裹、物品的转交处理程序如下:

(1) 邮件应设法更迅速地送交客人。

(2) 收到邮件后,先将邮件登记在"住客邮件递送登记"。

(3) 果是住店客人的邮件,应派行李员尽早送入客房。去客房前,问讯员首先应通过电话与客人联系。如客人外出,则应通过留言的方法(送留言单或打开留言灯)通知客人,请客人在方便的时候与问讯处联系。

(4) 将邮件交给客人时,要请客人在登记簿上签字。

(一) 进店邮件处理

处理进店邮件的基本要求是:细心、准确、快捷、保密。特别是商务客人的商务信函、邮件等,直接关系到客人的生意进展,处理正确与否关系重大。处理步骤如下:

(1) 收到邮局送来的当日邮件时,应仔细清点,并在邮件收发登记簿上登记。然后将邮件分类,分为酒店邮件和客人邮件两类。酒店邮件请行李员送到有关部门。

(2) 对寄给住店客人的邮件,应根据邮件上的信息查找客人,按客人房号发一份住客通知单,通知客人来取。

(3) 寄给住店客人但住店客人名单上查无此人的邮件,应根据不同情况进行处理:

①对寄给已离店客人的一般邮件,如果客人离店时留下地址,并委托酒店转寄邮件,酒店应予以办理,否则应按寄件人的地址退回。客人的电报、传真等,通常应按原址退回。

②预订但尚未抵店客人的邮件,应与该客人的订房资料一起存档,待客人入住时转交。

③如果客人订房后又取消了订房,除非客人有委托并留下地址,一般要将邮件退回。

④对客人姓名不详或查无此人的邮件,急件应立即退回;平信可保留一段时间,经过查对,确实无人认领后再退回。

(二) 出店邮件处理

(1) 接受客人交来的、准备寄出的邮件时,应首先仔细检查邮件的种类。如有确实难以办理的邮件,应礼貌地向客人解释。

(2) 检查邮件是否属于禁寄物品,不能邮寄时要耐心解释;检查邮件是否超重、字迹是否清楚、项目是否填全,要请客人当面处理好。

(3) 礼貌地询问客人邮件的寄出方式,并在邮件上注明。

(4) 将所有要寄出的邮件进行分类,每日在指定时间前送至邮局统一办理邮寄,并做记录。

(5) 将邮局开出的收据送交客人。

(6) 每班结束工作时,清点邮寄票据数目和现款。

第五节 收银服务

前台收银处亦称前台收款处,其隶属关系视酒店而定。通常,其业务方面直接归口于酒店财务部,其他方面则由前厅部管理。前台收银处位于大厅显眼处,且与接待处和问讯处相邻。在酒店经营中,前台收银处是确保酒店经济收益的关键部门。前台收银处的主要工作任务就是处理住客账务,确保酒店应有经济效益的安全回收,并做好对客服务工作。

一、收银业务范围及其特点

(一) 收银业务范围

(1) 创建住客账户;

(2) 负责业务分析并累计客账;

(3) 办理客人的离店结账手续;

(4) 处理住客信贷和夜间审计;

(5) 提供外币兑换服务；
(6) 管理客用贵重物品保险箱。

(二) 前台收银特点和岗位职责

1. 前台收银特点

前台收银业务是一项十分细致复杂的工作。为了方便客人，现代酒店一般采用一次性结账方式。所谓一次性结账就是宾客在酒店花费的全部费用在离店时一次结清。酒店里每天的赊欠账单很多，这些账单最终从客房、餐厅、洗衣房、电话总机、商务中心等处转到前台收银处。而住店客人会随时离店结账，为了迅速准确地给离店客人结账，避免逃账、漏账的发生，要求酒店对客服务的各个部门，必须密切配合，将客人的各种消费账单及时传递到前台收银处，迅速入账。因此，前台收银工作具有较强的时效性，需要通力协作。

2. 前厅收银员的岗位职责

(1) 遵守酒店及各部门的奖罚条例、规章制度，保证收银台营业的各项设备（电脑、收银机、打印机等）能正常使用。

(2) 注意个人的仪容、仪态、仪表，协调与其他工作人员的关系。

(3) 熟悉各项收银的基本知识，熟识酒店各项收费以及折扣标准。

(4) 负责统计汇总客户账目等。准确、快速地打印收费账单，及时完成客人账目结算，保证工作的真实性、灵活性、准确性。

(5) 收银员在上班前应先做好营业前的准备工作：预备好零钞，以便找数；检查使用的电脑、计算器、验钞机等设备，并做好清洁保养的工作；保持收银区域的卫生，做到干净、整洁、明了。

(6) 准备各项收款单据、发票；及时、快捷收妥客人消费款；按照客人消费明细填写好各项酒水及其他消费品数量并准确输入电脑，在收款中做到快、准，不错收、漏收；对各种钞票必须认真验明真伪，收到伪钞自赔。

(7) 认真解答客人提出的有关问题，如不能清楚解答或不能令客人满意，要及时向上级报告。

(8) 负责收集客人对酒店服务及设施设备的意见，并反馈给相关部门。

(9) 每日收入现金，执行"长缴短补"的规定，不得以长补短；出现长款或短款，必须如实向上级汇报。

（10）按公司规定的外汇兑换率收取外币，不得私自跟客人兑换外币。

（11）不得私自在POS机上撤销刷卡金额，不得使用POS机私自套现。

（12）收银员不准私自改单、改账，交款结账单必须以电脑打印为准，手工涂改无效。

（13）备用周转金必须每班次核对清楚，由当班人保管，如有遗失则自赔，绝对不得私自挪用。

（14）每日根据汇总金额填写交款单，与结账单一起于次日交财务室审核。

（15）一切营业收入现金，不准乱支；未经总经理批准（必须书面签名，可在总经理电话同意后补签），不得将营业收入现金借给任何部门或任何个人。

（16）使用信用卡结账时，必须按银行培训的规定和操作程序办理。

（17）每一位收银员在当班营业结束后，检查当班营业收入单、卡数量与现金，以及挂账签单及信用卡结算等是否同报表相符，打印当班营业缴款总报表，连同电脑账单、刷卡单据等一起上交财务审核做账，现金款项投放保险箱。

（18）收银员每日交班时，必须当面查看收银系统，对备用周转金进行清点，由接班人现场核查确认签名后才可投入保险箱，否则，出现异常情况共同承担责任。

（19）服从上级的分配，按时按量完成上级指派的其他工作。

（20）严格遵守财务相关法律法规和酒店财务的各项规章制度。

3. 前厅收银领班的工作职责

（1）负责前厅收款工作，负责收款结算台各项工作的组织、指挥和协调，保证收款台工作有条不紊。

（2）负责每日业务票据及报表的审核工作，对于部门工作完成的质量、报表正确与否负全部责任。

（3）负责月末结账、对账、盘查工作，并将情况报告给财务部经理。

（4）负责大型业务的结算工作和外欠业务款项的清理工作，并及时向财务部汇报，组织员工督促拖欠账款的客户还款。

（5）督促收银会计按账务处理规定及时衔接账务，核对出纳现金和票据，按时编制平衡表。

（6）督促员工执行外汇管理规定、外币收兑规定、现金管理制度、银行信用卡使用规定、账单及发票管理规定,并检查执行情况。

(7) 督促各收款班组及时交收现金、票证,定期和不定期抽查收款人员的业务周转金。

(8) 负责将审核后的业务票据、报表等分别送给有关部门,属前厅留存的应妥善保管,以便查阅。

(9) 负责检查各旅行社、团体、合约单位、公司长包房以及各记账单位的账务结算是否正确及时,对应收款项应督促员工及时追收入库。

(10) 严格实施各项工作程序,重点防范逃账、错账的情况发生,对工作中出现的问题,及时上报财务部经理。

(11) 检查电脑系统的运行情况,发现问题要立即与有关人员共同研究解决,并及时报告领导。

(12) 教育所属员工爱护和正确使用各种设备,如电话、电脑、收银机、打字机等,保证各项设备的正常运行。

(13) 每天上班后,必须先检查电脑、收银机的数据和交接班本上的留言及稽核报告,对稽核报告中需要进行处理的内容及时做出处理或向部门经理报告。

(14) 向财务部经理报告所属员工的工作表现,以决定员工奖惩和晋升;解决客人在结算工作中的投诉及其他问题。

(15) 每天下班时,必须做出交班报告,交代各项未办完的事宜。

(16) 完成财务部经理安排的其他工作。

二、结账服务

客人在办理离店手续中对酒店产生的最后印象是至关重要的,它可以决定客人是否再度光临并带来新的客人。因此,在为客人办理离店手续时,收银员应热情、礼貌、快捷而准确地提供服务。

(一) 散客结账

(1) 客人离店要求结账时,应主动迎接客人,表示问候,问清客人姓名、房号,找出账单,并重复客人的姓名,以防拿错,同时收回客房钥匙。

(2) 通知客房服务中心派客房服务员检查客房状况,是否有客人遗落物品,客房物品是否齐全及有无损坏等。

(3) 委婉地询问客人是否有最新消费,如商务中心打印费、早餐费等,并在电脑上查阅以免漏账。

(4) 打出客人消费账单,将账单呈给客人检查,请客人确认后在账单上签字。

(5) 根据客人的不同付款方式进行结账。

(6) 向客人表示感谢,祝客人旅途愉快。

(7) 将客人的登记表盖上时间戳送交接待处,以便更改客房状况。

(二) 团队结账

(1) 在团队结账前半小时做好结账准备,提前将团队客人每天的房租、餐费等账目逐一核对,结出总账和分类账。

(2) 团队客人(领队或陪同等)前来结账时,主动、热情问好。

(3) 打印团队账单,请客人审核、签字。

(4) 有些需客人自付的费用,如洗衣费、商务中心打印费、客户微型酒吧(minibar)的酒水费用等,由客人支付。

(5) 向客人表示感谢,祝客人旅途愉快。

三、外币兑换服务

酒店为方便客人,经银行授权,根据国家外汇管理局公布的外汇牌价,代办外币兑换业务。

外币兑换服务的程序和要求:

(1) 客人前来兑换外币,收银员应热情问好,了解客人的需求,问清客人兑换外币的币种,同时请客人出示护照和房卡。

(2) 清点客人需兑换的外币及金额。

(3) 使用货币识别机,鉴别钞票的真伪,并检查其是否属现行可兑换的外币。

(4) 认真填写兑换水单。根据当日现钞牌价,将外币名称、金额、兑换率、应兑金额及姓名、房号等准确填写在水单相应栏目中。

(5) 兑换时按当日牌价,实行收银员核算和复核员审核两级控制制度,以确保兑换数额清点准确。

(6) 请客人在水单上签字。

(7) 将水单及现金交给客人清点，并礼貌地向客人道别。

整个服务过程中，要求收银员热情、礼貌、周到、细心，外币兑换准确及时，手续完善，不发生私换外币，以及票据和现金差错等问题。目前，中国银行除收兑外国货币现钞业务，还办理旅行支票、信用卡等收兑业务。前台收银员应了解这方面的业务知识，并接受技术技能的培训，以做好外币兑换服务工作。

四、贵重物品保管服务

酒店为保障住店客人的财产安全，通常在总台收银处后面或旁边一间僻静的房间设有贵重物品保管箱，由收银员负责，免费为客人提供贵重物品保管服务。每个保管箱有两把钥匙，一把由收银员负责保管，另一把由客人自己保管，只有同时使用这两把钥匙，才能打开或锁上保管箱。此项服务的程序如下：

(1) 客人前来保管贵重物品，收银员主动迎接问好，并向客人介绍保管方法和注意事项。

(2) 问清客人姓名、房号，请客人填写贵重物品寄存单（如图 5-2），一式两联（第一联作存根，第二联给客人），并在电脑上查看房号与客人填写的是否一致。

案例 5-10

天津某酒店营销部与浙江某公司（以下称 A 公司）签订优惠协议，凡该公司来津客人入住该酒店可享受每天每间标准间 280 元的价格。同时，该酒店也与天津某公司（以下称 B 公司）签订每天每间标准间 260 元的价格协议。

5 月的一天下午，酒店总台服务员小李接到 A 公司订房电话，称该公司张先生等 5 人将于次日入住酒店，需预订 3 个双人标准间，随即小李办好了预订。第二天上午大概十点，小李又接到 B 公司的预订电话，称该公司张先生等 5 人将于 30 分钟后到达酒店，需订 3 个双人标准间，小李做了记录。所以大约 30 分钟后，当服务员小李看到 5 位先生朝总台走来时，就热情地问，请问是张先生吗？其中一位说是的。服务员又说，贵公司预订的客房已经准备好了，并按照 B 公司的价格很快为客人们办理了入住手续。

但 5 分钟过后，又有 5 人来到总台，称公司已经为他们预订好了客房，经

贵重物品寄存单
Valuable deposit list

姓名 _____ 房号 _____ 联系电话 _____
Guest Name   Room No.   Telephone No.

身份证号码 _____
ID No.

本人清楚并愿意接受下列条件：
1. 在离店前还保险柜钥匙，如果保险箱钥匙遗失或损坏，必须更换新锁，您须赔偿换锁费用（本保险柜原价300元）。
2. 如您在退房离店时未能将此钥匙交回大堂副理处，酒店将告知您，如您20天尚未来领取，酒店有权自行开启并移出物品按客人遗留物品保管，超过6个月未来领取，将移交公安部门，不负任何责任。

宾客签名：_____
Guest signature

保险箱开启记录
Safe deposit box access record

日 期	时 间	宾客签名	员工签名

兹承认已交还钥匙及提取保险箱内全部财物。　　兹证明上述保险箱在客人交回钥匙后，箱内所有物品都已提取。

宾客签名 _____ 日 期 _____ 经手人 _____
Guest Signature   Date   Clerk

图 5-2　贵重物品寄存单

总台服务员核实，这5人才是B公司预订的客人，而之前的5人是A公司的，但由于总台服务员小李疏忽给搞错了。于是总台领班迅速找到已经办理好入住的A公司的张先生，向他解释了刚才发生的误会，但张先生不能理解酒店给予不同公司价格的差异。领班解释说，酒店根据协议客户每年的入住总间天数及消费金额，制定下一年的销售策略，所以价格优惠会有所不同，如果贵公司也能有B公司的入住量及消费水平，酒店也可以给予贵公司同样的价格。最后客人同意了修改房价，并表示理解。

案例分析

（1）不同的公司与酒店方有着不同的协议价格，这是酒店营销部门根据不同的客户及其消费金额所决定的。消费越多，价格越优惠，这在酒店中是普遍现象。

（2）本案例由于总台服务人员的疏忽和机缘巧合，使得A公司预订的客房给了B公司的客人，造成了客房的价格差异，所幸的是领班的及时解释得到了客人的理解，使该问题得以化解，避免了矛盾发生，没有给酒店造成经济损失。

（3）对于此类事件，应加强对总台服务人员的相关培训，对客人一定要做认真仔细的核对和确认，避免错误的再次发生。

第六节 行政楼层服务

一、行政楼层及其服务要求

（一）行政楼层的概念

行政楼层是现代高档、豪华酒店为接待对服务要求高、希望有一个良好商务活动环境的高级商务人士等高消费客人，向他们提供贵宾式的优质服务而专门设立的特殊楼层。在很多酒店，行政楼层又被称为"商务楼层"或"豪华层"。

行政楼层提供的服务有别于普通客房楼层，被人们誉为"店中之店"。一位酒店专家有一个形象的比喻：如果把普通客房比作飞机的经济舱，那行政楼层就像飞机上的公务舱。行政楼层虽然价格稍高，但客人在这里感觉更舒适方便，也可以享受到更多、更个性化的服务。

（二）行政楼层的服务要求

行政楼层使用的是一套相对独立运转的接待服务系统，在行政管理上通常隶属于前厅部。与普通客房楼层比较，行政楼层在设施格局上和服务模式上都有明显不同。它可以向商务客人提供更多、更细致、更具个性的专业化服务。

1. 单独设接待处

凡预订行政楼层的客人都可以在进店后直接在楼层快速登记入住，以及离店时在本层结账退房。行政楼层的接待处通常设计精巧,环境氛围轻松,旁边设置有沙发等休息座位,使得这种"一对一"式的轻松、开放的专用服务接待方式更显个性化,让客人倍感温馨。

2. 单独设酒廊

在行政楼层设置环境幽雅、独具匠心的专用酒廊,并提供冷饮、热饮、早餐、下午茶,安排鸡尾酒会并可用于会晤朋友,是行政楼层吸引商务客人的重要手段。这种酒廊的设置,体现了行政楼层客人始终被尊重的"身份感",使客人体会到"家"的感受。

3. 单独设商务中心

行政楼层一般设有专用商务中心及规格不等的会议室、洽谈室等设施,以供商务客人随时召开会议,或与客户会晤及洽谈生意。商务中心设备先进、种类齐全,从文件打印、复印、分拣至装订等设备一应俱全,而且服务效率高。

商务客人之所以优先选择行政楼层,设施及环境的舒适条件固然是重要因素,但他们最看重的是行政楼层所提供的细致入微的个性化服务。在行政楼层从事接待服务的管理人员及服务人员,在形体、形象、气质、知识、技能及外语等方面条件突出,均接受过严格、系统的专业培训。他们在熟练掌握了前台预订、接待、结算等技能的同时,还掌握商务中心、餐饮方面的服务技能和技巧,尤其善于与宾客交往、沟通,能够圆满地处理客务关系,合作、协调能力强。

4. 提供个性化服务

行政楼层的接待服务人员对每一位在此下榻的客人都要做详尽的客史档案记录,记录下客人的喜好、偏好、癖好,使客人每次下榻时都会惊喜地看到依据自己的习惯和喜爱的方式所布置的客房,甚至连所喜爱的某种品牌或特殊规格的物品都已放在熟悉的位置。至于客人生病时送上粥、费尽心思为客人过生日更是家常便饭,甚至连有的客人每次多要一根香蕉等小小的需求,服务员也都记得牢牢的。正是这些细致入微的服务吸引了商务客人,使他们一次次地上门。因此,行政楼层的房价虽然高于普通客房的房价,但是却不断吸引着众多的回头客及商务客人。

行政楼层的接待服务人员只要见过客人一次,第二次再见面时就要做到可以称呼客人的姓名和头衔,客人会由此产生被重视和被特别关照的满足感和荣誉感。

二、行政楼层的主要服务项目

(1) 帮助客人轻松入住。由专人负责办理入住登记手续,气氛轻松。

(2) 提供丰盛早餐。自助餐台上的食品、饮品种类丰富,任客人自选,就餐酒廊环境幽雅,接待人员态度热情、动作敏捷、服务意识极强。

(3) 为宾客提供时事资讯。附设多种中外报刊,供客人选择浏览,同时播放国际卫星传输的电视新闻、专题节目等,使客人随时了解世界各地要闻及商业经济动态。

(4) 提供悠闲下午茶。每天下午按时布置好茶水台,各种茶饮、软饮及点心免费供客人选用。

(5) 鸡尾酒会。行政楼层在晚间还精心安排方便本层客人结识新老朋友、沟通关系的免费鸡尾酒会,使客人度过美好之夜。

(6) 商务洽谈。行政楼层所设置的各种会议室和洽谈室及配置的复印机、传真机、电脑工作台、多功能投影仪等设备一应俱全,并提供打印、翻译、装订文件、发送文稿等商务秘书服务。

(7) 委托代办。行政楼层为商务客人出行、中转提供票务、订房、订车等代办服务,使客人足不出户,便可享受快捷、方便的服务。

(8) 快速结账。行政楼层接待服务人员可以为客人在本层或客房办理离店结账手续,并提前安排行李员或代订交通工具,最终给客人留下美好的印象。

练习与思考

一、单选题

1. 一般来说,客人第一个见到的酒店员工是(　　)。
   A. 电话总机员　　　　　　B. 行李员
   C. 机场代表　　　　　　　D. 总台接待员

2. 酒店前厅被视为酒店的"神经中枢",说明前厅是酒店业务活动的（　　）。
   A. 边缘部门　　　　　　　　B. 中心
   C. 代表　　　　　　　　　　D. 第一印象
3. 前厅为客人提供贵重物品保管服务时,每个保险箱有（　　）把钥匙。
   A. 一　　　B. 三　　　C. 二　　　D. 四
4. "Concierge"一词是酒店前厅委托代办的专业词汇,最早源于（　　）
   A. 英国　　　B. 美国　　　C. 法国　　　D. 德国
5. （　　）是酒店礼宾服务和委托代办服务的代名词。
   A. "金钥匙"服务　　　　　　B. 行李服务
   C. 问讯服务　　　　　　　　D. 酒店代表服务
6. 客人在办理入住手续时,行李员应（　　）等候。
   A. 站在客人左侧　　　　　　B. 站在客人右侧
   C. 站在总台一侧 2 米左右　　D. 与客人保持 5 米距离

二、名词解释
   1. 前厅
   2. 商务楼层

三、简答题
   1. 在酒店收银服务中,怎样才能有效地防止客人逃账？
   2. 在收银服务中,客人可以采用的结账方式都有哪些？

四、主观题
   机器人服务员在越来越多的酒店被应用,在客房服务和前厅接待发光发热,你觉得未来人工会被机器人所替代吗？

第六章
客房清洁卫生管理

学习目标：通过本章学习，能够根据客房物资类型选择清洁设备与清洁剂；熟记客房卫生服务、公共区域清洁管理要点；能够自制客房计划卫生表。

核心概念：清洁设备；客房卫生；公共区域；计划卫生表

案例 6-1

某周六，张先生一家人抵达早预订好的酒店。该酒店位于著名旅游城市 C 市的市中心。一进酒店，张先生抬头看到酒店大堂原本气派的白色顶灯有些灰蒙蒙的；准备办理入住的时候，手不小心摸到了前台侧边，抬手一看，手指变成了灰色；跟前台员工讲话的时候，看见该员工指甲上涂着红色指甲油，明晃晃的……张先生赶紧查询附近是否还有酒店有空房，直接带着家人离开了酒店大堂。

案例分析

据调查，在对酒店客人的满意度产生影响的诸多因素中，干净整洁排列第一。判断一家酒店是否干净、整洁并不是只看这家酒店的家具上面有没有灰尘，地上有无垃圾，还有更多的因素会影响到客人对洁净程度的认识。而这些方面是否能够做好，其背后涉及的更多的是酒店管理方面的问题。

第一节　清洁设备与清洁剂

一、清洁设备

（一）清洁设备的种类

主要包括一般清洁器具和清洁设备两种。一般清洁器具包括可手工操作和不需要电机驱动的清洁设备，如抹布、扫帚、拖把、房务工作车、玻璃清洁器等。清洁设备指需要电机驱动的机械，如吸尘器、吸水机、洗地机、洗地毯机、打蜡机等。

1. 一般清洁器具

（1）扫帚：主要用于扫除地面上那些较大的、吸尘器无法吸走的碎片和脏物。

（2）畚箕：用于撮起集中成堆的垃圾，再倒入垃圾容器中。

（3）拖把：适用于干燥平滑地面的清洁。

（4）尘拖：又称万向地推，由尘拖头、尘拖架两个部分构成。主要用于光滑地面的清洁保养工作，可将地面的沙砾、尘土等带走，以减轻磨损。

（5）房务工作车：客房服务员清扫客房时用来运载物品的工具车。

（6）玻璃清洁器：主要用于清洁玻璃、镜面，也可用于清洁其他光滑的面层。由长杆、"T"形把、橡皮刮和其他配件构成。

（7）其他清洁器具：脸盆刷、浴缸刷、便器刷、警示牌、油灰刀、抹布等。

知识链接

如何用好抹布

为防止抹布交叉使用，抹布要有明显的区别标志。

某酒店抹布及器具使用规定如后（见表6-1）。

表 6-1　某酒店抹布及器具使用规定

抹布或器具	使用范围
白色抹布	面盆清洁
绿色抹布	马桶清洁
蓝色抹布	浴缸清洁
白色大浴巾	浴缸清洁(用于擦干水迹)
花色抹布	客房抹尘
白色百洁布	浴缸清洁
绿色百洁布	面盆清洁
恭桶刷	马桶清洁

注意事项：所有清洁工具分别存放，避免交叉污染。

用抹布擦拭时，应先将抹布叠成比手掌稍大的尺寸再使用。一面用脏，再换另一面，或重新折叠，全部用脏时，应洗干净再使用。

在使用抹布擦拭时，需根据不同情况采用不同的擦拭方法，常见方法如下。

干擦：用于去除细微的灰尘，干擦用力不能太重。

半干擦：当灰尘较多时使用半干擦。

水擦：用于去除污垢。

利用清洁剂擦拭：在去除不溶于水的、含油脂的污垢时，应在用抹布沾清洁剂擦拭后，再用干净的抹布擦一遍。

2. 清洁设备

(1) 吸尘器

根据结构和操作原理可分为直立式吸尘器、吸力式吸尘器和混合式吸尘器。

其应用范围很广，可用于清洁地板、家具、帘帐、垫套和地毯等。

吸尘器是酒店常用清洁设备，必须在不同的使用时间对其进行不同的维护保养(见表 6-2)。

(2) 洗地毯机

①喷抽式洗地毯机

该设备同步进行喷液、擦洗、吸水三个动作，洗涤力强，去污效果好；但操作起来较笨重,对地毯的破坏性较大。所以,这种洗涤方法宜少用。

表6-2 吸尘器的维护和保养

使用时段	维护保养内容
使用前	尘箱(筒)、电源、电线
	应将地上的烟头及针尖、图钉等尖利物清除掉
使用时	不能吸液体、黏性物和金属粉末以及较大体积的物体
	发现漏电、电机温度过高或异常响声,应停机检查
	吸尘未到饱和状态而集尘指示器红灯发亮,应停机检查
使用后	应先切断电源,再将集尘袋(箱)中的灰尘清除干净
	检查机体和附件上的螺钉是否有松动现象
平时保养	保持吸尘器附件洁净,忌用含有苯、汽油的溶液擦洗
	集尘指示器接近满点,应立即停机清理灰尘
	随时将刷子上的毛发及绒线头清理干净
	定期更换轴承润滑油
	吸尘器不用时,应放在干燥的地方

②干泡地毯清洁机

这种洗涤方法比较简便,对不太脏的地毯和纯羊毛地毯来说,清洗效果颇佳,而且对地毯损伤较小。

(3) 吸水机

功能主要是对洗地毯机洗刷后的地毯进行抽吸,任何顽固的残渣都能被彻底抽除。

(4) 洗地机

该设备具有擦洗机和吸水机的功能,适用于酒店大厅、走廊、停车场等面积较大的地方。

(5) 高压喷水机

该设备适用于垃圾场、外墙、停车场、游泳池等处的冲洗。

(6) 大理石晶面处理机

该设备具有洗地、洗地毯、打蜡、低速磨光等四大功能,根据不同用途,可装上相应的刷盘。

（二）清洁设备的管理方法

1. 清洁设备的选择

清洁设备的选择主要遵循以下原则：
(1) 方便性与安全性；
(2) 尺寸和重量；
(3) 使用寿命和设备保养要求；
(4) 动力源与噪音控制；
(5) 单一功能与多功能；
(6) 售后服务与商家信誉。

2. 清洁设备日常管理

(1) 建立设备档案。
(2) 分级归类，制作操作和维修保养规程表、清洁设备档案卡。

二、清洁剂

（一）清洁剂的基本类型

1. 酸性清洁剂

有一定的杀菌除臭功能，主要用于卫生间的清洁，腐蚀性强。有些物体禁止使用酸性清洁剂，如地毯、石材、木器和金属。

2. 中型清洁剂

配方温和，对物品腐蚀损伤很小。

3. 碱性清洁剂

对于清除油脂类污渍效果较好。

（二）清洁剂的使用

1. 酸性清洁剂

（1）盐酸。主要用于清除基建时留下的污垢，效果明显。
（2）硫酸。能与尿碱起中和反应，可用于卫生间恭桶清洁，少量使用。
（3）草酸。用途与盐酸和硫酸相同，使用时要特别注意。需要妥善保管。
（4）马桶清洁剂。呈酸性但含抗酸剂，以增加安全系数。
（5）消毒剂。呈酸性，可用于卫生间消毒和杯具消毒，用后一定要用清水冲洗。

2. 中性清洁剂

（1）多功能清洁剂。具有防止家具生霉的功效。不能用于地毯清洗。
（2）地毯清洁剂。是一种专门用于洗地毯的中性清洁剂。

3. 碱性清洁剂

（1）玻璃清洁剂。主要功能是除污垢。使用时不能用抹布蘸清洁剂直接去擦，以免造成玻璃面发花。
（2）家具蜡。它具有清洁和上光双重功能，防静电、防霉。
（3）起蜡水。用于需要再次打蜡的大理石和花岗岩等石质地板。

4. 上光剂

（1）擦铜水。擦铜水只能用于纯铜制品，不能用于镀铜制品，否则会将镀铜层氧化掉。
（2）金属上光剂。其中含轻微磨蚀剂、脂肪酸和水，主要用于纯金属制品，如水龙头、卷纸架、浴帘架、毛巾架、门锁把手、扶手等，可起到除锈除污上光的功效。

5. 溶剂类

（1）地毯除渍剂。专门用于清除地毯上的特殊污渍，对怕水的羊毛地毯尤为适合。
（2）牵尘剂。用于浸泡尘推，增强地毯清洁保养的效果。

(3) 杀虫剂。用于杀灭蚊虫。
(4) 酒精。指医用酒精,主要用于电话消毒。
(5) 空气清新剂。有杀菌、去异味的作用。

(三) 清洁剂的管理方法

1. 清洁剂的选购

清洁剂的选购正确与否关系到能否有安全高效的清洁剂可用,能否有效地控制清洁剂的费用等。因此,选购清洁剂时必须考虑以下几个方面的问题:
(1) 同质比价,同价比质。
(2) 需要哪些品种？它们将分别用于何种去污？
(3) 需要多少数量？一次购进多少,可用多长时间？
(4) 买哪些生产厂家或供应商的产品？其售后服务如何？
(5) 有无存放处？谁来负责保管、分发和统计消耗？
(6) 尽可能购买有利于环境保护的绿色产品,避免选购含氯、氟、烃的产品。

2. 清洁剂的储存

清洁剂要定点储存、专人保管。酒店或客房部要有专门存放清洁剂的地方,以便集中储存购进的各类清洁剂。清洁剂要分类,要有识别标志,特别是散装清洁剂,不能混淆、错发错用。保管人员要尽心尽力,要熟悉各类清洁剂的性能、用途,要能按照要求稀释和配制,要能告知使用者如何使用,还要了解清洁剂领发和控制制度,能有效地控制清洁剂的使用和消耗。

3. 清洁剂的分配与控制

合理分配各种清洁剂,既能满足清洁保养工作的实际需要,又能减少浪费、控制消耗、降低费用。这项工作通常由一名主管或领班负责,其主要职责是:
(1) 制定申购计划。在清洁剂的配发中,尤其加强浓缩液和罐装清洁剂的控制。浓缩液必须按要求和规定稀释后才能分发和使用。罐装清洁剂价格较高,要采取特别措施加以控制,要规定用量、实行以旧换新等,防止浪费和流失。

(2) 按酒店规定配发和补充各部门或人员所需的清洁剂。
(3) 定期盘点,并制作清洁剂的消耗统计表和分析报告。
(4) 了解各部门或人员清洁剂的使用情况,并统计消耗量。
(5) 根据各部门或人员清洁保养工作的任务及标准,制定各种清洁剂的配发标准。

4. 清洁剂的安全管理

清洁剂如果使用不当、管理不好,都存在着安全问题,甚至会造成严重的事故。其中主要有以下几个方面的问题:一是可能会对使用者造成伤害,二是可能会对清洁保养的对象造成损坏,三是可能会造成火灾和爆炸事故。因此,对清洁剂的安全管理尤为重要,酒店应当:

(1) 明确责任,加强检查。
(2) 加强防护,配备使用相应的防护用具,如手套等。
(3) 必须使用强酸性和强碱性清洁剂时,要先做稀释处理并尽量装在专用的喷瓶内,再进行领发。
(4) 加强人员培训,使每个人都能了解有关规定和要求,掌握各种清洁剂的使用方法。
(5) 制定专门的安全操作规程。

5. 清洁剂使用和管理中的误区

(1) 与固定厂商签订长期合同,以期获得价格优惠

虽然与固定的生产厂家或供应商签订长期合约能够获得价格上的优惠,但可能会因此而影响产品的质量。如果产品的质量得不到保证,所造成的损失可能要比价格上的优惠大得多,其结果是得不偿失的。

(2) 只注重清洁保养,忽视环境保护

清洁剂是化学制品,如果只注重清洁剂的清洁和保养效果,往往会忽视对环境的保护。因此,要严格选择和管理化学清洁剂,尽量选用环保制品;注意对泄漏的清洁剂和污物进行处理,避免污染环境。

(3) 在清洁保养工作中,清洁剂的用量越多越好

任何清洁剂,如果一次性使用过多,未必能够达到所期望的效率和效果,甚至可能产生严重的副作用,如损坏清洁保养的对象,造成环境污染等。应该有这样的意识:每天、定期去做好有计划的清洁工作,使用适当和适量的清

洁剂。这样不仅省时、省力和节约成本,而且可以增加被清洁物的使用寿命并保持其价值。

第二节　客房卫生服务管理

案例 6-2

刘主管是北京某五星级大酒店的客房楼层主管。他和另外 3 名主管,每人负责近 300 间客房的日常管理工作,每天都要例行做好客房卫生检查。他是这样进行检查工作的:

检查前带一本笔记本、一把镊子和检查表格。

进门时眼睛扫视地面,轻敲房门,允许后开门转动两次。细听声音并体会手感。

扫视整个客房地面、墙面、家具等,再逐项检查。

在各处发现细小杂物、头发丝时,立即拾起并夹放在笔记本中;发现灰尘、污点、掉皮等其他问题时,做好记录或先记在心里,直到检查完毕,再填写客房卫生检查表。若问题较多或不合格,直接找领班督导重做。

检查 1 间客房大概用时 3 分钟。

案例分析

做好一间客房的卫生不容易,每天都做好每一间客房的卫生更不容易。因此,客房员工在进行客房清扫时,需要遵循一定的规程,避免重复劳动。作为管理人员,应该做好计划。

一、客房清洁整理的准备工作

服务员在开始清扫整理前,须核实客房状态,其目的是确定客房清扫的程度和清扫顺序。这是必不可少的程序。

1. 明确房态

不同状况的客房,其清扫要求不同。

（1）简单清扫的客房。空房属于这一类客房，一般只需要做好客房的表面卫生和放掉水箱、水龙头等设施内积存的陈水。

（2）彻底清扫的客房。住客房和走客房都属于此类客房。长住房也应利用客人外出时间彻底清扫。

2. 决定清扫顺序

客房的一般清扫顺序为：

（1）VIP 房，此类客房须在接到清扫通知的第一时间清扫，并按酒店规定的礼遇规格进行布置；

（2）挂有"请即清理"的客房；

（3）住客房；

（4）走客房；

（5）空房。

为了合理安排清扫顺序，既要满足客人的特殊需求，又要优先考虑加速客房的周转。因此，以上清扫顺序不是一成不变的，如遇特殊情况可做灵活变动。如果在旅游旺季，客房较为紧张时，也可考虑先打扫空房、走客房，使客房能尽快重新出租。

长住房应与客人协商，定时打扫。待修房因房内有质量问题需要维修，应检查是否修好。如果尚未修好，一般不予清扫。"请勿打扰"房客人要求不受打扰，一般在客人没有取消这一要求前，客房不予打扫。但是，如果客房长时间挂着"请勿打扰"牌，或亮着指示灯而超过酒店规定的时间（一般为下午2点），则应按规定的程序和方法进行处理。

3. 准备工作车和清洁工具

工作车是客房服务员清扫整理客房的重要工具。准备工作车时，需将其内外擦拭整理干净，然后将干净的垃圾袋和布草袋挂在挂钩上，再把棉织品、水杯、烟缸、文具用品及其他各种客用消耗品备齐（准备数量为客房一天的消耗量），按规定的标准整齐摆放在车上。最后备齐各种清扫工具，保证工作车完好无损。

吸尘器是客房清扫不可缺少的清洁工具，使用前，要检查各部件是否严密，有无漏电现象，如有问题要及时修好，还要检查蓄尘袋内的灰尘是否倒掉。

工作车和清洁工具的准备工作，一般要求在头天下班前做好，但第二天进房前,还须做一次检查。

服务员在做好以上准备工作后,应再检查一次自己的仪容仪表,然后将工作车推到自己负责清扫的工作区域,停在走廊靠墙的一侧,以免影响客人行走。吸尘器也推出放好。

二、客房的清洁整理

为了保证客房的清洁整理工作能够有条不紊地进行,提高劳动效率,同时避免过多的体力消耗和意外事故的发生,客房部要指定卫生操作程序,实行标准化管理,这是客房清洁卫生管理的首要内容。

1. 走客房的清洁整理

(1) 敲门进入客房

进入客房前必须敲门,敲门时要先轻轻敲三下,报称是客房服务员,如果三四秒后客房内没有回答,再轻敲三下并报名。重复三次仍没有回答时,可用钥匙慢慢地把门打开。进房后,不得将门关严。需注意,敲门时不得从门缝或门视镜向内窥视,不得耳贴房门倾听。

进房清扫整理前,将"正在清扫"牌挂在门锁上。把空调开大,并关掉开着的灯,拉开窗帘。如客房有气味,要打开窗或喷洒空气清新剂。

整个清扫过程中,房门必须始终敞开。清扫一间开启一间,不得同时打开几个客房。

(2) 清理垃圾杂物,撤走用过的客房用品

①将卫生间垃圾和客房垃圾、烟灰缸里的烟头倒入垃圾桶,清理纸篓,将烟灰缸放到卫生间内。倒烟灰缸时,要检查烟头是否熄灭,不可将烟头倒入马桶。要注意消耗品的回收和再利用,同时注意如有剃须刀等尖利物品和废电池等对环境有污染的物品,应单独处理。

②撤出客人用过的餐具、茶杯、冷水杯等,如果客房内有免费招待的水果,要将不新鲜的水果及果皮盘一同撤走。清理住客房垃圾杂物时,未经客人同意,不得私自将客人剩余食品、酒水饮料及其他用品撤出客房。

③将棉被折叠整齐,放于电视柜内或壁橱内。

④逐条撤下用过的床罩、枕袋、毛毯和床单,放进工作车,并带入相应数量的干净床单和枕袋。撤床单时要抖动一下以确定未夹带衣物等。床上有

客人衣物时,要整理好。

(3) 做床

目前,国内酒店一般采用中式做床法,主要程序如下。

①拉床。屈膝下蹲,用力将床向外拉出 30~40 厘米。调整床垫,将床垫拉平放正,发现有弄脏的要及时更换。

②铺床单。开单:将床单齐口对着自己,拉开床单,一只手抓单尾向床尾抛出。抛单:站在床头中间位置,打开床单,两手分别扯住床单头两侧压线处,正面朝上,轻举两手,用力向下抛单,使中线居中,两边均匀无褶皱,单头多出床头边缘约 30 厘米。包角:包床头两角,拉紧包严成 90 度,然后把余出的床单打入床垫下,到床尾包另外两角,打入余出床单,使床单包紧、包平、无褶皱,四角饱满、挺括。

③套被套。将被套上部内两角翻出,两手反握住两角与羽绒被顶角,用力甩动、套好;站在床尾处系好被套,被套带不外露。

④铺被子。被子前端与床头齐,被面平整,两侧均匀下垂,床尾无外露。

⑤套枕套。将枕套抖开,开口面平铺于床面,左手拎着开口处,右手抓住枕芯前端约 1/3 处,从开口处送入枕套,直至与枕套两底角吻合,然后将枕芯另外两端塞好。

⑥放置枕头。标准间将两枕头整齐平放在床头正中,枕套口向下,四角对齐整平,拍松,枕套短开口一侧背向床头柜。大床间枕套开口互对、背向床头柜,两枕套交接处相距约 5 厘米。

⑦推床。将床缓缓推回原位,与床头板对齐,检查整体是否美观。

(4) 抹尘

①从门外门铃开始抹至门框。按顺时针或逆时针方向抹,先上后下,先里后外,先湿后干,不留死角。灯泡、镜面、电视机等要用干布抹。

②将物品按规定摆放整齐,抹的过程中应默记待补充的物品。

③每抹一件家具、设备,就要认真检查一遍,如有损坏,应在楼层客房清扫情况工作表上做好记录。

注意:抹尘时,抹布要有分工,即客房用抹布和卫生间抹布必须分开。不得用客人"四巾"做抹布。

(5) 清洗卫生间

卫生间是客人最容易挑剔的地方,因为卫生间是否清洁美观,是否符合规定的卫生标准,直接关系到客人的身体健康,所以卫生间清洗工作是客房清扫服务的重点。

①进入浴室,撤出客人用过的皂头、浴液瓶、洗发液瓶及其他杂物。清理纸篓。用清洁剂全面喷一次"三缸"(浴缸、脸盆、马桶)。

②用毛球刷擦洗脸盆、云石台面和浴缸以上三格瓷片,然后用花洒放水冲洗。用专用的毛刷洗刷马桶。

③用抹布擦洗"三缸"及镜面、浴帘。马桶要用专用抹布擦洗,注意两块盖板及底座的卫生,完后加封"已消毒"的纸条。

④用干布抹干净卫生间的水渍,要求除马桶水箱蓄水外,所有物体表面都应是干燥的,不锈钢器具应光亮无迹,同时默记卫生间需补充的物品。

清洗卫生间时必须注意不同项目使用不同的清洁工具、不同的清洁剂。清洁后的卫生间必须做到整洁、干净、干燥,无异味,无脏迹、皂迹和水迹。

(6) 补充客用物品

补充客房和卫生间内备品,要按照规定的位置摆放好。整理客房时,将客人的文件、杂志、书报等稍加整理,并放回原来的位置,但不得翻看。尽量不触动客人的物品,更不要随意触摸客人的照相机、计算器、笔记本和钱包之类物品。

(7) 吸尘

吸尘时要由里往外吸,先吸客房,后吸卫生间。要注意行李架、写字台底、床头柜底等边角位的吸尘。吸尘后,客房的清扫工作就宣告结束。

(8) 自查

①服务员应环顾一下,检查客房、卫生间是否干净,家具用具是否摆放整齐,清洁用品是否遗留在客房等。检查完毕,要把空调拨到适当的位置。

②关好总电开关,锁好门,取下"正在清扫"牌。若客人在客房,要礼貌地向客人表示歉意,然后退出客房,轻轻将房门关上。

③填写楼层客房清扫情况工作表。

2. 住客房的清洁整理

住客房的清洁整理程序基本跟走客房相同,但要注意以下几点原则。

(1) 征得客人同意后方可进入客房。

(2) 不得使用客房内任何设施,如遇电话铃响不得接听客人房内电话。

(3) 客人的物品不可随意乱动、乱翻,要保持在原位。

(4) 除垃圾桶内的物品,不能扔掉其他物品。

(5) 在整理客房时,如果客人中途回房,应注意核实客人身份;客房整理完毕,应向客人问候后再离开。

3. 空房的清洁整理

空房是客人走后,经过清扫尚未出租的客房。空房的清洁整理,主要是擦净家具、设备,检查客房用品是否齐备。空房的整理虽然较为简单,但必须每天进行,以保持其良好的状况,保证随时能住进新客人。具体做法如下。

(1) 仔细查看客房有无异常情况。
(2) 用干湿适宜的抹布擦拭家具、设备、门窗等(与走客房程序相同)。
(3) 卫生间马桶、地漏放水排异味,抹卫生间浮灰。
(4) 连续空着的客房,要每隔 3 至 4 天吸尘一次。同时卫生间各水龙头放水 1~3 分钟,直到水清为止,以保持水质清洁。
(5) 如卫生间"四巾"因干燥失去柔软性,须在客人入住前更换新的。
(6) 检查客房设备情况,要看天花板、墙角有无蜘蛛网,地面有无虫类。

4. 小整理服务

小整理服务是相对于住客房而言的,指在住客外出后,客房服务员对其客房进行简单的整理,其目的就是要使客人回房后有一种清新舒适的感觉,使客房经常处于干净整洁的状态。优秀的小整理服务是充分体现酒店优质服务的一个重要方面。各酒店应根据自己的经营方针和房价的高低等实际情况,决定是否需要提供小整理服务。一般应至少对 VIP 房和高档客房提供这项服务。具体做法如下:

(1) 拉好窗帘,整理客人午睡后的床铺。
(2) 清理桌面、烟缸、纸篓内和地面的垃圾杂物,注意是否有熄灭的烟头。
(3) 简单清洗整理卫生间,更换客人用过的"四巾"、杯具等。
(4) 补充客房茶叶、热水和其他用品。

5. 夜床服务

夜床服务就是对住客房进行晚间寝前整理,又称做夜床或夜间服务。夜床服务是一种高雅而亲切的服务,其作用主要是方便客人休息;整理干净使客人感到舒适;表示对客人的欢迎和展现礼遇规格。

夜床服务通常在晚上 6 点以后开始,因为这时客人大多外出用餐,不在房

内,此时既可避免打扰客人,又方便服务员工作。夜床服务的基本程序如下:

（1）敲门进入客房,敲门时报称"客房服务员"。如客人在房内,先礼貌地询问客人是否要做夜床,征得同意后方可进入。如客人不需做夜床,要向客人表示歉意,并道晚安。若房内无人,则可启门进入客房。

（2）开灯,将空调开到适宜温度,轻轻拉上窗帘。

（3）清理烟灰缸、废纸杂物,同时看热水是否备妥,物品有无短缺。

（4）做夜床(开床)。

①将床尾垫取下,折叠整齐,放于规定位置。

②将床头柜一侧的被子向外掀起,折成 45 度角。一室二床的客房,如住一位客人,尤其是一位女宾时,一般开内床(即靠墙壁的一张),或按客人习惯开床,不要同时开两张床。

③折松枕头并将其摆正,如有睡衣应叠好放在枕头上,同时摆好拖鞋。

④按酒店的规定在床头的枕头上放上晚安卡、小礼品等。

⑤整理卫生间。冲洗马桶,擦洗脸盆、浴缸等,撤换 VIP 客房中用过的毛巾、杯具等,其他客房稍做整理。

⑥补充客房茶叶、热水和其他用品。

⑦检查。检查一下客房及卫生间,查看是否有纰漏,然后将灯关掉(床头灯、廊灯除外)。最后退出客房,关好门。若客人在客房,要向客人道声"打扰了,晚安",并将门轻轻关好。

⑧填写晚间服务记录。

三、清洁整理质量控制

客房卫生服务管理的特点是管理面积大,人员分散,时效性强,质量不易控制。而客房卫生工作又要求高质量、高标准、高效率,其清洁整理质量是服务质量和管理水平的综合反映。因此,客房部管理人员必须抽出大量时间,深入现场,加强督导检查,以保证客房卫生质量。

（一）客房的逐级检查制度

客房的逐级检查制度主要是指对客房的清洁整理质量检查,实行服务员自查、领班全面检查和管理人员抽查的逐级检查制度。这是确保客房清洁整理质量的有效方法。

1. 服务员自查

服务员每整理完一间客房，应对客房的清洁卫生状况、物品的摆放和设备的状况等做自我检查。这在服务员清扫程序中要予以规定。通过自查，可以加强员工的工作责任心和服务质量意识，以提高客房的质量合格率，同时也可以减轻领班查房的工作量。

2. 领班全面检查

服务员整理好客房并自查完毕，由楼层领班对所负责区域内的每间客房进行全面检查，并保证质量合格。领班查房是服务员自查之后的第一道关，常常也是最后一道关，是客房清洁卫生质量控制的关键。如果领班表示质量合格，总台据此就可以将该客房向客人出租。所以领班的责任重大，必须由工作责任心强，业务熟练的员工来担任。一般情况下，楼层领班应专职负责楼层客房的检查和协调工作，以加强领班的监督职能，防止检查流于形式。

通常，领班每天要检查客房的数量为100%，即对其所负责的全部客房进行普查，并填写楼层客房每日检查表。但有的酒店领班负责的工作区域较大，工作量较重，则每天至少应检查90%的客房，一般可以对住客房和优秀员工所负责的客房进行抽查。

领班查房时如发现问题，要及时记录并加以解决。对不合格的项目，应开出返工单，令服务员返工，直到达到质量标准。对于业务尚不熟悉的服务员，领班查房时要给予帮助和指导，这种检查实际是一种岗位培训。

3. 管理人员抽查

管理人员抽查主要指主管抽查和经理抽查。在设置主管职位的酒店中，客房主管是客房清洁卫生服务的主要指挥者，加强服务现场的督导和检查是其主要职责之一。主管抽查客房的数量，一般为领班查房数的10%以上。主管检查的重点是每间VIP房，抽查长住房、OK房、住客房和计划卫生表上的大清扫房。还要检查维修房，促使其尽快投入使用。主管查房也是对领班的一种监督和考查。

客房部经理每天要拿出一定时间到楼层巡视，抽查客房的清洁卫生质量，特别要注意对VIP房的检查。通过巡视抽查，掌握员工的工作状况，了解客人的意见，不断改进管理方法。同时，客房部经理还应定期协同其他有关部门经理对客房内的设施进行检查,确保客房部正常运转。另外,酒店总经理也要定期或不定期地亲自抽查客房,或派值班经理代表自己进行抽查,以控制客房的服务质量。

案例 6-3

近年来,酒店行业的"马桶门""床单门"等卫生事件频发,使得本是酒店基本要求的干净成了酒店消费的一大痛点,而真真正正做到干净需要每一位客房服务员的工匠精神和事无巨细的打扫。目前市场上,大部分经济型酒店品牌还没有在干净上建立普遍的认知,宁愿让客人带着"全套的装备"入住酒店,也不将干净作为一个重点问题来解决。

管理大师德鲁克曾经说,企业的本质是社会的器官,任何企业得以生存都是因为它满足了社会某一方面的需要。要做到干净并不容易,相反,它很困难,但这正是 A 酒店致力于解决的问题。2016 年,A 酒店提出了爱干净住 A 酒店策略。

A 酒店的四五万员工,每一天的打扫过程共有 55 个步骤,平均每一间房 30 分钟,一步一步达成清洁目标。每一个员工都是酒店清洁师。早在 2015 年的时候,A 酒店就已经跟行业领先的洗涤公司达成了战略合作,使用专业的洗涤设备,它比一般厂家的洗涤质量和干净程度高很多,A 酒店为此多支付了 10% 的洗涤的费用。A 酒店通过这种方式建立起自己的干净壁垒,同时这一举措也带动了洗涤行业的成长。客房的遥控器、电话机都要使用酒精棉球去消毒。与此同时,使用品质更佳的清洁剂,有效除菌的同时也能提升客房清洁的便捷性。

A 酒店有上万名一线的清洁阿姨。在过去,清洁阿姨是一群不被重视的人,收入也比较微薄,工作时间长又累,一旦发生了负面事件,她们又会被推向风口浪尖,承受舆论的压力。A 酒店让清洁阿姨从后卫变前锋,去实现清洁阿姨职业生涯和地位尊严的转变,给予了清洁阿姨新的称呼——清洁师。A 酒店发布了清洁师最新的服装,邀请自家的清洁师本色出演全新平面广告,在门店内进行播放,让清洁师成为 A 酒店品牌的代言人。

A 酒店对清洁师进行了 43 场培训。培训之后,每个门店清扫时间比平时多了 15 分钟,但这却意味着卫生质量的提高及员工对待清洁的心态转变。A 酒店还邀请员工住店,体验清洁卫生的重要性。其管理人员也以身作则,与员工一起粘各个角落的毛发,形成细致清洁习惯。在客房检查标准当中,毛发清理这一项是最难的。曾经有一位 A 酒店店长为了让阿姨们更加关注干净,他每天 8 点陪阿姨们一起去粘毛发,虽然很麻烦,过程当中阿姨也有抱怨,但是因为店长亲自示范,清洁阿姨们也渐渐坚持下来,逐渐养成习惯。后来阿姨就说:"哎呀,刚开始真难,因为以前没有这样做过,没有详细到连最里面的角落里都得去扫、都得去弄,可能最开始关注度没有那么高,然后做了一段时间就习惯了,现在是看到有这样的毛发反而不舒服了。"此外,A 酒店还邀请日本清洁师分享清洁经验,培养清洁师工匠精神;每年花 130 万元奖励一线清洁师,并根据清洁师的清洁卫生状况实行积分制,满 200 分就能够获得酒店免费住宿;请客人对门店卫生进行评价,"好评"越多,门店排名越靠前。

案例分析

简单的事重复做,你就是专家。重复的事用心做,你就是赢家。

(二) 客房清洁整理质量检查的标准

客房清洁整理质量检查的标准主要有三个方面的内容:一是过程控制,二是进程控制,三是结果控制。

1. 过程控制

(1) 进房次数:一般有全面清扫整理、午后小整理、晚间做夜床的"一天三进房制",全面清扫整理、做夜床的"一天两进房制",以及"一天数次进房制"三种。

(2) 操作程序:明确操作步骤、方法、技巧和工作用品等,以保证工作质量和工作效率。

(3) 布置规格:同类客房标准一致,规格一致。

(4) 费用控制:根据客房档次与房价,确定客房清洁整理费用标准,以取得良好的经济效益。

2. 进程控制

(1) 定额管理:如规定铺一张中式床、清扫一间住客房的时间,规定客房服务员每天应完成的工作量。

(2) 质量标准:如客房清洁保养质量标准。

3. 结果控制

客房看起来要清洁整齐,用手擦拭要一尘不染,嗅起来要气味清新,听起来要无噪声污染。即"十无"和"六净"。

(1)"十无"。清扫后的客房要做到:四壁无灰尘、蜘蛛网;地面无杂物、纸屑、果皮;床单、被套、枕套表面无污迹和破损;卫生间清洁,无异味、毛发、水迹和皂迹;金属把手无污锈;家具无污渍;灯具无灰尘、破损;茶具、冷水具无污痕;露面整洁,无"六害"(老鼠、蚊子、苍蝇、蟑螂、臭虫、蚂蚁);客房卫生无死角。

(2)"六净"。清扫后的客房要做到:四壁净、地面净、家具净、床上净、卫生洁具净、物品净。

(三) 发挥客人的监督作用

1. 拜访客人

客房部管理人员要经常地拜访住店客人,了解客人的需求,征求客人的意见和建议,及时发现客房服务中存在的问题,以便进一步制定和修改客房清洁卫生工作的标准和计划,不断提高服务水准。

2. 客房设置"客人意见表"

客房部在客房放置客人意见表,以征询客人对客房卫生、客房服务以及整个酒店的主要服务项目的意见和评判。意见表的设计应简单易填,要统一编号,及时汇总,以此作为考核服务员工作质量的依据。

3. 邀请第三方检查

酒店聘请店外专家、同行、住店客人,通过明察暗访的形式,检查客房的清洁卫生质量乃至整个酒店的服务质量。这种检查看问题比较专业、客观,能发现一些酒店自己不易觉察的问题,有利于找到问题的症结。

第三节 公共区域清洁管理

案例 6-4

某杂志社几位采编人员一连三天待在酒店的客房里整理采访来的材料。忽然，门铃响起，开门一看，正好是他们翘首等待几天的某大学教授。他们发现教授手中的雨伞外有一个细长的塑料套子，不禁赞扬教授的细心。要是没有这个套子的话，大酒店豪华的地毯早就被雨伞上的水滴弄湿了。"哪里，哪里，"教授一边坐下一边说，"我哪里想到这一层，是酒店大堂服务员给每个进店拿着雨伞的客人套上的。既方便了客人，又保护了酒店地毯，保持了酒店环境整洁。"

案例分析

酒店清洁卫生工作是一项十分考验细节的工作，要求所有员工细心、细致地进行服务，要时刻关注宾客，为宾客提供贴心服务。

一、公共区域的范围

客房部除了要做好客房卫生外，还要负责所有公共区域的清洁卫生，一般由客房部下设的公共区域组完成。所谓公共区域（Public Area，PA），是宾客和酒店员工共同享有的活动区域，包括室内和室外，客用部分和员工使用部分。公共区域范围广大，不仅涉及住店客人，还涉及来酒店用餐、开会、购物、参观游览的非住店客人，而且还是所有员工工作环境的重要组成部分。所以做好公共区域的清洁卫生工作意义重大。

二、公共区域清洁卫生的特点

（一）人流量大，清洁工作不太方便

公共区域的人流量非常大，客人活动频繁，这给该区域的清洁保养工作

带来不便和困难。为了便于清洁和减少对来往人员的干扰,公共区域的清洁工作尽量都安排在人员活动较少的时间段进行,特别是客用的区域,大量的清洁工作被安排在夜班完成。

(二) 涉及范围广,造成影响大

公共区域清洁卫生的范围涉及酒店的每一个角落,既包括室外的外墙、花园、前后大门、通道等,也包括室内的大厅、休息室、餐厅、娱乐场所、公共洗手间、电梯、行政办公室、员工休息室、更衣室、员工餐厅、员工公寓,以及所有的下水道、排水排污管道和垃圾房等。公共区域的清洁卫生状况会被每一位经过和进入酒店的客人及非客人感知、评价,对酒店形象有较大的影响。

(三) 项目繁杂,专业性、技术性强

公共区域清洁卫生工作不仅涉及面很广,而且在不同的地点、针对不同的清洁对象,有不同的清洁标准、不同的清洁方法,需使用不同的清洁剂,所以其清洁卫生项目繁杂琐碎。如地面、墙面、天花板、门窗、灯具清洁,公共卫生间的清扫,绿化布置、除虫防害等。各类清洁工作具有各自的专业性和技术性,对工作人员提出了较高的要求。

三、公共区域清洁卫生的主要内容

公共区域清洁卫生涉及酒店前台和后台,室内和室外的广泛区域,主要的几项清洁卫生工作如下。

(一) 大堂清洁

1. 清洁范围

范围主要包括大堂地面、酒店门庭、家具、扶梯、电梯、不锈钢器具、铜器等。

2. 主要工作

主要工作有吸尘和抹尘、倒烟灰以及整理座位等。在人流高峰时段要适当提高 PA 巡查频率,及时清扫烟头等垃圾,维护酒店窗口形象。

（二）公共洗手间的清洁服务

1. 清洁方式

可分为一般性清洁和全面清洗两种方式。

2. 主要工作

（1）一般性清洁

一般性清洁比较简单，主要包括清洗消毒、补充摆放物品以及喷洒适量香水等。

（2）全面清洗

全面清洗主要指对公共洗手间进行由内至外的大范围清洁，一般会制定相应的计划。主要工作包括地面清洗打蜡、清除水箱水垢、洗刷墙壁等。应注意的是，全面清洗应在客人较少时进行。

（三）电梯

1. 清洁范围

电梯的清洁包括对酒店内可用电梯、员工电梯、行李电梯、运货电梯等的清洁。

2. 清洁要求

在对电梯进行清洁时，厢壁、镜面、按钮、电话机、栏杆、地面要经常清洁保养，杂物要及时清理，地毯也要每天更换。

（四）酒店周围环境

1. 清洁范围

位于酒店外，属酒店负责的区域、地段。

2. 清洁要求

每天多次清扫，定期水洗。

（五）垃圾处理

1. 清洁范围

酒店内所有垃圾。

2. 清洁要求

统一集中到垃圾房，统一处理。

四、公共区域清洁卫生的质量控制

公共区域清洁卫生具有涉及面广，工作项目烦琐，人员变动较大等特点，为保证其工作质量，提高工作效率，必须实行相应的控制措施。

（一）强调专业化技术

对于公共区域的清洁可以选择社会上的清洁公司。这类公司的优势在于：专业化程度高，设备工具先进；能够减少酒店 PA 员工，减少酒店人力成本；与酒店签订合同，有助于明确产品标准、服务标准和相互责任等。不利之处在于灵活性差，不能根据酒店实际情况进行弹性作业；一旦发生纠纷可能会对 PA 工作和酒店产品产生影响；外包费用开支大。

解决方法是选择两者兼顾：对人手需要量大、专业技术性强、周期性强又较宜固定安排的清洁项目进行外包，如外墙清洁、大堂地面清洁等；对日常清洁维护、比较简单和灵活的项目，安排酒店员工完成。

（二）划片包干，责任落实到人

由于公共区域清洁卫生工作面积大，工作地点分散，不易集中监督管理，且各类卫生项目的清洁方法和要求不同，很难统一检查评比标准，所以不仅每个服务人员要具有较高的质量意识和工作自觉性，而且酒店也要做到分类管理，定岗定人定责任。可将服务员划分成若干个小组，如楼道组、花园组等。注意做到无遗漏，不交叉。

（三）制定计划卫生制度

为了保证卫生质量，控制成本和合理调配人力、物力，必须对公共区域某些大的清洁保养工作，采用计划卫生的方法，制定计划卫生制度。如墙面、高处玻璃、各种灯具、地毯、需打蜡的地面等，不能每天清扫，需要像客房计划卫生一样，制定一份详细、切实可行的计划，循环清洁。清扫项目、间隔时间、人员安排等要在计划中落实，在正常情况下按计划执行。对于人流量大和卫生不易控制的公共场所的清洁工作，必要时应统一调配人力，进行定期突击，以确保整个酒店的清新环境。

（四）加强现场管理

公共区域管理人员要加强现场巡视，要让问题解决在尚未发生或正在发生时，因为一旦清洁卫生遗漏、失误或欠缺已成事实，首先感知的往往是公众。所以公共区域各类清洁项目应有清楚的检查标准和检查制度，以及制作相应的记录表格。管理人员要对清洁卫生状况进行密切监督，定期或不定期地检查和抽查，这样才能保证公共卫生的质量，才能维护公共区域的形象。

第四节　客房计划卫生

一、客房计划卫生概述

客房计划卫生，是指在搞好客房日常清洁工作的基础上，针对客房中平时不易或不必进行清洁的项目，如通风口、排气扇、天花板、门窗玻璃、窗帘、床罩等进行彻底的清扫整理以保证客房内外卫生质量的一种客房卫生管理制度。应拟定一个周期性清洁计划，以进一步保证客房的清洁保养质量，维持客房设施设备良好状态。各酒店可根据自己的设施设备和淡旺季合理地安排计划卫生的内容、周期和时间。除日常的清扫整理外，主要规定每天对某一部位或区域进行彻底的大扫除，进行季节性大扫除或年度性大扫除。

二、客房计划卫生的作用

（一）保证客房清洁卫生质量

为了保证客房清洁卫生质量，同时又不致造成人力浪费或时间的紧张，客房部必须定期对清洁卫生死角或容易忽视部位进行彻底的清扫整理。

（二）维持客房设施设备的良好状态

有些家具、设备不需要每天都进行清扫整理，但又必须定期进行清洁保养。计划卫生可以维护客房设备、家具的良好状态，保证客房的正常运转。

三、客房计划卫生的方式

酒店计划卫生一般分为三类。

（一）每日清扫一间客房

除日常的清扫整理外，可规定每天对一间客房进行彻底的大扫除。例如，某客房服务员负责14间客房的清扫，每天彻底大扫除一间，则14天即可完成他负责的所有客房的彻底清扫。

（二）每天对客房的某一部位或区域进行彻底大扫除

也可以采取每天对几个客房的某一部位或区域进行彻底清扫的方法，如清扫通风口、排气扇等，经过若干天后，也可以全部完成大扫除。

（三）季节性大扫除或年度大扫除

这种大扫除只能在淡季进行。清扫的内容不仅包括家具，还包括对某一楼层实行封房，以便维修人员利用此时段对设备进行定期的检查和维修保养。

四、客房计划卫生的组织

客房计划卫生的组织要注意以下四个方面的工作。

（一）计划卫生的安排

客房管理人员可将客房的周期性计划卫生表贴在楼层工作间的告示栏，或者通过电子方式发送给员工。也可以由楼层领班在员工做房报告表上每天填写计划卫生项目，督促员工完成当天的计划卫生任务。

（二）计划卫生的检查

员工每完成一个项目或客房后即填上完成日期和本人的签名，领班根据此表逐一检查，以保证计划的落实和客房清洁卫生质量。

（三）计划卫生的安全问题

现代城市酒店以高层建筑为主，客房的计划卫生中，有不少是需要高空作业的，如通风口、玻璃窗、天花板等。因此，在做计划卫生时，一定要要求和提醒员工注意安全，通过一系列措施制度，防止出现各种意外事故。清扫天花板、墙角、通风口、窗帘盒或其他高处物体时，要使用脚手架；擦外窗玻璃一定要规范使用安全绳等。

（四）选择合适的清洁剂和清洁工具

在做计划卫生时，应该针对不同的清洁物，选用合适的清洁工具和清洁剂，以便提高工作效率，确保清洁卫生质量，防止因清洁剂和清洁工具选择使用不当，导致家具设备的损坏和员工受伤。

练习与思考

一、单选题

1. 一般来说，客房清扫员在决定清扫顺序时，应先清扫（　　）。
   A. 贵宾房　　　　　　　　B. 走客房
   C. "请速打扫"房　　　　　D. 住客房
2. 房态记为"C/O"表示的是（　　）
   A. 住客房　　　　　　　　B. 走客房
   C. 保留房　　　　　　　　D. 外宿房

3. 当客房服务中心接到客人对客房物品的询问时,下列正确的说法为( )。

 A. 拖鞋在柜子里,请自己去拿

 B. 针线包在卫生间内洗手台上右边的一次性物品摆放盒中,您打开盒子就能直接找到,若仍未找到,请您随时致电我们

 C. 开关就在床头旁边,您可以自己关上客房所有的灯

 D. 熨衣板就在客房内,您自己找找就可以了

4. 下列时间可以进行夜床服务的是( )。

 A. 21:50   B. 8:30

 C. 14:20   D. 19:30

二、多选题

1. 酒店客房清扫中,进行抹尘工作的正确方法是( )。

 A. 按顺时针或逆时针方向抹   B. 先卫生间后客房

 C. 先外后里   D. 先干后湿

 E. 先上后下

2. 客房卫生清洁的质量控制制度有( )。

 A. 服务员自查   B. 领班普查

 C. 主管核查   D. 经理抽查

3. 住客留言单一式两联,分别放在( )。

 A. 大堂经理处   B. 总台钥匙架上

 C. 电话总机处   D. 问讯处

 E. 收银处

三、综合分析题

在任何时期,客房卫生管理的程序都是一成不变的吗?

第七章

客房部洗衣业务管理

学习目标：通过本章学习，能够说出洗衣业务的主要内容并做好洗衣房管理；能够分辨酒店布草的优劣，掌握客衣和布草洗涤标准，掌握客衣干洗和水洗的工作步骤；掌握酒店布草分级归口和日常管理的方法。

核心概念：洗衣业务；洗衣房；布草

第一节 洗衣业务管理概述

案例 7-1

一天，某五星级酒店洗衣房接到另外一家酒店住客的电话，询问能否洗一件高级水獭皮大衣，客人说他一连走了几家酒店都说洗不了。其他酒店建议他到该酒店试试。客人说："这件大衣是我夫人最珍贵的一件，无论多少钱都不在乎，但不能洗坏，不知你们能否洗？"

"裘皮大衣的洗涤工艺很复杂，不同的皮毛有不同的洗涤方法，请您把衣服送来鉴定后再定。"洗衣房员工回答说。

几分钟后，客人偕夫人来到酒店洗衣房，大衣果然是精品，绒毛细密、针毛平整、皮板柔韧、针迹考究、色泽和顺。洗衣房牛经理亲自鉴完后断定可以洗。他向客人保证洗涤质量："毛板质量不会有丝毫影响，但衬里太脏，不可能洗到与面子一样干净。如果要清洗衬里，毛板质量会受影响。"客人对此无异议，但仍对质量不放心，再次询问牛经理是否有 100% 的把握。

"我们酒店将信誉看得高于一切。"牛经理说，"我代表酒店，一定保证质量。有三点:第一,万一洗坏,我们照价赔偿。第二,如果洗后达不到我讲的标准,不收洗涤费。第三,按国际标准,洗涤费用应收所洗物品价值的十分之一。这件裘皮大衣的价值在 18 000 元左右,应收 1 800 元。但考虑到我国消费水平,我们只收 800 元洗涤费。"

客人看到牛经理的信心和诚意,放心地把大衣交给了洗衣房,约定第二天来取。第二天,客人夫妇来取衣时,对大衣上上下下、里里外外进行了认真仔细的检查,果然无可挑剔,于是竖起大拇指赞扬道:"贵酒店果然名不虚传,800 元值得。"

案例分析

洗衣房是现代酒店的一个重要业务部门,一般隶属于客房部,也可独立成为一个部门。洗衣房的设置有两个目的:一是满足客人衣物洗涤需求和员工制服的着装要求,二是降低酒店棉织品洗涤的成本。案例反映了五星级饭店客衣洗涤的高质量要求,为酒店赢得了良好声誉。

本章专门介绍客房部洗衣房的业务管理,首先介绍洗衣房的机构设置、设备用品配置、业务范围和质量标准,为之后学习的洗涤业务管理打下基础。

一、洗衣房的机构设置和设备用品配置

(一) 洗衣房的机构设置

酒店设置洗衣房是为了满足客房、餐饮、康乐等部门的布草洗涤和客衣及员工制服洗涤需要,降低酒店成本费用,增加经济收入。在我国,三星级以上的酒店大多设有洗衣房。洗衣房的设置各酒店不完全相同,一般是在酒店客房部设置洗衣房,配洗衣房经理,下设洗涤主管、布巾室主管和烘干熨烫主管。其组织机构形式如后(见图 7-1)。

(二) 洗衣房的设备配置

酒店洗衣房的设备较多,高中档酒店以进口设备为主。这些设备的功能则大同小异。主要用于各种布草、客衣和员工制服的洗涤、烘干和熨烫。其主要和常用的设备如下。

图 7-1　酒店洗衣房组织机构

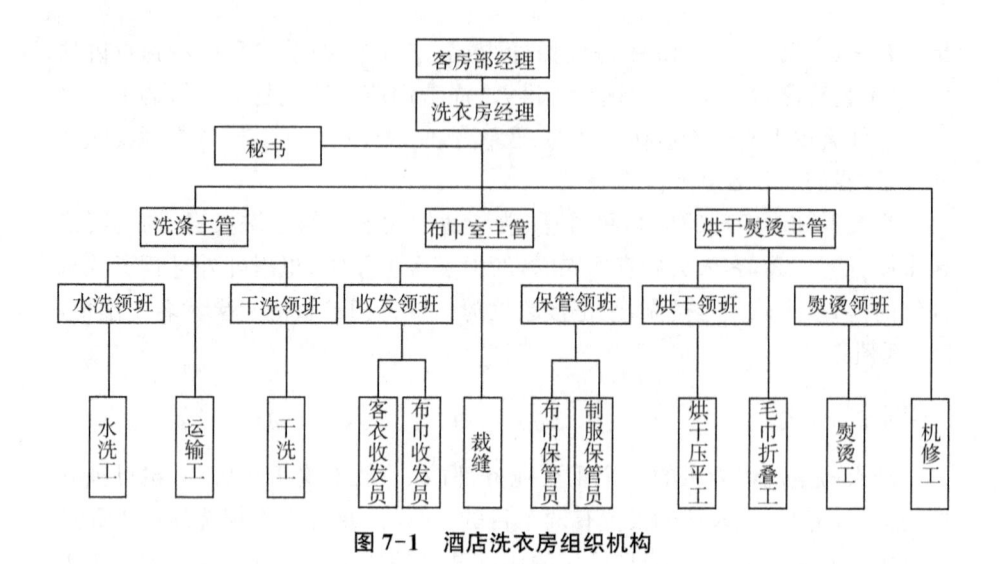

1. 洗衣机

一般有自控和手控洗衣机两种，根据用途不同，又可分为干洗机和水洗机。自控洗衣机的控制盘可事先安排加水、投料、投洗等工序，自动化程度较高，能够完成自动投水、投料和洗涤等工序。手控洗衣机主要通过人工操作按钮控制机器操作，使用时必须严格遵守操作规程和工作程序。

2. 熨烫机

洗衣房的熨烫机实际上有人像机、裤头机等多种。主要用于客衣和员工制服洗涤后的熨烫和整形。它们都是根据衣物不同部位的形状和熨烫要求来分别设计的。各种机器的用途各不相同。

3. 压平机

主要用于床单、枕套、毛巾类物品洗涤后的干燥压平。采用热滚轴上下对压、移动完成。它是洗衣房的专用设备。

4. 烘干机

主要用于洗涤后的衣物烘干。烘干时要特别注意衣物烘干量既不要过多，也不能过少，并要注意衣物厚薄。这种机器以煤气或天然气烘干机为主。

5. 热水锅炉

以煤气炉或天然气炉为主。主要用来供应洗涤衣物所需的全部热水。水温一般保持在 60 ℃以上,其热水可以直接投入洗衣机中。

6. 蒸汽锅炉

主要用来供应洗衣、压平、熨烫所需的蒸汽。每天要对锅炉水质进行检查,防止锅炉结垢。

7. 打号机

设在洗衣房布巾室的收发间,主要用于客衣和员工制服洗涤前的分类打号,防止衣物发生混乱。

(三) 洗衣房的用品配置

洗衣房的用品以洗涤用品为主。此外,还有各种衣架、储存衣物的柜架、罩衣袋等。洗涤用品又以各种洗涤剂为主,具体品种很多。常用的洗涤剂如下(见表 7-1)。

表 7-1　洗衣房常用洗涤剂

名称	洗涤对象或功效	温度	名称	洗涤对象或功效	要求
强力粉	洗台布、口布等	80 ℃	漂精	高温织物洗涤	1:10 兑水
漂白粉	漂白布草	60 ℃~70 ℃	水醋酸	纯毛、丝等织物固色	—
酸粉	中和残碱之用	30 ℃~40 ℃	去油剂	洗去衣物上油污	
硬水洗衣粉	洗涤客衣之用	30 ℃~40 ℃	衣领净	用于洗衣领的去污药水	3 分钟
软化剂	洗织物、毛巾、浴袍	30 ℃~60 ℃	纯碱液	毛丝织物去污	—
碱粉	洗白色工作服	80 ℃	过碳酸钠	高温去油污	60 ℃~80 ℃,30~60 分钟

二、洗衣房经理的职责范围和洗衣房的洗涤业务

(一) 洗衣房经理的职责范围

(1) 在客房部经理领导下,根据洗衣房的机构和岗位设置,研究确定人员

编制,各岗人员职责规范和工作任务,落实岗位职责和具体任务,做好人员组织,保证各项工作的正常开展。

(2) 研究制定洗衣房的年度及各月营业收入、成本、费用计划,形成计划指标。纳入客房部门预算,经领导和财务部审批确定后,组织贯彻落实。

(3) 在客房部经理领导下,与餐饮部和康乐部经理研究确定客房、餐厅、康乐部门的布草配备标准、年度更新标准、分级归口管理办法、管理制度、每天更换洗涤的工作程序,并组织贯彻实施。

(4) 组织洗衣房各级主管和领班认真做好客衣、布草和员工制服每天的洗涤工作,督导各级管理人员按时、按要求完成洗涤任务,保证洗涤质量和各部门周转需要。

(5) 督导工程技术人员做好洗衣房各种机器设备、收发保管设备的维修保养工作,发现故障及时维修,保证设备完好和正常运转。

(6) 建立健全洗衣房的客衣、布草和员工制服每天接收、洗涤、更换、送回的管理手续制度,各种报表的填写、传递制度,并督导贯彻落实,保证洗涤过程中的手续完善、交接清楚、工作顺利、无差错发生。

(二) 洗衣房的洗涤业务

酒店洗衣房的洗涤业务主要包括以下四个方面。

1. 做好客衣洗涤,增加经济收入

具体工作任务包括客衣收取、分类检查、打号送洗、干洗、湿洗、手洗、熨烫、挂架送回等。通过开展客衣洗涤,一方面满足酒店客人生活需要,提高服务质量;另一方面也可对外承接洗衣业务,增加酒店经济收入。

2. 负责布草洗涤,保证业务需要

酒店客房、餐厅、康乐等部门每天需要洗涤的各种布草数量很多。做好这些布草的洗涤,包括收发、交换、洗涤、压平、更新等,才能既保证客房、餐厅等部门的业务需要,又保证酒店接待服务规格,为客人创造良好的条件。

3. 做好工作服洗涤,维护酒店形象

酒店员工的着装、仪表是酒店形象的表现形式之一,也是关系到服务质量的客观因素。做好员工制服洗涤,保证员工着装整齐、干净、美观大方,也

是洗衣房的工作任务之一。

4. 承接对外业务,提高经济效益

即在完成本店客衣、布草和工作服洗涤的基础上,利用洗衣房的先进设备和生产能力,积极拓展当地大中型企业、机关的洗涤业务和非住店客人的衣物洗涤业务,从而增加酒店营业收入,提高经济效益。

三、洗衣房衣物洗涤的质量标准

(一) 布草洗涤质量标准

1. 毛巾类

洗涤后的各类毛巾洁净、柔软、蓬松,手感良好舒适。

2. 床单、枕套类

洗涤后的各种床单、枕套清洁、柔软、洁白,熨烫平整。

3. 台布、口布类

洗后的台布、口布清洁、柔顺,无污迹、油迹,有挺括感,用手触摸有舒适感。

(二) 客衣洗涤质量标准

1. 干洗

洗涤后的客衣清洁,无任何污迹、汗渍、掉色、脱扣等现象发生。

2. 水洗

洗涤后的客衣干净、完好,不褪色、不染色,没有任何污迹。

3. 熨烫

客衣经过洗涤和熨烫后平整挺括,外形美观,折线、裤线清楚,无双线,无异味,无污迹。

(三) 工作服洗涤质量标准

1. 分开洗涤

各类工作服分开洗涤,洗后清洁、美观、无污迹、无褶皱,外形舒适大方。

2. 及时修补

需要修补的工作服洗后交裁缝修补好,无开线、掉扣现象发生。

第二节 洗衣房洗涤业务管理

案例 7-2

黄先生住在某酒店,他前天送洗的衣服已送回客房。今天他准备先洗个澡再换衣服。他从洗好的衣服中拣出一件T恤衫。刚想穿时,突然发现明显缩水,无法再穿了。于是,他拿着那件T恤向酒店值班经理投诉道:"这件衣服是我在意大利用1800欧元刚买的,第一次由你们店洗就变成了'童子衫',无法再穿了。你们必须按原价赔偿。"值班经理感到问题严重,说:"黄先生,对不起,对您提出的问题,我要去查一下洗衣单。请您等候。"值班经理在洗衣房找到了黄先生的洗衣单,上面洗衣类别栏上填的是湿洗,但没有客人签名。他去问黄先生:"洗衣单上您填的是干洗、湿洗还是烫洗呢?"黄先生说:"我什么都没有填。只是说要洗衣服,至于怎么洗,我不懂,你们酒店洗衣房每天都在给客人洗衣服,该怎么洗,难道不知道吗?所以我什么都没有填。"

值班经理耐心回答道:"对不起,我并无责怪您的意思。根据规定,客人的衣服洗坏了,最高可以按洗衣费的10倍赔偿。"黄先生说:"我不同意,你们应该按原价赔偿。"

值班经理思考片刻,决定冷处理。他以征求意见的口吻说:"洗衣单上填的是湿洗,您说您没有填,这一时说不清楚。您看这样行不行?请您抽空到商店去看一看,买一件您满意的T恤衫,与这件差不多的就行,价钱由酒店报销。"黄先生思考了一下,同意了这一处理意见。酒店解决了这一纠纷。

案例分析

酒店洗衣房的客衣、布草和员工制服的洗涤业务都有一套严格的洗送交接程序和制度。案例中的T恤洗涤纠纷明显是交接检查的程序出了问题。洗衣单上只有"√",没有客人签名,也就不能肯定客人要湿洗。为此,本节专门介绍洗衣房的客衣、布草和员工制服的洗送交接程序和方法技术,以保证洗涤质量,预防可能发生的问题和纠纷。

一、洗衣房的客衣洗涤业务管理

(一) 客衣洗送程序

(1) 客人填单。客人将要洗衣物装入洗衣袋,填写洗衣单。注明时间、要求、姓名、房号,服务员收取后送到楼层工作间。

(2) 收取客衣。洗衣房收发员到楼层收取客衣,逐一做好客衣检查,检查衣物有无损坏、污点、开线、纽扣脱落等,核对房号、姓名和衣物,送至洗衣房。

(3) 打号分类。每件客衣严格按客人房号打号,然后根据衣物布料、颜色、干净程度分类。

(4) 分送衣物。客衣布料若是天然植物纤维,一般用机器水洗;动物纤维一般干洗。客衣分送干洗组或水洗组时,均需注意有无严重污点和客衣口袋内有无遗留物品。有严重污渍、油渍者要先做去污处理。

(5) 分类洗涤。水洗按衣物质地和颜色分类,选用不同洗涤剂,注意保持水温。不宜用机器洗涤的衣物要用手洗。干洗则先检查,后洗涤。

(6) 烘干整形。水洗衣物要先烘干后降温(打冷风),以保持柔软。手洗衣物要甩干或挂干,然后送熨烫组熨烫整形或直接折叠。

(7) 质量检查。客衣设专职或兼职质检员检查洗涤结果,保证洗涤、熨烫、整形质量。发现不合格的衣物,必须回洗、回烫。

(8) 客衣送回。熨烫合格的衣物整理打包或上架加罩,由晚班收发员核对后送回客房。若是急件或快件,则应在固定的2小时内完成洗涤,送回客房。上述客衣洗送程序如下(见图7-2)。

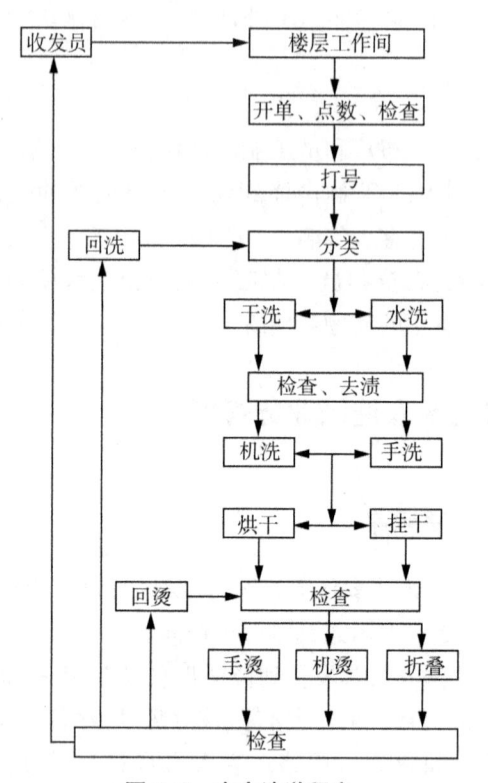

```
收发员 ← 楼层工作间
           ↓
         开单、点数、检查
           ↓
         打号
           ↓
  回洗 →  分类
           ↓
       干洗 ↔ 水洗
           ↓
         检查、去渍
           ↓
       机洗 ↔ 手洗
           ↓
       烘干   挂干
           ↓
  回烫 →  检查
           ↓
    手烫  机烫  折叠
           ↓
         检查
```

图 7-2　客衣洗送程序

（二）客衣水洗的工作步骤和方法

1. 分类洗涤。水洗客衣要根据衣物面料、质地和颜色先分类装机，再根据衣物种类选用洗衣粉和不同洗涤剂，严格控制漂白粉使用。装机时应在机器转动中加料，不可将洗涤剂直接投倒在衣物上。

2. 控制水温。分类洗涤时要控制好水温。一般衣物为 30 ℃～40 ℃，布草和衬衣可在 65 ℃以下。若按衣物颜色掌握则为：深色衣物为 35 ℃，深杂色为 50 ℃，白色为 70 ℃。同时要注意机器中的水压、气压、风压、温度变化，防止发生意外。

3. 做好手洗。客衣水洗一般先洗快件。对于不宜用机器洗涤的衣物，如丝织品、毛织品、人造毛等，要装在网袋内清洗或用手洗，确保洗涤质量，防止洗坏引起纠纷。

4. 规范操作。客衣水洗中遵守操作规范，注意机器运转。需要上浆的衣物要及时准确上浆。高速脱水时不能打开机门。水洗脱水后要按衣物质地分别烘干、晾干或直接熨烫。烘干温度应为 60 ℃～65 ℃。

5. 衣物熨烫。烘干后的衣物要先打冷风，然后熨烫、整形、打包或上架。这时要十分重视质量，防止高温烫坏、烫糊客人衣物。

（三）客衣干洗的工作步骤和方法

1. 检查分类。客衣干洗前先检查是否适合干洗，有无严重污渍，纽扣、装饰物等是否会在干洗中发生化学反应。若有，按"先拆掉，保管好，洗后再缝上"的办法处理。然后按衣物质地分类，再做干洗。

2. 去污手洗。有严重污渍的衣物要先判断污渍类型，再选择去污剂先做去污处理，再上机干洗。干洗时要按衣物质地确定需要的添加剂和干洗油。客衣若是兔毛、长纤维或容易变色的材质，则要装袋手洗。

3. 装机洗涤。干洗客衣一般是由第一个油箱冲洗 5 分钟，然后放入蒸馏箱将衣物甩干，再用第二个油箱投洗 3 分钟，最后放回第一个油箱，将衣物甩干、除臭，然后打开机门取出。装机洗涤中同样要注意温度、气压、油压等，防止发生差错。

4. 去迹去污。客衣干洗中主要采用四氯乙烯溶剂洗涤。若干洗后还有个别污渍，应在去迹台上去迹去污。它是利用蒸汽压力将一般水溶性污迹吹散、溶解，再把湿的地方吹干。常用的去迹剂主要有去锈剂、去果汁剂、去蛋白剂、干洗皂液、去油剂和干洗喷剂。客衣洗涤程序如下（见图 7-3）。

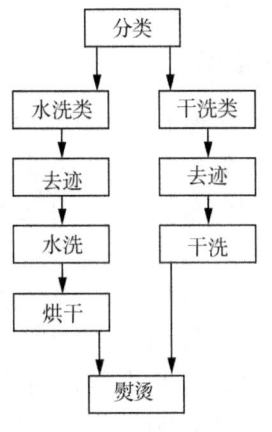

```
            分类
          ／    ＼
       水洗类    干洗类
         │        │
        去迹     去迹
         │        │
        水洗     干洗
         │        │
        烘干      │
          ＼    ／
            熨烫
```

图 7-3　客衣洗涤程序

（四）客衣熨烫和整形业务管理

1. 熨烫机的使用

洗衣房的熨烫设备主要有：
（1）熨烫机。主要用于熨烫上浆的台布、口布、衬衫、白布工作服等，温度较高。
（2）人像机。按人体结构设计，设有蒸汽阀和开风阀，可以根据需要分别熨烫衣物的肩部、袖口、腰部、衣袋、底部等。
（3）裤头机。按人体腰部设计，打开蒸汽阀后可方便熨烫裤头部位，效果很好。
（4）夹衣机。有夹衣机和夹裤机两种。主要用于衣物洗涤后的熨烫定型，保证洗后的客衣平整、美观。

2. 客衣熨烫种类和方法

酒店洗衣房的衣物熨烫有手熨衬衫、手熨丝衫、手熨杂活、机熨衬衫、机熨西服等各种。具体操作时要根据衣物种类和所熨部位选择熨烫设备，正确掌握蒸汽量、熨烫温度、熨烫时间、操作方法，保证熨烫后的各种衣物该软的软、该挺括的挺括，整体上美观、大方、舒适，保证质量。

二、洗衣房的布草洗涤业务管理

（一）布草洗涤交换程序

酒店布草包括客房床单、各种毛巾，餐厅台布、口布，游泳池和健身房的浴巾、毛巾等。这些布草的洗涤交换程序如下（见图7-4）。
（1）使用部门每天将用过的布草集中后，按破损布草和脏布草分类打包，按时送洗衣房布巾收发室交换。
（2）使用部门凭脏布草或破损布草换回洗干净的布草或领取新布草。交换过程中清点数字，送来多少就领回多少。
（3）凡属破损布草应填写破损表，加盖破损章，待主管领导批准报损后，补充新布草。补充时由布巾室主管签字并从库房领取。

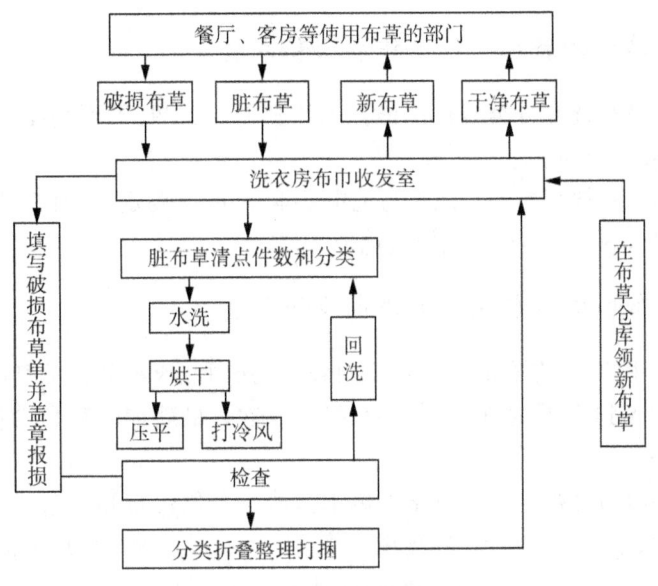

图 7-4　布草洗涤交换程序

（4）布巾收发室将需要洗涤的布草先按部门分开，再按布巾类和毛巾类分类，然后再按颜色分类，最后送水洗组分类洗涤。

（5）水洗组将各部门的布草分类洗涤后，按需要烘干、压平或打冷风。然后经过质量检查，再打捆送入布巾室的布草保管室分类储存，供第二天交换使用。若质量检查不合格，要送回水洗组回洗。

（二）布草水洗的工作步骤和方法

1. 毛巾类水洗的工作步骤和方法

（1）装机洗涤。装机水洗 15 分钟，温度保持在 80 ℃～85 ℃，加硬水洗衣粉，通过冲洗去污去迹。然后换水再冲洗，冲净衣物上的洗涤剂，使毛巾纤维中不含碱性。

（2）加漂白粉和酸粉。毛巾两次冲洗后，再次加水，加漂白粉和酸粉。漂白粉既能进一步洗去污迹，又能使衣物增白。而酸粉则可使酸碱中和，保护纤维。

（3）加柔顺剂。洗涤后的毛巾加入柔顺剂，可使毛巾在烘干后蓬松柔软。

（4）烘干打冷风。将洗后加入柔顺剂的毛巾装入烘干机，在高温下烘干，然后打冷风，使毛巾柔软、手感良好。

2. 床单和枕套水洗的工作步骤和方法

（1）床单和枕套分类装机洗涤。因枕套上有头油，不可装在一起。一般要三次投水，三次冲洗。

（2）床单和枕套所加洗涤剂与毛巾基本相同，但要定期漂白。同时，每次洗涤要加酸粉和荧光剂，不能加软化剂。

3. 台布和口布水洗的工作步骤和方法

（1）先用85 ℃左右的热水冲洗，再加入强力洗衣粉和去油剂洗8分钟。然后控制水温到70℃时加入漂白粉，投水三次。最后加酸粉和少量浆粉，直到冲洗完毕。

（2）洗后的台布送压平组压平烘干。若是有色台布和口布，洗涤时要用中等温度，投水时加入酸粉、软化剂和浆粉。若有严重油迹则用去油剂洗涤。

（三）布草压平熨烫的工作步骤和方法

1. 压平机的使用

（1）使用时先按电源，开抽风机，开气阀，待机器预热后关闭回气阀。

（2）机器转动中要经常清擦压平机的滚轴，并在熨烫压平中使用蜡布，以防止压平熨烫后产生的水垢留在滚轴上，影响滚轴效果。

（3）停止使用时，一定要先关气阀，升起滚轴，再停止转动。但不能马上关上抽风机，而要让机器散热冷却20～30分钟后，才能关电源。

2. 压平熨烫方法

（1）床单。将洗好的床单放在滚轴和转动轴边。机器一边一人，提起床单，分清里外，对齐中线，将床单放在引入带上。床单进入熨烫机后，将床单边揉顺边送入。当床单接近全部入机后，再迅速将另一条床单准备好，放在引带上。由此完成床单压平和熨烫，再折叠打捆送入布巾室储存待用。

（2）台布。压平熨烫方法与床单相同。但要注意做到边揉边烫。

（3）口布、地巾与枕带。压平熨烫方法与床单相同。压平熨烫后可人工折叠。

三、洗衣房的员工制服洗涤业务管理

（一）员工制服送洗

酒店应制定员工制服洗涤规定。一般酒店规定随脏随洗，高星级饭店规定员工下班后将制服交回洗衣房布巾室的员工制服保管室，随脏随洗涤。

（二）员工制服分类打号

员工制服按部门和员工姓名编号。正式洗涤前要按干洗、水洗分类打号，再送入洗衣房洗涤。

（三）员工制服洗涤

员工制服洗涤也分干洗、水洗，熨烫。具体洗涤、熨烫方法与客衣洗涤方法相同。

（四）员工制服上架保管

洗好熨烫后的员工制服送回布巾室的员工制服保管室，按部门和衣物种类上架，整齐地存放在储衣架上，待员工来领取，以保证员工着装整齐、清洁、美观。员工制服若有开线、掉扣、损坏，则由布巾室裁缝及时修补。

第三节　酒店布草管理

案例 7-3

北京某五星级饭店有客房 1 050 间，为保证客房布草使用、洗涤与周转需要，其客务部制定了客房布草储备管理制度。现摘录如下，可供参考。

（1）确保每间客房的布草都按一套的标准摆放（一套以床铺为基础，每床床单 1 条、被套 1 条、枕套 2 条、毛毯 1 条、毛巾 1 条、浴巾 1 条、方巾 1 条。此外，每房地巾 1 条等）。

（2）至少备足三套标准的布草用来周转。一套在客房，一套在洗衣房，另一套在布草室或楼层服务工作间的架上。

（3）储存在布草室或楼层服务工作间的布草，需折叠整齐，存放在架上，贴好标签。

（4）布草室内的架子、搁板要排列整齐、贴上标签。各种布草要按标签分类存放，以保证准确发放。

案例分析

酒店布草（即棉织品）种类很多，除洗涤业务外，洗衣房对布草的管理涉及多方面的内容和方法，案例中的五星级饭店客房布草储备管理制度只反映了其中的极少内容和方法。为此，我们在本章最后专门介绍布草的管理内容和方法，包括布草的分类和质量规格要求、管理原则和任务，布草的配备标准，布草的日常管理等，以提高布草管理的科学性和规范性，既保证各部门业务需要，又能降低消耗，节省费用开支。

一、布草的分类和质量规格要求

酒店布草又称为布件、布巾或棉织品。在酒店的经营活动中，布草不仅是一种供客人使用的日常生活必需品，也是酒店客房装饰布置的重要物品，对室内气氛、格调、环境起着很大的作用。酒店布草的配备规格和管理水平，不仅影响酒店的等级规格和客人的消费需求及服务质量，而且影响酒店的费用消耗和经济效益。酒店的布草配备量一般为四套（至少保证三套）：一套在用，一套在洗，一套在周转，一套备用。其中前三套称为在用布草，在客房周转使用；第四套称为备用布草，放在布草房内，以备更新和补充。

（一）布草的分类

酒店布草按其使用部门和用途划分，主要有以下几种。

1. 客房使用的布草

以床单、枕套为主，还包括客房及卫生间的方巾、面巾、地巾、浴袍、浴巾等。

2. 餐厅使用的布草

包括各种餐厅、宴会厅、咖啡厅、酒吧等使用的台布、口布、桌裙、餐巾等。

3. 康乐设施使用的布草

包括游泳池、桑拿浴室、按摩室、美容室使用的毛巾、浴巾、垫巾、床单、大巾等。

4. 酒店装饰性布草

包括客房、餐厅、前厅等各级各部门使用的窗帘、沙发套、椅套、裙边、各种盖布等。

5. 员工制服

包括各级、各部门的管理人员、服务人员、工程与技术人员的服装,各餐厅、厨房人员的围裙等。

(二) 布草的质量和规格要求

1. 布草质量的评价标准

布草的质量主要可以从以下7个维度进行评价。

①纤维质地。主要有全棉、棉麻混纺、化纤、棉化纤混纺。

②纤维长度。纤维长,纺出的纱均匀、光滑、强度好,织物细腻、平滑。

③纱支数。全棉床单与枕套,其纱支数一般为20~24支,混纺的为30~40支。

④织物密度。床单与枕套的织物密度一般为每10平方厘米288根×244根~400根×400根。

⑤毛圈数量与长度。毛圈数量与长度和毛巾的重量成正比。毛圈有圈绒和割绒两种,割绒档次高,柔软度好,制作成本高。

⑥制作工艺。床单、枕套要求卷边宽窄均匀,尺寸统一,缝线平直,针脚等距且密度合适;毛巾类要求边牢固平整,每根纬纱都能包住边部的经纱等。

⑦耐洗次数。如使用酒店自己的洗衣房,全棉床单耐洗次数约为500次,枕套约为400次,毛巾类约为300次,餐巾约为130次,台布约为450次。

2. 常见布草的质量要求

在这里仅就床上布草和卫生间布草的质量要求予以简要介绍。

(1) 床上布草

床上布草有很多种,主要是床单和枕套,其质量主要取决于以下因素。

①纤维质量。纤维要求长,这样纺制出来的纱比较均匀,条干好、强力高,使用上耐洗、耐磨。

②纱的捻度。捻度大即纱纺得紧,这样使用中不易起毛,强度也比较好。

③织物密度。密度高且经纬分布均匀的织物比较耐用。

④断裂强度。织物的密度越高,其强度越大。

⑤制作工艺。卷边平齐,尺寸标准,缝线平直、耐用。

⑥纤维质地。常用的床单和枕套的质地有棉质、人造纤维及棉与人造纤维混纺(俗称"混纺")。棉质床单或枕套柔软透气、吸水性能好,使用舒适,但易皱、不耐用。人造纤维不具有棉质的优点,但具有耐磨、耐用、耐洗涤的特点。混纺吸取了二者的优点,因而目前一般客房多使用混纺床单和枕套。

无论哪种规格和质地的床单、枕套,其颜色均宜选用白色。因为白色有纯洁、素雅、卫生、清爽、明快之感。

根据《旅游饭店星级的划分与评定》(GB/T 14308—2010)附录 B(规范性附录)设施设备评分表 4.14.1 的相关规定,床单、被套、枕套的纱支规格指标总计占 6 分,不低于 40×40 支纱得记 1 分,不低于 60×40 支纱可记 3 分,不低于 80×60 支纱可记 6 分。此外,床单、被套、枕套的含棉量为 100% 的,可再记 1 分。

(2) 毛巾

对卫生间毛巾的质量要求是:舒适、美观、耐用。而要达到这一要求,则主要取决于以下因素:

①毛圈数量和长度。毛圈多而且长,则柔软性好、吸水性佳。但毛圈太长又容易被钩坏,故一般毛圈长度在 3 毫米左右。

②织物密度。毛巾组织是由地经纱、纬纱和毛经纱组成。地经纱和纬纱交织成地布,毛经纱和纬纱交织成毛圈,故纬线愈密则毛圈抽丝的可能性也愈小。

③原纱强度。地经要有足够的强度以经受拉扯,较好的毛巾地经用的是股线,毛巾是双根无捻纱,这就提高了吸水和耐用性能。

④毛巾边。毛巾边应牢固平整,每根纬纱都必须能包住边部的经纱,否则边部容易磨损、起毛。

⑤缝制工艺。折边、缝线、线距应符合要求。

根据《旅游饭店星级的划分与评定》(GB/T 14308—2010)附录B(规范性附录)设施设备评分表4.14.1的相关规定,毛巾(含浴巾、面巾、地巾、方巾等)的纱支规格指标总计占2分,不低于16支纱的记1分,为32支纱(或螺旋16支)且含棉量为100%的记2分。

3. 常见布草的规格

(1) 床单

床单的参考规格如下(单位为厘米):

单人床单(床100×190):170×260;双人床单(床150×200):220×270;大号床单(床165×205):235×275;特大号床单(床180×210):250×280。

其计算方法为:

床单长度=床垫长度+床垫厚度×2+20厘米×2,

床单宽度=床垫宽度+床垫厚度×2+20厘米×2。

(2) 枕套

枕套的参考规格如下(单位为厘米):

普通枕套(枕芯45×65):50×85;大号枕套(枕芯50×75):55×95。

其计算方法为:

枕套长度=枕芯长度+20厘米,

枕套宽度=枕芯宽度+5厘米。

(3) 毛巾类

毛巾类的规格包括尺寸和重量两部分。

根据《旅游饭店星级的划分与评定》(GB/T 14308—2010)附录B(规范性附录)设施设备评分表4.14.1的相关规定,毛巾(含浴巾、面巾、地巾、方巾等)规格指标总计占6分(一个规格不达标扣0.5分,扣满2分以上,降低一挡)。

可记6分的标准为:浴巾不小于1 400毫米×800毫米,质量不低于750克;面巾不小于750毫米×350毫米,质量不低于180克;地巾不小于800毫米×500毫米,质量不低于450克;方巾不小于320毫米×320毫米,质量不低于55g。

可记3分的标准为:浴巾不小于1 300毫米×700毫米,质量不低于

500 克;面巾不小于 600 毫米×300 毫米,质量不低于 120 克;地巾不小于 700 毫米×400 毫米,质量不低于 320 克;方巾不小于 300 毫米×300 毫米,质量不低于 45 克。

可记 1 分的标准为:浴巾不小于 1 200 毫米×600 毫米,质量不低于 400 克;面巾不小于 550 毫米×300 毫米,重量不低于 110 克;地巾不小于 650 毫米×350 mm,质量不低于 280 克。

二、酒店布草的管理模式

酒店布草管理是一项专业性较强的工作,它需要协调客房部、餐饮部、康乐部和洗衣房的关系。现阶段,酒店布草管理一般有如下两种模式。

1. 客房部布草室管理模式

方法是在客房部下设布草室,配主管 1~2 人,下设储存领班、收发领班和服务员,负责酒店布草管理,协调处理客房、餐饮、康乐部门和洗衣房的关系。洗衣房负责布草洗涤。储存室、收发室负责布草送洗过程中的收发、更换、储存保管工作,共同完成酒店布草日常业务管理。

2. 洗衣房布草室管理模式

方法是在洗衣房内部设布草室,配主管 1 人,下设保管领班、收发领班、送洗服务员、储存室裁缝,负责布草日常管理业务。其工作任务则和客房部布草室基本相同。

酒店布草管理的上述两种模式比较起来,以采用第二种模式为好。其原因是:第一,布草室设在洗衣房内部,洗衣房不用再设收发员和打号员。若采用第一种模式,布草室和洗衣房分开,洗衣房必然再设收发打号与分类送洗人员,会增加人工成本。第二,采用第二种模式可以节省一次交接程序。若采用布草室和洗衣房分开的模式,客房、餐厅等使用部门的布草要先交到布草室做第一次交接,布草室再交到洗衣房做第二次交接。然后,洗衣房再分类打号交给各洗涤组。洗好后的衣物和布草也是如此。而采用布草室设在洗衣房内部的方法,使用部门的布草交到布草室后,可直接分类打号,送各洗涤组洗涤,这样做可以提高工作效率。

三、酒店布草的管理原则和任务

（一）酒店布草管理原则

酒店布草管理应该遵循的原则为：统一配备，分级归口；周转使用，集中更新；确保规格，降低消耗。贯彻这一套原则的基本要求如下。

1. 统一配备，分级归口

酒店各级各部门的布草配备都要在总经理领导下，以部门为基础，根据酒店等级规格和接待业务活动需要，按酒店预算配备所需要的布草。如客房的床单、枕套、毛巾、浴巾等，要以床位为基础，成套数统一配备。餐厅的台布、餐巾、香巾、口布等，要以餐台和座位数为基础，成套数统一配备。在统一配备的基础上，日常储存使用和管理则要采用分级归口的方式。所谓分级归口是指布草的日常储存使用要由各级各部门负责，布草的集中储存周转要由洗衣房的布巾室负责，而各类布草洗涤则主要由洗衣房负责，形成分级归口管理。

2. 周转使用，集中更新

酒店客房、餐厅、康乐等各部门的布草配备完成后，为保证接待服务规格、确保卫生质量，为客人创造优良的享受环境，各种布草每天、每餐（餐厅台布、口布等）都要更换洗涤，使各种布草都处于周转使用之中。因此，客房、餐厅、康乐等各使用部门和场所就要储存一部分布草，以便每天换洗客人用过的脏布草。这就使布草的使用寿命大大缩短。到了一定时期，则应由使用部门提出，经酒店领导批准，由洗衣房布巾室来组织统一更新，以保证酒店各部门业务活动需要。

3. 确保规格，降低消耗

确保规格是指酒店各类布草管理过程中要以酒店星级高低和接待规格为基础，做好配备、洗涤、补充、更新。布草配备要按照原国家旅游局发布的中华人民共和国旅游行业标准中《星级饭店客房客用品质量与配备要求》（LB/T 003—1996）执行。布草洗涤要每天进行，并保证质量。布草补充更新则要保证按时更换，不能使用破损、染色、陈旧、已脏的布草，才能保证使用规格。同时,在这一过程中,又要认真维护、保管好各种布草,改进洗涤方法,降低费用消耗,才能提高经济效益。

(二) 酒店布草管理任务

1. 负责各部门布草配备的协调工作

即根据客房、餐厅、康乐等部门制定的各类布草配备标准、采购规格、数量标准等,做好各部门各类布草的登记造册、分点使用的数量分配,保证各部门、各楼层、各餐厅和布巾室储备与周转使用的布草数量准确,账目清楚。

2. 负责各部门布草洗涤交换

即每天与客房、餐厅、康乐等使用部门做好布草洗涤交换工作。用已洗好的干净布草换回各部门要洗的脏布草。再做好分类、打号,交洗衣房洗涤。然后将洗好的布草储存在保管室,等待第二天继续与使用部门交换。

3. 负责布草的保管和盘点工作

对于存放在布巾室内的储备待用的布草,要分类做好保管工作。主要是防潮、防霉变和防止丢失,确保各类布草安全。与此同时,每月底要和客房楼层、各餐厅酒吧、康乐等各使用部门一起,做好各类布草的盘点工作,并清除已破损的布草,补充新布草,以保证客房、餐厅等业务部门的接待服务规格。

4. 负责酒店布草的修补和改用工作

主要是组织裁缝做好部分布草(如台裙、窗帘、台布、员工制服等)的修补工作。同时,部分需要报损的布草,如床单、餐巾等,则可改作清洁抹布、厨师的工作布等。

5. 负责员工制服的送洗交换与保管工作

即员工制服要实行集中洗涤管理。制服平时发给员工后,需要洗涤时以旧换新。洗好的员工制服在布巾室内的员工制服室上架集中保管,以便洗涤交换,保证酒店员工制服的穿戴规格。

四、布草的消耗定额管理

客房布草的配备定额是布草管理工作中的一个重要问题。定额不合理，布草过多或过少都会影响客房正常的经营活动。因此，制定客房布草消耗的定额，是加强布件科学管理、控制客房费用的重要措施之一。要制定布草定额，首先应根据酒店的档次规格，确定单房配备数量，然后确定布草的损耗率，最后核定出消耗定额。

（一）确定单房配备量

酒店档次和洗涤设施条件不同，布草的配备数量也有所差异。要根据酒店的档次、资金情况以及维护正常的布草运转所必需的数量来确定单房配备量。以床上布草为例，三星级饭店要求配备3~4套（每套4张，包括2个枕套、1张被套、1张床单），其中一套在客房，一套在楼层布草房，一套在洗衣房，另外一套在中心库房。配备完成后，只有到了更新周期才陆续补充和新购床单。确定单房配备量后，整个客房部的各种布草总数要按客房出租率为100%的需求量进行配备。

（二）确定年度损耗率

损耗率是指布草的磨损程度。酒店要对破损或陈旧过时的布草进行更换，以保持酒店的规格和服务水准。确定损耗率要考虑以下两点。

1. 布草的洗涤寿命

不同质地的布草有着不同的洗涤寿命。

2. 酒店的规格等级要求

不同规格等级的酒店对布草的损耗标准是不同的。例如，豪华型酒店对六成新布草即行淘汰，改作他用。

根据布草的洗涤寿命和酒店确定的损耗标准，即可计算出布草的损耗率。例如，某酒店客房单人间床上布草配备为3套，每天一换，按其平均洗涤寿命为400次，可确定该酒店床单的年度损耗率。计算如下。

每张床单实际年洗涤次数为：360÷3＝120（次）。

床单的年度损耗率为：400÷120≈3.33(年)。

年度损耗率为：1÷3.33≈30.03%。

客房布草消耗定额的计算公式为：

$$A = B \cdot x \cdot f \cdot r$$

式中：A 表示单项布草年度消耗定额。

B 表示布草单房配备套数。

x 表示客房数。

f 表示预计的客房年平均出租率。

r 表示单项布草年度损耗率。

例如，某酒店有客房 400 间，床单单房配备 3 套(每套 4 张)。预计客房平均出租率为 75%。在更新周期内，床单年度损耗率为 30.03%，求其年度消耗定额。

根据上述公式计算得：

$$\begin{aligned}A_{床单} &= B \cdot x \cdot f \cdot r \\ &= 3 \times 400 \times 75\% \times 30.03\% \\ &\approx 270(套)\end{aligned}$$

五、布草的日常管理

由于布草是分散在各处的，使用的好坏、定额的掌握，必须依靠日常的管理。

（一）布草存放要定点定量

在用布草除在客房一套外，楼层布草房应存放多少，工作车上放置多少，中心布件房存放多少，各种布草摆放位置和格式等，都应有规定，使员工有章可循。

（二）建立布草收发制度

布草收发制度包括数量控制和质量控制两个方面的内容。

(1) 以脏布草换取干净布草。通常由楼层杂工将脏的布草送交洗衣房，由洗衣房指定人员清点复核，在"布草换洗单"上签字认可。杂工凭此单即可去中心库房领取相同数量的干净布草。

（2）如果使用部门需超额领用，应填写借物申请，经有关人员核准方可。如果中心库房发放布草有短缺，也应开出欠单作凭证。

（3）收点或叠放布草时，应将破损、有污迹的拣出，单独处理。

（三）建立布草报废和再利用制度

对破损或有无法清除的污迹，以及使用年限已满的布草应定期、分批进行报废。布草报废应有严格的核对审批手续。一般由中心库房主管核对并填写"布草报废单"，洗衣房主管审批。对可再利用的，可改制成其他用品。

（四）控制员工的布草使用

要严格禁止员工对布草的不正当使用，比如用布草作抹布，或私自使用客用毛巾。这样既造成了浪费，又使劳动纪律无法得到保证。对不正当使用布草的员工要严肃处理。

（五）建立盘点制度

布草需定期进行全面盘点。通过盘点，了解布草的使用、消耗、库存情况，发现问题及时处理。盘点工作通常为一月一小盘，半年一大盘（"布草盘点表"如表7-2所示）。大盘点由客房部会同财务部进行。

表7-2　布草盘点表

项目	使用情况					本月投放量	总计	报废	应存数	实存数	盘盈	盘亏	备注
	客房内	楼层服务间	洗衣房	地下仓库	上次盘点								
床单													
枕套													
面巾													
方巾													
浴巾													
地巾													
浴袍（黄）													
浴袍（白）													
小白毛巾													

六、酒店员工制服管理方法

良好的员工制服是塑造酒店形象、提高员工士气和工作效率的必要条件。酒店员工制服的管理方法如下。

（一）统一制服，区别着装

酒店员工制服要根据企业等级，员工所在部门及工种、职务，分别设计制作或采购不同品种、不同规格、不同颜色、不同面料服装，使各级、各部门、各工种的服装在面料质地、颜色、样式上都有所区别，便于客人辨认，有利于树立酒店形象，方便员工工作。所谓统一制装是指同一部门，同一工种的服装要统一设计、量体裁衣、统一制作，并统一式样、面料和颜色。所谓区别着装是指每位员工配备3~4套工作服的基础上，不同部门、不同工种的员工在不同季节的着装要有所区别，便于为客人服务和客人辨认。

（二）集中保管，制服上架

酒店员工制服配制完成后，要由人事部同洗衣房布巾室按部门和员工姓名分别登记造册，详细记录每位员工的服装名称、套数、价值、制装时间、使用人，并统一在员工制服上编号，发给每位员工一张制服使用卡，再发给员工一套穿用。其余的员工制服均留在洗衣房员工制服保管室，上架统一保管。员工制服保管室的挂架挂钩要统一编号，固定制服种类，实行架上衣物分类分号保管，保证安全和员工洗涤周转需要。员工制服需要洗涤时，凭员工制服使用卡及其编号到洗衣房员工制服保管室用脏衣服换取干净完好的工作服，形成员工制服集中保管、分类上架、循环周转和洗涤的有效管理模式和方法。

（三）统一修补，及时更新

酒店各部门的员工制服在集中保管、循环周转和洗涤过程中，如果发现掉扣、开线、局部破损等，要由洗衣房布巾室组织裁缝做好修补，改制或改作他用等工作。要保证员工制服的美观、舒适效果。员工制服使用到一定程度需要更新时，要由使用部门会同布巾室提出要求，报领导批准后统一更新。这时，洗衣房员工制服保管室要收回破旧的员工制服，以旧换新。而已破旧的员工制服则不再发出，应改作他用或集中处理，防止破旧衣物在个别员工身上穿用,影响酒店服务形象和等级规格。

七、布草的保养和储存

(一) 布草的保养

布草的保养必须贯穿于布草使用和储存的全过程。

(1) 尽量减少库存时间,因为存放时间过长会使布草质量下降。所以,备用布草不宜一次购买太多,同时应遵循"先进先出"原则使用。

(2) 新布草应洗涤后再使用,这样有利于提高布草的强度。

(3) 洗涤好的布草应搁置一段时间后再使用,这样可以散热透气,延长布草的使用寿命。

(4) 切勿将布草随便摆放,以防污染和损坏布草。

(二) 布草的储存

布草的储存主要有下列几项要求:

(1) 具有良好的温湿度和良好的通风条件。库房的温度以不超过 20℃为佳;湿度不大于 50%,最好在 40%以下。

(2) 要经常查库,通风晾晒,并放入干燥剂和防虫剂,以免变质,特别是在盛夏伏天进入雨季时。

(3) 防止外来人员随意出入,并要经常地清洁整理和定期地进行安全检查。

(4) 布草要分类上架,布草房不应存放其他物品,特别是化学药剂、食品等。对一些长期不用的布草用布兜罩住,防止积尘、变色。

知识链接

《星级饭店客房客用品质量与配备要求》(LB/T 003—1996)对不同星级饭店布草质量和规格提出了规定:

1 毛巾

全棉,白色为主,素色以不褪色为准,无色花,无色差,手感柔软,吸水性能好,无污渍,无明显破损性疵点。符合 FZ/T 62006 的规定。普通毛巾纱支:地经纱 21s/2,毛经纱 21s/2,纬纱 21s;优质毛巾纱支:地经纱 32s/2,毛经纱 32s/2,纬纱 32s。

注:21s＝29tex,32s＝18tex。

1.1　浴巾

a) 一、二星级规格:不小于 1 200 mm×600 mm,重量不低于 400 g。

b) 三星级规格:不小于 1 300 mm×700 mm,重量不低于 500 g。

c) 四、五星级规格:不小于 1 400 mm×800 mm,重量不低于 600 g。

1.2　面巾

a) 一、二星级规格:不小于 550 mm×300 mm,重量不低于 110 g。

b) 三星级规格:不小于 600 mm×300 mm,重量不低于 120 g。

c) 四、五星级规格:不小于 700 mm×350 mm,重量不低于 140 g。

1.3　地巾

a) 一、二星级规格:不小于 650 mm×350 mm,重量不低于 280 g。

b) 三星级规格:不小于 700 mm×400 mm,重量不低于 320 g

c) 四、五星级规格:不小于 750 mm×450mm,重量不低于 350 g。

1.4　方巾

a) 三星级规格:不小于 300 mm×300 mm,重量不低于 45 g。

b) 四、五星级规格:不小于 320 mm×320 mm,重量不低于 55 g。

1.5　浴衣

棉制品或丝绸制品。柔软舒适,保暖。

2　床上用品

2.1　床单

全棉,白色为主,布面光洁,透气性能良好,无疵点,无污渍。应符合 FZ/T 62007 的规定。

a) 一、二星级:纱支不低于 20 s,经纬密度不低于 6 060,长度和宽度宜大于软垫 600 mm。

b) 三星级:纱支 20 s 以上,经纬密度不低于 6 060,长度和宽度宜大于软垫 700 mm。

c) 四、五星级:纱支不低于 32 s,经纬密度不低于 6 080,长度和宽度宜大于软垫 700 mm。

注:20 s＝29 tex,32 s＝18 tex。6 060＝236/236,6 080＝236/318.5。

2.2　枕套

全棉,白色为主,布面光洁,无明显疵点,无污损,规格与枕芯相配。

a) 一、二星级:纱支不低于20 s,经纬密度不低于6 060。

b) 三星级:纱支20 s以上,经纬密度6 060以上。

c) 四、五星级:纱支不低于32 s,经纬密度不低于6 080。

练习与思考

一、选择题

1. 热水锅炉以煤气炉或天然气炉为主。主要用来供应洗涤衣物所需的全部热水。水温一般保持在( )℃以上,其热水可以直接投入洗衣机中。

   A. 40　　　　B. 50　　　　C. 60　　　　D. 70

2. 洗衣房常用洗涤剂中,用于漂白布草的"漂白粉",其使用水温要求为( )。

   A. 60 ℃～70 ℃　　　　　　B. 50 ℃～60 ℃
   C. 40 ℃～50 ℃　　　　　　D. 30 ℃～40 ℃

3. 下列分部属于客房部管辖的有( )。

   A. 中厨部　　　　　　　　　B. 洗衣房
   C. 员工食堂　　　　　　　　D. 大堂吧

4. 洗衣房的设置各酒店不完全相同,一般是在酒店客房部设置洗衣房,配洗衣房经理,下设( )。

   A. 洗涤主管　　　　　　　　B. 布巾室主管
   C. 烘干熨烫主管　　　　　　D. 机修主管

5. 洗衣房的用品以洗涤用品为主。此外,还有( )等。

   A. 各种衣架　　　　　　　　B. 洗衣机
   C. 罩衣袋　　　　　　　　　D. 储存衣物的柜架

6. 酒店布草按其使用部门和用途划分,主要有( )。

   A. 客房使用的布草　　　　　B. 餐厅使用的布草
   C. 康乐设施使用的布草　　　D. 酒店装饰性布草
   E. 员工制服

二、判断题

1. 洗衣房的设置主要是满足客人衣物洗涤需求。　　　　( )

2. 洗衣房一般隶属于客房部,也可独立成为一个部门。　( )

三、名词解释

1. 布草
2. 干洗

四、简答题

1. 请简述酒店洗衣房的主要洗涤业务。
2. 请简述洗衣房的布草、客衣、工作服等洗涤的质量标准。
3. 请简述客衣水洗的工作步骤和方法。
4. 请简述客衣干洗的工作步骤和方法。
5. 请简述客衣洗送程序。
6. 可以从哪些维度对布草的质量进行评价?

五、综合分析题

1. 蒸汽锅炉主要用来供应洗衣、压平、熨烫所需的蒸汽,为什么洗衣需要用到蒸汽呢?
2. 酒店设置洗衣房一定可以降低酒店成本费用开支吗?什么样的酒店应该设置洗衣房,什么样的酒店可以不设置洗衣房?
3. 布草损耗率的高低受哪些因素影响,如何将损耗率控制在合理范围?

第八章

客房服务质量管理

学习目标：通过本章学习，能够说出客房服务质量管理要点，并根据客人类型做好优质服务和服务质量管理。

核心概念：客房服务；服务质量管理；优质服务

案例8-1

一天，客房服务员小李正在清洁客房。她打开毛毯，发现客人枕过的两个枕头中间有一道折痕。小李想，可能是客人嫌枕头矮，把两个摞在一起对折同时使用。当她确认自己的判断后，经领班批准，小李给客人多加了两个枕头。第二天，当客人看到来清洁客房的小李时，劈头就问："你为什么把我的两个枕头换成四个？"小李有点慌了，连忙说："先生，实在对不起。如果您不喜欢，我马上撤掉。"客人马上笑了，说道："小姐，我是说，你怎么知道我嫌枕头矮了？"小李如释重负，把她思考的前前后后都说了出来。客人听后，伸出大拇指说："小姐，您在用'心'为客人服务啊。"

案例分析

客人是酒店服务质量的直接感受者和评价者，尽管在客房服务中，员工与客人的接触有限，但必然会产生一定的情感交流。这一案例说明，个性化优质服务对于提高客人的满意程度，具有极其重要的意义。酒店可以依托员工服务质量的情感交融性，弥补服务中可能或已经产生的缺陷或不足，提升客人满意度，并可有效使得客人将满意度转化为忠诚度。酒店要想全面提升服务质量，就必须确保酒店员工在洞悉酒店服务所具有的有形性和无形性、服务性生产与消费同时性、服务质量整体性和全面性、服务质量与员工关联性、服务质量情感交融性等特点的基础上，熟悉客房服务的基本流程，了解客房服务的技能要求,具有在客房对客服务中解决问题的能力,做好全面质量管理,提供优质客房服务。

客房服务的内容可分为清洁卫生服务和接待服务两部分。客房的清洁卫生服务已在第六章进行讲述,本章主要介绍客房的楼层接待服务,包括迎送宾客、贵宾接待、微型酒吧服务、送餐服务、洗衣服务、擦鞋服务和其他服务。

第一节　客房服务质量概述

一、客房楼层接待服务程序

客房楼层接待工作包括三大环节:迎客服务的准备、到店的迎接服务和送客服务(如图 8-1 所示)。

准备 • 了解客情 • 布置客房

迎接 • 梯口迎宾 • 分送行李

送客 • 行前准备 • 行前送别

图 8-1　客房楼层接待环节

(一) 迎客服务的准备工作

客人到达前的准备工作,是楼层接待服务过程的第一环节,又是使其他环节得以顺利进行的基础环节。准备工作一定要充分、周密,要求做到以下几点。

1. 了解客情

楼面服务台接到总台传来的接待通知单后,应详细了解客人的人数、国籍、抵离店时间、宗教信仰、风俗习惯,以及接待单位对客人生活标准要求、付费方式、活动日程等信息,做到情况明确、任务清楚。

2. 布置客房

要根据客人的风俗习惯、生活特点和接待规格,调整家具设备,配齐日用品,补充小冰箱的食品饮料。对客人宗教信仰方面忌讳的用品要暂时撤换,以示对客人的尊重。客房布置完,还要对室内家具、水电设备及门锁等再进行一次全面检查,发现有损坏或失效的,要及时报修更换。

(二) 客人到店的迎接服务

客房服务的迎接工作是在客人乘电梯上楼进入客房时进行的。客人经过旅途跋涉,抵达后一般比较疲乏,需要尽快妥善安顿,以便其及时用膳或休息。因此,这个环节的工作必须热情礼貌,服务迅速,介绍情况简明扼要,分送行李及时准确。

1. 梯口迎宾

客人步出电梯,服务员应微笑问候。无行李员引领时,服务员应帮助客人提拿行李,引领其入房。对第一次住店的客人,应介绍房内设施设备的使用方法。

2. 分送行李

这里的行李主要指的是团体客人的行李。由于团体客人的行李常常是先于或后于客人到达酒店,因此行李的分送方式有所不同。先到的行李由行李员送到楼层,排列整齐,由楼层服务员核实件数。待客人临近到达时,再按行李标签上的客房号逐一分送。如发现行李标签丢失或房号模糊不清,应暂时存放。待客人到达时,陪同客人或由客人自己认领。后到或随客人到的行李,则由行李员负责分送到客房。

(三) 送客服务

客人离店前的服务是楼层接待工作的最后一个环节。服务工作在最后环节不应有丝毫松懈怠慢,以免前功尽弃。

1. 行前准备工作

服务员应掌握客人离店的准确时间,检查客人洗烫衣物是否送回,交办的事是否完成。要主动征求客人意见，提醒客人收拾好行李物品，不要将物品遗忘在客房。送别团体客人时，要按规定时间，将行李集中放到指定地点，并清点数量，以防遗漏。

2. 行时送别工作

如客人有需要，可代为通知行李处派人员到客房取送行李。客人离房时要送到电梯口热情道别。对老弱病残客人，要护送下楼至大门处。

3. 收尾工作

客人下楼后，服务员要迅速进房检查，主要查看有无客人遗落物品。发现遗落物品要立即通知总台转告客人。若发现小冰箱食品饮料有消耗、客房设备有损坏、客房物品有丢失的，也要立即通知总台收银处请客人付账或赔偿。最后做好客人离店记录，修正楼层房态。有的客人因急事提前退房，委托服务员处理未尽事宜，服务员承接后要做好记录并履行诺言，不要因工作忙而丢在一旁。

二、贵宾接待服务程序

贵宾（VIP）是指有较高身份地位或因各种原因对酒店有较大影响力的客人，在接待中会得到较高礼遇。

1. 充分准备

接到贵宾接待通知书后，按规格配备好各种物品，并在客房内摆放有总经理签名的欢迎信、名片。摆放酒店的赠品，如鲜花、果篮、饮料等。贵宾接待通知书如图 8-2 所示。

2. 彻底清扫

要选派经验丰富的服务员将客房彻底清扫。

3. 严格检查

客房要由客房部经理或主管严格检查，然后由大堂经理最后检查确认。

4. 迎接问候

贵宾在酒店有关人员陪同下抵达楼面时，客房部主管、服务员要在门口迎接问候。贵宾享有在客房登记的特权，由总台负责办理。贵宾住店期间，服务员应特别注意客房卫生，增加清扫次数。对特别重要的贵宾，应提供专人服务，随叫随到，保证高标准的服务。

姓名	国籍	身份	到店日期时间及航班车次	离店日期时间及航班车次	安排房号	陪同姓名	房号

接待规格
1. 迎送　　A. 大堂经理□　　B. 部门经理□　　C. 副总经理□　　D. 总经理□
2. 入住　　A. 总台登记□　　B. 客房登记□　　C. 陪同登记□　　D. 团体迎候□
3. 看望　　A. 部门经理□　　B. 大堂经理□　　C. 总经理□
4. 鲜花　　A. 花束□　　　　B. 花篮□
5. 水果　　A. 果盘□　　　　B. 果篮□
6. 饮料　　A. 一次性□　　　B. 折扣□　　　　C. 全免□　　　　D. 每天□
7. 点心　　A. 巧克力□　　　B. 蛋糕□　　　　C. 一般□　　　　D. 生日□
8. 用车　　A. 折扣□　　　　B. 全免□　　　　C. 专车□
9. 用餐　　A. 标准收费□　　B. 优惠收费□　　C. 全免□　　　　D. 专座□
10. 用房　A. 折扣□　　　　B. 套房□　　　　C. 全免□
11. 其他
接待人：_____　　检查时间：_____
填表人：_____　　批准人：_____
分送：总经理□　　大堂经理□　　公关部□　　安保部□　　客房部□　　总机□

图 8-2　贵宾接待通知书

三、客房微型酒吧服务程序

为满足客人在客房享用酒水饮料的需求，同时增加酒店客房收入，中高档酒店的客房必须配备小冰箱或小酒吧，存放一定数量的软、硬饮料和干果，如烈性酒、啤酒、果汁、汽水等，供客人自行取用。四星级及以上中高档酒店按规定应提供客房微型酒吧服务，至少 50% 的客房配备小冰箱，提供适量酒和饮料，并备有饮用器具和价目单。

一般价目单应摆放在柜面，一式三联，上面注明各项饮料食品的储存数量和单价，请客人自行填写耗用数量并签名。服务员每天上午清点冰箱内饮料食品的耗用量，与收费单核对。如客人未填写，则由服务员代填。核对无误后，交客房服务中心。单据的第一、二联转给前厅收银处，费用填入客人账单。第三联由领班统计，领班填写楼层饮料日报表，作为到食品仓库领取补充品的依据。

四、送餐服务程序

送餐服务是指某些客人由于生活习惯或特殊需要，如起早、患病、会客等，要求在客房用餐的一种送餐到房的服务。四星级及以上中高档酒店按规定必须实行这项服务，且应 18 小时提供送餐服务。应有送餐菜单和饮料单，送餐菜式品种不少于 8 种，饮料品种不少于 4 种，甜食品种不少于 4 种，有可挂置门外的送餐牌，一般多由餐饮部的客房餐饮服务部专司其职。低档酒店在客人提出要求时也应尽力满足，可由客房服务员兼管。

五、洗衣服务程序

客人在酒店居住期间，可能会需要酒店提供洗衣服务，尤其是商务客人和因公长住酒店的客人。三星级饭店按规定可应宾客要求提供洗衣服务。四星级及以上中高档酒店应提供客衣湿洗、干洗、熨烫服务，可在 24 小时内交还宾客，并可提供加急服务。

（一）服务内容

洗衣服务分为湿洗、干洗、熨烫三种。时间上分正常洗和快洗两种。正常洗多为 10:30 前交洗，当天 18:00 前送回；如下午交洗，次日送回。快洗不超过 4 小时便可送回，但要加收 50% 的加急费。额外工作（如手洗）另行约定加收 10%～50% 费用。

（二）注意事项

洗送客衣是一件十分细致的工作。按国际惯例，对由于衣物的制造、加工而引起的在洗烫处理中的损坏，以及衣扣、装饰品和衣兜里的物品遗失，酒店概不负责;严重污渍处理需要在客人同意后进行,损坏风险由客人承担;由酒店方面造成的衣物丢失或损坏,赔偿金额一般最高不超过洗衣费用的10倍。但由于我国洗涤费用较便宜,按10倍赔偿,客人一般不会满意。所以要求经手员工认真负责,不能出一点差错,否则会招致投诉,给酒店造成经济损失和名誉影响。

法律依据为《中华人民共和国民法典》第一千一百六十五条:

行为人因过错侵害他人民事权益造成损害的,应当承担侵权责任。

依照法律规定推定行为人有过错,其不能证明自己没有过错的,应当承担侵权责任。

六、擦鞋服务程序

按规定,三星级及以上等级酒店客房内应备有擦鞋用具(一般备擦鞋纸、擦鞋巾,以方便客人擦鞋),四星级及以上中高档酒店还应能提供擦鞋服务,一些中高档酒店还会备有擦鞋机。但传统的擦鞋服务是为客人人工免费擦鞋。设此项服务的酒店一般会在客房壁橱中放置标有客房号码的鞋篮,并在服务指南中告知客人。客人如需要擦鞋,可将鞋放入篮内,于晚间放在客房门口,由夜班服务员收集到工作间,免费擦拭,擦拭完毕后送到客房门口。也有酒店为了更加便利住店客人,每天早上、中午、下午分三个时段各2个小时在酒店大堂免费为客人擦鞋。

七、其他服务程序

(一) 访客接待服务

四星级及以上中高档酒店按规定应提供宾客在客房会客服务,可应宾客要求及时提供加椅和茶水服务。楼层服务员对来访客人的接待,应该像对待住客一样热情礼貌。在得到住客同意并进行访客登记后,可引领来访者进入客房。访客常常是酒店潜在的购买对象或者对住客有相当大的影响力。如果忽略对访客的服务,必会引起访客和住客的不快,影响其对酒店服务的总体印象,甚至会促使住客搬出酒店、另寻居所。

（二）托婴服务

托婴服务就是为外出活动办事的住客提供短时间的照管婴幼儿童的有偿服务。这项服务在中国酒店业兴起的时间不长，很受长住客和度假客人的欢迎。酒店并不配备专职人员从事此项服务，而是从社会服务机构雇佣临时保育员，或是由客房部女服务员利用业余时间照管。一般以 3 小时为计费起点，超过 3 小时的，按小时增收费用。托婴服务责任重大，绝不能掉以轻心。凡是担负此项工作的人员必须有责任心，正派可靠，受过专门训练，掌握照管婴孩的基本知识和技能，并略懂外语。

（三）叫醒服务

三星级及以上等级酒店应提供叫醒服务。叫醒服务由前厅或酒店总机室负责提供，但对电话振铃无法叫醒的熟睡中的客人，接线员必须请客房服务员前去敲门，直到叫醒为止。

对于低星级或非星级旅游饭店，没有必须提供叫醒服务的相关规定，但客房服务员仍应按客人需要在早晨某一时间叫醒欲赶路的客人。在讲究细心服务的酒店，客房服务员还会应客人需要按时提醒客人与客户电话联系、外出会客、吃药、办事等，将单纯的叫醒服务扩大为"提示服务"。

（四）私人管家服务

私人管家服务是一种贴身的、"一对一"的、高度定制化的服务模式。客人入住后只需面对私人管家而无须再找其他人就可享受各种服务，私人管家负责帮客人协调和解决从入住到离店的所有问题。我国在 1992 年由广东国际大酒店率先向住客提供此项服务；2005 年，在深圳富苑酒店产生了我国第一批"英式私人管家"。许多客人与曾为自己当过私人管家的服务员结下深厚情谊，为此成为酒店的回头客。

（五）借用物品服务

客房内配备的物资用品不可能满足客人的全部需要。尤其是女客，常会要求借用一些物品，如电吹风、电熨斗、熨衣架、婴儿摇床等。客房部应配备这类客人可能需要的物品，在服务指南中标明，以示服务周到。

第二节　提升客房服务质量管理水平的途径——优质服务

案例 8-2

故事是关于我国台湾地区已故的前首富王永庆先生的,他对待客人的一些行为堪称最早注重优质服务、增强客户体验的案例。要知道在早年间,王永庆也只是在偏僻农村的卖米人而已,当时村庄里已经有大大小小 30 多家米店,甚至还有百年老店,而王永庆的米店开得最晚,又在偏僻的巷子里,几乎没什么客人来。

那么当时的王永庆是怎么突围的呢?这就不得不提他对客人创新的优质服务方式了。因为早年间收米都还是手工作业的状态,米里难免会混有砂石,如果不仔细淘米就会吃起来很硌牙,但是每家米店当时都是这样,大家也习以为常了。

可是王永庆就从这个小细节找到了切入点。他把自己家的米淘洗干净再拿出去卖,在他看来,这样做一来减轻了客人淘米的辛苦,二来也让自己的米吃起来口感更好,何乐而不为呢?于是他的米一经推出,就收获了村子里主妇的好评,没有米糠、砂石的米成了他的第一块金字招牌,打下口碑。

但是注重用户体验的人当然不会停止创新的思考,很快他又发现第二个问题:买米的人大多是到店买完运回去,年轻人还好,但是对主妇和老人来说,这个过程就会很辛苦。于是他又推出了一项服务:来店里买米的客人,他免费送米上门,而且不止送上门,他还会把客人家里的米缸好好擦一遍,把里面的旧米掏出来倒在新米的上面,防止旧米太久没吃坏掉。就凭借这样一个细节动作,他又收获了一批忠实顾客。

米送到了,还要做什么呢?王永庆又做了一件事,就是每次为新客人送米后,他都会记下客人家米缸的容量,再问客人一家有多少人吃饭,其中多少大人多少小孩。有些客人就很疑惑:"你问这些事情干什么呢?"王永庆就解释说:"统计好这些资料,我就可以大概知道米可以吃多久,在米快要吃光时给你送新的米过来,就不怕出现要做饭才发现没米的情况了。"

案例分析

　　一般来说,送完米的店家当然是和客人当场结算米钱的,但是在王永庆那个年代,普通人的工资是十分微薄的,有时候送米到家,就会出现客人付不出米钱的尴尬局面,那么王永庆是怎么做的呢?他就送完米不急着和客人收米钱,而是用本子记下客人的发薪日期,等到客人发薪再去取米钱,这样的收钱方式自然十分顺利,没有拖欠的现象。按照现在的视角来看,这就是"先服务后收钱"的概念,即客人先体验服务,如果满意的话再付款,可以说对客人的信任度非常高了,王永庆先生真的是把优质服务做到了时代的前沿。我们仔细思考下就会发现,王永庆的这些行为其实都是根据本职工作的思维可以想到的,把目光对准自己的客人,如果你可以多去帮客人想他需要解决什么问题,你就会发现有非常多的事情和服务是可以去做的。

　　优质服务不是来自凭空的妄想,而是来自和客人的交流与碰撞。

　　"质量是企业的生命"这一观念已经成为当代企业的基本共识。在市场竞争条件下,酒店经营成功的关键在于优秀的服务质量。客房服务是酒店服务的重要组成部分,其质量直接影响酒店服务质量和客房出租率。而向客人提供优质服务,已成为提升客房服务质量管理水平的最佳路径之一。

一、客房服务质量的构成

　　服务质量是指以设备或产品为依托,所提供的劳务适合和满足宾客物质和精神需求的程度。适合和满足的程度越高,服务质量就越好。客房服务质量由"硬件""环境""软件"等三方面内容构成。

(一)客房"硬件"质量

　　客房"硬件"质量主要指客房设施设备和用品的质量,包括客房家具、电器设备、卫生间设备、防火防盗设施、客房备品和客房供应品的质量。这些是客房服务提供的物质基础,其舒适完好程度,直接影响到整个客房服务的质量。

(二)客房"环境"质量

　　客房"环境"质量主要是指客房设施设备的布局和装饰美化,客房的采光、照明、通风、温湿度的适宜程度和外部景观与声环境。良好的客房环境能使客人感到舒适惬意,产生美的享受。

(三) 无形服务"软件"质量

无形服务"软件"质量主要是指客房所提供的无形服务,是客房部一线服务人员对客人提供的服务本身的质量。它包括服务态度、服务语言、服务的礼节礼貌、服务方法、服务技能技巧、服务效率、安全与卫生等方面。

在这三方面中,设备设施用品和环境的质量是有形的,劳务服务是无形的,却又是服务质量的最终表现形式。

二、客房服务质量管理的主要环节

管理客房服务质量,必须以提供优质服务为导向,有效推进全体员工积极参与和共同努力,注重管理的系统性和整体性,综合运用 PDCA(Plan—Do—Check—Act)法、QC(Quality Control)小组法、ZD(Zero Defects)管理法等现代管理方法,实行全过程、全方位的综合管理,贯穿服务准备过程、接待服务过程、接待服务收尾过程等三大主要环节。

(一) 服务准备过程的质量管理

1. 精神准备

服务员必须精神饱满、着装整洁,必要时要事先了解客人的身份、生活习惯等,以便有针对性地提供服务。每天岗前管理人员要对服务员的仪容仪表进行检查。

2. 物质准备

服务员要检查客人即将入住的客房,查看是否完全符合出租质量标准。清扫客房前,要先准备好工作车、清扫工具,装好准备换用的布件和客房用品。

(二) 接待服务过程的质量管理

1. 严控标准

按接待服务规范和服务标准,严格检查各环节服务质量。已制定的服务规范和标准必须严格执行,不能束之高阁。质量管理要以预防为主,发现质量问题要及时纠正,并避免重复出现。对接待服务的薄弱环节要实行重点管理。

2. 不断改进

搜集质量信息,分析产生质量问题的原因,尽快研究改进。对客人投诉要及时妥善处理。如果发现是服务质量标准本身存在问题,要认真研究修订,确保这一质量管理标准的严密性与合理性。

（三）接待服务收尾过程的质量管理

1. 征求客人意见

对重要客人(如贵宾、常客、长住客),管理者要亲自登门征求意见,以示重视。

2. 做好收尾工作

认真办好客人交办之事。在客房服务质量管理工作中,楼层领班、主管的作用至关重要。他们要充分调动基层管理人员对服务质量管理的积极性,把好客房服务质量这一关。

三、客房优质服务的内涵

（一）优质服务的含义

所谓优质服务就是最大限度地满足客人的正当需求。在我国酒店业发展的初期,业界曾把标准化服务作为优质服务的标志,但是随着酒店业的发展和客人需求的不断变化,仅仅提供标准化的服务是不能使不同的客人完全满意的。因为客人的需求变化莫测,而标准化的服务只能满足大多数客人的基本需求,不能满足客人更深层次的、不可预测的个别需求。因此,客房优质服务必须是站在客人的角度,按客人之需随机应变,在标准化服务的基础上提供有针对性的、超常的、个性化的服务,以达到或超过不同住宿客人的期望。

（二）个性化服务

由于住客来自不同的国家和地区，其在民族、宗教、风俗习惯方面有较大差异，又有年龄、性别、文化水平、职业、消费水平等区别，仅靠规范服务不可能满足客人的所有要求，而酒店是以出售服务为特征的经营性企业，按这一行业的宗旨和信条，客人的要求永远是对的（违反法律的除外），酒店必须千方百计地满足客人的各种需求，包括那些偶然的、特殊的需求，让客人满意，使他们成为回头客。

个性化服务就是以客人为本，并根据客人层次及需求上的差异，对不同客人采取不同的服务方式。这就要求服务人员要有强烈的服务意识去主动接近客人、了解客人，设身处地地揣度客人的心理，从而有针对性地提供服务。个性化服务分为两个层次：第一个层次是被动的，是由客人提出非规范需求；第二个层次是主动的，是服务人员主动提供有针对性的服务。如客人生病时，除可以主动帮客人联系医生、提供特殊照顾外，还可以送一束鲜花或一张贺卡表示安慰和祝福。另外，应熟记客人的名字并用于称呼，与客人谈话时要有礼貌，使客人有一种被重视和尊重的感觉。总之，个性化服务的内容相当广泛。

要达到优质服务水平，酒店员工尤其是一线员工必须有高度的责任心，有强烈的服务意识，处处以客人为重，所以说要做一个能为客人提供优质服务的客房服务员也并非易事。

四、宾客类型和服务方法

酒店的客人来自五湖四海、四面八方，由于他们的身份地位、宗教信仰、文化修养、兴趣爱好、生活习惯、社会背景等各不相同，因此他们对酒店的服务有不同的要求。了解他们的需求特点，采取针对性的服务是客房管理者和服务人员提高对客服务质量的前提。

（一）商务旅游型

商务客人是一个高消费的群体，无论国内外都是如此。他们的需求是：对客房设施设备和服务的要求较高，生活上要舒适，工作上要方便，尤其通信设施要齐全，并能够保证客房安全。商务客人非常重视保持良好的个人形象,因此在服务方面首先要求有24小时的洗熨衣物服务,对美容服务也很欢迎。商务客人讲究饮食,还有约1/3喜欢在客房用餐。商务客人对酒店娱乐、健身等项目也有兴趣。随着女性商务客人的增多,女性对客房的要求更加被关注。商务客人一般有较高的文化修养,公务又繁忙,对服务方式、服务效率都很讲究,并希望得到更多的尊重。

服务方法:推荐豪华客房,选派素质高、外语好、业务精的服务人员为商务客人服务,以高质高效为第一要求;为客房增添办公设备,改善办公条件;对立国家的客人或商业竞争对手不要安排在同一楼层;客人的需求要尽快满足,有邮件要立即送进客房。

许多高档酒店为商务客人开设了商务行政楼层,集中管理,提供有针对性的服务,很受客人欢迎。

(二) 蜜月旅游型

旅行度蜜月的人越来越多,这类客人常有"一辈子就这一次,得好好享受一回"的想法,所以花钱大方,图个舒服、顺心、吉利。

服务方法:安排安静、明亮的大床间,如有预订,应有所准备,如贴红喜字,摆放鲜花。多介绍当地的旅游景点、风味餐馆和旅游商店,方便客人游玩和购物。这类客人白天多外出,客房清扫等服务要抓紧搞好,客人回来后要少进房打扰。

(三) 修学旅游型

修学游,是指由学校或者学生组织的以学习为主要目的的旅游活动。此类旅游活动不仅让学生学与玩两不误,而且让教育和旅游两个产业和市场也相得益彰。在发达国家,学生有组织、有计划地出游的修学旅游十分盛行,并被认为是素质教育的一个重要组成部分。我国的境内修学游方兴未艾,大力发展入境修学游也有天时地利人和之便。

服务方法:对这些小客人在生活起居方面要多给予关心照顾,遇事多提醒,态度要亲切和蔼。提供服务时要迅速,讲话单刀直入,问清要求后立即去做,讲求效率。可以多介绍图书馆、文物古迹和自然景观。

(四) 华侨旅游型

华侨是入境旅游客人中最大的群体。一般有四类:一是政府有关部门邀请回国的教授、学者等高级知识分子和著名人士；二是旅游团队；三是回国寻求投资和经济合作的商界人士；四是自费探亲或治病疗养的老年人。欧美和日本华侨对住房设备设施比较讲究；老年华侨客人往往希望回国后在各方面都能得到一视同仁的待遇，有怀旧情绪，喜欢到各处参观，愿意购买家乡土特产和中草药。

服务方法：分配客房时要判断客人的消费水平，区别对待。服务人员对华侨客人一定要热情亲切，使他们感受到"家"的温暖。对老年客人更要多关照，嘘寒问暖，多介绍家乡的建设成就，多介绍名胜古迹、地方风味、旅游纪念品商店和中草药店，关心其饮食起居，有代办需求要尽力办好。

（五）旅游疗养型

有些客人有慢性病，会借旅游机会看病或疗养。这类客人在酒店逗留时间长，活动有规律，喜欢安静，对温泉、优美恬静的自然风光、医疗处所等有兴趣。他们对住房要求特殊，如客房小而舒适、光线足、安静、起居方便等。

服务方法：尽量安排僻静的单人房，服务周到、细心，尽快摸清客人的生活规律。客房时时保持清洁状态，经常做小整理，使客人心情舒畅。客人休息时不要打扰，保持楼道安静。多介绍食疗保健知识，推荐适合客人口味的饮食，或请餐厅为客人提供特殊饮食，也要为房内用餐提供方便。

（六）长住型

在酒店入住超过一个月的客人称长住客，如公司、商社或常驻机构长期包租客房作为办事机构，其员工长住办公，也有的是外国公司雇员携家属长期居住。这类客人对客房最需要的是"家"的感觉，期望得到亲切、方便、舒适的服务。

服务方法：长住客工作紧张，服务员要给予理解、关照。清理客房要尽量安排在客人非办公时，清扫时对于客人文件物品要特别注意，开窗换气时使其不要被风吹散，不要翻看挪动。对茶具、饮料、擦手巾、记事便笺等用品要专门配备，按客人要求及时送上。对于长住客在房内安放办公设备和生活设施的要求应尽量满足，但服务员在日常服务中要注意检查是否存在安全隐患，及时汇报领导和提醒客人。有的酒店会记下长住客的生日，届时送上鲜花或果篮。

练习与思考

一、选择题

1. 客房楼层接待工作包括的主要环节有(　　　　)。
   A. 迎客服务的准备
   B. 到店的迎接服务
   C. 住店期间的接待服务
   D. 送客服务

2. (　　)星级及以上等级酒店按规定可应宾客要求提供洗衣服务。
   A. 二　　　　B. 三　　　　C. 四　　　　D. 五

3. 正常洗,多为 10:30 前交洗,当天(　　)前送回;如下午交洗,次日送回。快洗不超过(　　)小时便可送回,但要加收 50% 的加急费。额外工作(如手洗)另行约定加收 10%～50% 费用。
   A. 18:00;4
   B. 19:00;2
   C. 18:00;2
   D. 19:00;4

4. 四星级及以上中高档酒店应提供客衣(　　　　)服务,可在 24 小时内交还宾客,并可提供加急服务。
   A. 湿洗　　　B. 干洗　　　C. 除霉　　　D. 熨烫

二、判断题

1. 客房服务的内容可分为清洁卫生服务和接待服务两部分。(　　)

2. 客房布置完,没必要每次都对室内家具、水电设备及门锁等再进行全面检查,每月检查一次即可,如发现有损坏或失效的,应报修更换。(　　)

3. 四星级及以上中高档酒店按规定应提供客房微型酒吧服务,至少 60% 的客房配备小冰箱,提供适量酒和饮料,并备有饮用器具和价目单。
   (　　)

4. 按规定,三星级及以上等级酒店客房内应备有擦鞋用具(一般备擦鞋纸、擦鞋巾,以方便客人擦鞋),四星级及以上中高档酒店还应能提供擦鞋服务,一些中高档酒店还会备有擦鞋机。(　　)

5. 楼层服务员对来访客人的接待,应该像对待住客一样热情礼貌,因此,只要访客能够说出住客信息,楼层服务员就应引领来访者进入客房。
   (　　)

6. 所谓优质服务就是最大限度地满足客人的需求。(　　)

三、名词解释
 1. 贵宾
 2. 客房微型酒吧
 3. 私人管家服务
 4. 优质服务

四、简答题
 请简述贵宾接待服务程序。

五、综合分析题
 请分析某一类宾客的需求特点并给出服务方式建议。

第九章

酒店安全管理

学习目标：通过本章学习，能够说出酒店安全管理的内涵，掌握常见安全事故处理的基本程序，并通过对比不同安全事故处理要点，总结出酒店安全管理的主要内容。

核心概念：安全管理；事故防范

第一节 酒店安全管理概述

案例9-1

凌晨，某省某温泉酒店发生火灾。火灾共造成20人死亡，20多人受伤，被送往医院进行救治。

事发酒店成立于2014年5月，注册资本为3 000万元，经营范围包括餐饮服务、住宿服务、室内娱乐服务、洗浴与保健养生服务等。

多名曾入住该酒店的游客表示，楼道好似迷宫，且堆有木头、塑料管、胶垫等易燃物品。据当地媒体报道，酒店接待大厅消火栓门被木质雕塑遮挡，门框上"安全出口"指示灯不亮；更衣室内未设"安全出口"指示灯，也未看到灭火器；温泉区通往客房的两处台阶上贴有"安全出口"字样，但指向的大门却被封住。此外，从该省消防总队网站查询到，从2016年12月到2017年2月，当地对该酒店共进行4次消防监督抽查。结果显示，两个月内4次抽查结果均为不合格。

该省应急管理厅发布了重大火灾事故调查报告，认定酒店重大火灾事故是一起责任事故。经过现场勘验、调查询问、现场指认、视频分析及现场实验等工作,认定起火原因是温泉区的风机盘管机组电气线路短路,形成高温电弧,引燃周围塑料绿植装饰材料并蔓延成灾。事故发生后,20人被追究刑事责任或被建议移送司法机关,多人受党纪、政务处分和组织处理。酒店实际控制人、实际出资人、时任董事长、总经理李某与酒店法定代表人张某涉嫌消防责任事故罪,报告建议对二人均处以175 079元罚款,且终身不得担任本行业生产经营单位的主要负责人,二人已被当地检察院批准逮捕。同时对相关单位处以不同程度行政处罚。

可以看出,该酒店消防安全管理混乱,消防安全主体责任不落实,法律意识缺失、安全意识淡漠,自酒店开始建设直至投入使用,始终存在违法违规行为,消防安全管理极为混乱,最终导致事故发生。

案例分析

酒店是宾客集中的场所,一旦发生火灾事故,不仅酒店财产损失巨大,更可怕的是人员的伤亡。从世界范围看,各种原因导致的酒店火灾事故层出不穷,后果严重,损失重大,且由于安全管理不到位引发火灾的责任事故占比较大,因此酒店尤其是客房楼层必须充分重视对于火灾的预防及处理。

马斯洛需求层次理论告诉我们,安全的需求是仅次于生理需求的重要需求层次,所以生活中的我们习惯于追求确定感。只有酒店切实做好安全管理,落实安全生产责任,客人才有可能感受到安全。所以,当客人入住酒店时,洁净、舒适的客房主要满足的仅仅是客人的生理需求,热情周到的服务可能能满足客人更高层次的需求,但若酒店不能满足客人安全的需求,更高层次需求的满足也无从谈起。作为公众聚集场所,酒店的社会治安、防火、食品卫生等安全管理也成了酒店管理的重要工作内容之一。

一、酒店安全的内涵

安全是指免除了不可接受的损害风险的状态,即不受威胁、没有危险。安全有两个层面的含义,一是平安,无危险,没有事故;二是处于被保护状态。

酒店安全是指酒店所涉及的范围内所有人、财、物的安全及所产生的没有危险、不受任何威胁的生理、心理的安全环境。酒店安全不仅包括客人的人身、财产安全,而且包括客人的心理安全及员工和酒店的安全。

酒店安全包含四个层面内容：
(1) 酒店住店客人的人身和财产安全。
(2) 酒店本身的财产安全与名誉安全。
(3) 酒店人员的人身和财产安全。
(4) 饮食安全和其他一些需要保障的安全。

二、酒店安全问题的类型

酒店安全问题主要有火灾，以盗窃、抢劫为主的犯罪行为，公共卫生事件，自然灾害及其他意外事故等。其中，防火和防盗工作是酒店客房安全工作中最为重要的内容。

（一）火灾

酒店作为人员密集型公共场所，火灾始终是酒店要防范的重要安全问题，它直接威胁酒店客人和员工的生命、财产安全及酒店的财产安全，会使酒店在声誉和经济上付出沉重代价。从世界范围看，各种原因导致的酒店火灾事故层出不穷，后果严重，损失重大，因此酒店尤其是客房楼层必须充分重视对于火灾的预防及处理。

相关法律条文：

《中华人民共和国消防法》第十五条　公众聚集场所投入使用、营业前消防安全检查实行告知承诺管理。公众聚集场所在投入使用、营业前，建设单位或者使用单位应当向场所所在地的县级以上地方人民政府消防救援机构申请消防安全检查，作出场所符合消防技术标准和管理规定的承诺，提交规定的材料，并对其承诺和材料的真实性负责。

消防救援机构对申请人提交的材料进行审查；申请材料齐全、符合法定形式的，应当予以许可。消防救援机构应当根据消防技术标准和管理规定，及时对作出承诺的公众聚集场所进行核查。

申请人选择不采用告知承诺方式办理的，消防救援机构应当自受理申请之日起十个工作日内，根据消防技术标准和管理规定，对该场所进行检查。经检查符合消防安全要求的，应当予以许可。

公众聚集场所未经消防救援机构许可的，不得投入使用、营业。消防安全检查的具体办法，由国务院应急管理部门制定。

《中华人民共和国消防法》第七十三条　本法下列用语的含义：

(1) 消防设施，是指火灾自动报警系统、自动灭火系统、消火栓系统、防烟排烟系统以及应急广播和应急照明、安全疏散设施等。

(2) 消防产品，是指专门用于火灾预防、灭火救援和火灾防护、避难、逃生的产品。

(3) 公众聚集场所，是指宾馆、酒店、商场、集贸市场、客运车站候车室、客运码头候船厅、民用机场航站楼、体育场馆、会堂以及公共娱乐场所等。

(4) 人员密集场所，是指公众聚集场所，医院的门诊楼、病房楼，学校的教学楼、图书馆、食堂和集体宿舍，养老院，福利院，托儿所，幼儿园，公共图书馆的阅览室，公共展览馆、博物馆的展示厅，劳动密集型企业的生产加工车间和员工集体宿舍，旅游、宗教活动场所等。

（二）以盗窃、抢劫为主的犯罪行为

案例 9-2

某地警方破获一宗酒店盗窃案，抓获涉嫌盗窃的酒店服务生何某，在该酒店工作间墙上的内部通告贴纸内查获事主被盗的现金。

游客王先生向派出所报案，称其和同事在入住的某酒店客房内，丢失2 000美元和3 000元人民币。接到报警后，派出所民警展开侦查，迅速锁定嫌疑人为该楼层负责打扫卫生的服务生何某。当天，民警在该酒店内抓获何某，并查获事主被盗的现金。

经讯问，嫌疑人何某交代了其因心生贪念，利用职务便利盗窃客人财物的作案事实。

"我在打扫客房期间，看到书桌上的信封里装着一叠美元。我看见有那么多钱，就从信封里抽出一小叠，再把信封放回桌面。在搞完卫生时，我又发现衣柜里有一个背包，打开看了看，背包的钱包内也放着一叠人民币，我又抽出来一些，再把钱包放回去。"据嫌疑人何某交代，他近期才入职该酒店做服务员，由于家庭经济紧张，在打扫卫生时看到客人放在房内的现金，就心生贪念，想着只抽走其中的小部分，不会被客人发现。盗窃得手后，何某心里挺害怕，把藏在衣服口袋的现金又藏进酒店工作间墙上的内部通告贴纸内。他以为这样做天衣无缝，没想到这么快就被民警抓获。

案例分析

该酒店要加强对员工的管理和培训，以免类似事件再次发生。酒店应提示入住客人要增强防范意识，可将现金等贵重物品存放在保险柜内，或寄存在酒店前台，以免造成财物损失。如遇到此类情况，应及时报警。

盗窃是指以违法占有为目的，采用规避他人管控的方式，转移而侵占他人财物管控权的行为。抢劫是指行为人对公私财物的所有人、保管人、看护人或者持有人当场使用暴力、胁迫或者其他方法，迫使其立即交出财物或者立即将财物抢走的行为。

抢劫和盗窃的本质区别在于获取财物的方式，盗窃是秘密获取，抢劫是公开获取。此外，二者还存在如下区别：

（1）犯罪主体条件不同。年满十四周岁的人犯抢劫罪应当负刑事责任，而年满十六周岁的人犯盗窃罪才应当负刑事责任。

（2）侵犯的客体不同。抢劫罪既侵犯了被害人的财产，又威胁了其人身安全，危害后果具有双重性；盗窃罪只侵犯被害人的财产，对人身安全没有威胁和危害。

（3）在量刑的轻重方面不同。抢劫罪的起点刑期为三年，不论抢到的财物数量和金额。除了数额巨大或者有其他严重情节的，盗窃罪的刑期一般不超过三年。

需要留意的是，盗窃公私财物，即使数额不大，但属于多次盗窃、入户盗窃、携带凶器盗窃、扒窃的，也可能被处三年以下有期徒刑、拘役或者管制，并处或者单处罚金。盗窃他人财物被发现后，如果行为人为逃逸或获得赃物等而当场使用暴力或威胁手段，就转化为抢劫行为。

近些年，我国经济快速发展，社会长期稳定，以暴力伤害、抢劫等为代表的暴力犯罪在犯罪中的占比已经较小了，加之酒店的安保设施相对齐全，在酒店发生抢劫犯罪并不多见，但由于酒店人流量大，客人、服务生及其他人员见财起意、顺手牵羊实施盗窃的案件仍然时有发生。

相关法律条文：

【抢劫罪】《中华人民共和国刑法》第二百六十三条　以暴力、胁迫或者其他方法抢劫公私财物的，处三年以上十年以下有期徒刑，并处罚金；有下列情形之一的，处十年以上有期徒刑、无期徒刑或者死刑，并处罚金或者没收财产：

（1）入户抢劫的；

(2) 在公共交通工具上抢劫的;
(3) 抢劫银行或者其他金融机构的;
(4) 多次抢劫或者抢劫数额巨大的;
(5) 抢劫致人重伤、死亡的;
(6) 冒充军警人员抢劫的;
(7) 持枪抢劫的;
(8) 抢劫军用物资或者抢险、救灾、救济物资的。

【盗窃罪】《中华人民共和国刑法》第二百六十四条 盗窃公私财物,数额较大的,或者多次盗窃、入户盗窃、携带凶器盗窃、扒窃的,处三年以下有期徒刑、拘役或者管制,并处或者单处罚金;数额巨大或者有其他严重情节的,处三年以上十年以下有期徒刑,并处罚金;数额特别巨大或者有其他特别严重情节的,处十年以上有期徒刑或者无期徒刑,并处罚金或者没收财产。

(三) 名誉权受损

名誉,是指人们对于公民、法人等的品德、才干、声望、信誉和形象等各方面的综合评价。名誉权是人格权的一种。这些被维护的名誉是指具有人格尊严的名声,是人格的重要内容,受法律的保护。

名誉权受损是指公民由于他人的非法侵害行为,而遭到社会评价的降低,由此引发的精神损害和财产损害。

公民的名誉权主要包括以下方面:

任何新闻报道、书刊在对真人真事进行报道、评论、传播时都不得与事实不符,而影响公民原有的社会评价。

任何人都不得以侮辱、诽谤的方法,损害他人的名誉。

任何人不得捏造事实,陷害他人、败坏他人名誉。

相关法律条文:

《中华人民共和国民法典》第一百一十条 自然人享有生命权、身体权、健康权、姓名权、肖像权、名誉权、荣誉权、隐私权、婚姻自主权等权利。

法人、非法人组织享有名称权、名誉权和荣誉权。

(四) 逃账等财产安全问题

逃账属于侵犯他人财产的违法行为。行为人的逃账行为,实际上是通过破坏店家的债权请求权而获得了不用支付相关费用的财产性利益的行为,这是逃账行为的本质所在。在这种情景下,行为人已经不知去向,被害人即店主很难找到他索要餐费或者住宿费。换言之,行为人在事实上已经现实地获得了免于支付就餐费用或者住宿费用的财产性利益。因此,逃账要承担相应的民事责任。

虽然从行为性质上看,故意逃账的行为与刑法上的诈骗和盗窃都能靠上边,但又都不能完全吻合。客人在酒店进行消费时,其实已经和酒店形成了一种合同关系,如果客人没有支付相应的对价,不论是故意的还是真的忘记了,都属于民事上的违约行为。

相关法律条文:

《中华人民共和国治安管理处罚法》第二条　扰乱公共秩序,妨害公共安全,侵犯人身权利、财产权利,妨害社会管理,具有社会危害性,依照《中华人民共和国刑法》的规定构成犯罪的,依法追究刑事责任;尚不够刑事处罚的,由公安机关依照本法给予治安管理处罚。

《中华人民共和国治安管理处罚法》第四十九条　盗窃、诈骗、哄抢、抢夺、敲诈勒索或者故意损毁公私财物的,处五日以上十日以下拘留,可以并处五百元以下罚款;情节较重的,处十日以上十五日以下拘留,可以并处一千元以下罚款。

(五) 其他安全问题

1. 食物中毒

案例 9-3

2018年9月1日,某市食品药品监督管理局在其官方网站发布通告称,8月26日,该市某酒店发生一起食物中毒事件。经过卫生计生部门精心组织治疗,绝大多数患者已陆续出院,无危重病例和死亡病例。经有关部门调查,认定这是一起因食用受沙门氏菌污染食品引起的食物中毒事件。食品药品监管、公安等部门已对此事件进行立案查处。公安机关于8月29日依法对酒店3名相关责任人员进行行政拘留。

食品药品监管部门第一时间对涉事酒店的餐饮加工操作场所、可疑食品、餐饮具、食品采购票据等进行查封取证;责令涉事酒店立即停止所有餐饮经营活动;对涉事酒店的厨师及管理、服务人员逐一进行调查询问,对外购熟食开展溯源追查并进行抽样。疾控机构赴现场和医院进行流行病学调查取样,采集各种样本183份,并严格按照国家标准紧急开展检验检测,经快速检测和实验室72小时细菌学培养、分型鉴定,于8月29日在涉事酒店留样食品"卤味拼盘"、患者和厨师粪便中检出同型的肠炎沙门氏菌。公安机关于8月29日依法对酒店3名相关责任人员进行行政拘留。

经现场调查和核实,涉事酒店涉嫌超出食品经营许可证核定的经营范围擅自经营冷食类食品,供餐的"卤味拼盘"不符合国家食品安全标准,食品安全制度不健全、不落实,留样不规范,索证索票不齐全等违反食品安全法律法规的行为。食品药品监管等部门将依法从严从重作出进一步行政处罚和责任追究。

案例分析

食物中毒是指患者所进食物被细菌或细菌毒素污染,或食物含有毒素而引起的急性中毒性疾病。根据病因不同可有不同的临床表现。酒店发生食物中毒多因食品、饮料保洁不当所致,其中毒症状多为急性肠胃炎症状,如恶心、呕吐、腹痛、腹泻等。

根据《中华人民共和国食品安全法》相关规定,生产不符合食品安全标准的食品或者经营明知是不符合食品安全标准的食品,消费者除要求赔偿损失外,还可以向生产者或者经营者要求支付价款十倍或者损失三倍的赔偿金;增加赔偿的金额不足一千元的,为一千元。且构成犯罪的,依法追究刑事责任。

因此,由于酒店方面责任造成客人食物中毒的后果严重,若造成集体中毒,或者危及客人生命,将酿成责任事故。造成食物中毒事故,酒店将面临经济赔偿及名誉损失,相关责任人还可能被追究刑事责任。因此,酒店相关人员应该对食材进行严格把关,避免损利又损名誉。

相关法律条文:

《中华人民共和国食品安全法》第一百四十八条 消费者因不符合食品安全标准的食品受到损害的,可以向经营者要求赔偿损失,也可以向生产者要求赔偿损失。接到消费者赔偿要求的生产经营者,应当实行首负责任制,先行赔付,不得推诿;属于生产者责任的,经营者赔偿后有权向生产者追偿;属于经营者责任的,生产者赔偿后有权向经营者追偿。

生产不符合食品安全标准的食品或者经营明知是不符合食品安全标准的食品,消费者除要求赔偿损失外,还可以向生产者或者经营者要求支付价款十倍或者损失三倍的赔偿金;增加赔偿的金额不足一千元的,为一千元。但是,食品的标签、说明书存在不影响食品安全且不会对消费者造成误导的瑕疵的除外。

《中华人民共和国食品安全法》第一百四十九条　违反本法规定,构成犯罪的,依法追究刑事责任。

【生产、销售不符合安全标准的食品罪】《中华人民共和国刑法》第一百四十三条　生产、销售不符合食品安全标准的食品,足以造成严重食物中毒事故或者其他严重食源性疾病的,处三年以下有期徒刑或者拘役,并处罚金;对人体健康造成严重危害或者有其他严重情节的,处三年以上七年以下有期徒刑,并处罚金;后果特别严重的,处七年以上有期徒刑或者无期徒刑,并处罚金或者没收财产。

2. 打架斗殴

案例 9-4

张某在一家酒店吃饭,被一个素不相识的人无故殴打,张某大喊救命,但酒店的服务员无人上前制止,也无人打"110"报警,最后张某被打伤致残,而打伤张某的人说了一声"打错了"之后即扬长而去。在打人的人找不到的情况下,请问张某能向酒店索赔吗?酒店应当赔偿张某的全部损失吗?

案例分析

张某可以向酒店索赔。根据《中华人民共和国民法典》有关规定,在打架斗殴等情形下,若酒店没有尽到安全保障义务,应当在其能够防止或者制止损害的范围内承担相应的补充赔偿责任。

打架斗殴是生活中的常见纠纷之一,酒店作为公众聚集场所,也是打架斗殴易发场所。在酒店发生打架斗殴事件,不仅会直接损坏酒店财物,还会影响酒店声誉,如果处置不当,更会产生连带赔偿责任。

相关法律条文:

《中华人民共和国民法典》第一千一百九十八条　宾馆、商场、银行、车站、机场、体育场馆、娱乐场所等经营场所、公共场所的经营者、管理者或者群众性活动的组织者,未尽到安全保障义务,造成他人损害的,应当承担侵权责任。

因第三人的行为造成他人损害的,由第三人承担侵权责任;经营者、管理者或者组织者未尽到安全保障义务的,承担相应的补充责任。经营者、管理者或者组织者承担补充责任后,可以向第三人追偿。

5. 高空抛物

案例 9-5

2021 年 4 月,由南山检察院提起公诉的深圳市南山区首例高空抛物罪,经南山法院一审审理作出判决,依法以高空抛物罪判处小志(化名)有期徒刑 9 个月。

据了解,当日深夜,酒店保洁员阿芳(化名)突然听到"嘭"的一声巨响,急忙前往声响处查看。只见在酒店的房客公共休息处,散落着高级客房专属的座机电话与木桌子的碎片。阿芳不禁疑惑,这不是高楼层才有的座机吗,难道是有人从楼上扔下来的?在向值班领导汇报的过程中,又从高空坠落了一张大圆桌,距离阿芳所站的位置仅有 2 米,她被吓得面色惨白。

酒店工作人员立即报警。警察到达现场后,发现是住客小志所在的客房抛物。他们打开了房门,看见小志躺在床上,客房里散发着浓郁的烟味。面对询问,小志承认了自己高空抛物的行为。

经审查查明,小志因自身心情问题,从高空中抛下各种物品至公共场所,其行为具备一定的危险性,且威胁到他人的生命财产安全。虽未发生实际的危害后果,但其所作所为已构成高空抛物罪的既遂,当以高空抛物罪论处。

最终,这起案件由南山区检察院提起公诉,经南山法院一审审理作出判决,依法以高空抛物罪判处小志有期徒刑 9 个月。据悉,该案是"高空抛物罪"入刑后南山区的首例判决。

案例分析

高空抛物被称为"悬在城市上空的痛",严重损害人民群众生命财产安全,极易引发社会矛盾纠纷。2021 年 3 月 1 日起正式实施的《中华人民共和国刑法修正案(十一)》,增加了第二百九十一条之二高空抛物罪,规定"从建筑物或者其他高空抛掷物品,情节严重的,处一年以下有期徒刑、拘役或者管制,并处或者单处罚金"。酒店在固定牢靠高空设施设备、注意高空作业安全的同时,要做好高空视频监控,以便在发生高空抛物时,及时帮助公安机关锁定犯罪嫌疑人。

相关法律条文：

【高空抛物罪】《中华人民共和国刑法》第二百九十一条之二　从建筑物或者其他高空抛掷物品，情节严重的，处一年以下有期徒刑、拘役或者管制，并处或者单处罚金。

有前款行为，同时构成其他犯罪的，依照处罚较重的规定定罪处罚。

第二节　酒店安全事故防范及处理

酒店作为旅客日常出差、出行、旅游的落脚点，酒店安防很大程度上决定了旅客出行的安全系数，酒店安防不能只是单纯地停留在口头上，而要更多地落实在实际运营管理中，酒店的监控安装、安保巡查、烟感设备运行等情况都可以反映酒店安防水平。

酒店应有完备的岗位安全责任制与各类突发事件（主要包括地震、火灾、食品卫生、公共卫生、治安事件、设施设备突发故障等）应急预案，并制订计划，定期组织开展培训和应急演练，做好酒店安全事故防范及处理工作，确保安全。本节重点说明酒店常见的火灾、食物中毒等安全问题的预防和处理。

一、火灾的防范及处理

（一）火灾发生的原因

了解客房发生火灾的原因，可以防患于未然。《世界酒店》杂志对酒店火灾部位及原因进行统计分析的结果表明，火灾多发生在客房区域，占酒店火灾总数的 68.8%。

客房发生火灾的原因可分为直接原因和间接原因。

1. 直接原因

（1）吸烟不慎引起火灾。吸烟不慎引起火灾在酒店火灾中居首位，起火部位多为客房，主要有以下五种情况。

①躺在沙发、床上吸烟，火星散落其上而引燃布料，引起火灾。这种原因

引起的火灾在客房火灾中所占比例最大。

②乱扔烟头、火柴棍等,引起地毯、沙发、衣服、废纸篓、垃圾通道起火。

③将未熄灭的烟头放在沙发扶手上,因事后遗忘或掉落在沙发上引燃沙发起火。

④将未熄灭烟头或火柴棍扔入烟灰缸内离去,引起缸内外可燃物着火。这类火灾大多发生在烟灰缸靠近其他可燃物的情况下。

⑤在禁止吸烟的地方违规吸烟。在有可燃气体或蒸汽的场所,违规点火吸烟,发生爆炸起火。

(2)宾客将易燃易爆物品带进客房,引起火灾。

2. 间接原因

在酒店火灾中,由电气引起的火灾仅次于吸烟。

①电气线路引起的火灾。电气线路往往由于超载运行、短路等原因,产生电火花、局部过热,导致电线、电缆和周围可燃物起火。

②用电设备引起火灾。电器设备由于质量差、故障或使用不当引起火灾事故。

③员工不按安全操作规程作业,如客房内明火作业,使用化学涂料、油漆等,未采取防火措施而造成火灾。

④防火安全系统不健全、消防设施不完备等。

(二) 火灾的预防及消防设备配备

1. 火灾的预防

根据《中华人民共和国消防法》,酒店作为公众聚集场所,在投入使用、营业前必须取得消防安全检查合格证,切不可未办理消防安全检查手续就擅自投入使用并营业,否则将面临巨大的消防安全风险和相应的行政处罚。

客房区域是酒店火灾的高发区域,客房部日常的防火工作尤为重要,作为客房部,应该结合本部门特点制定并落实好适合本部门的火灾预防措施。

(1)酒店客房部必须落实部门职责

①客房内配置完整的防火设施设备。客房内安装烟感报警器,配备防毒面具;客房走道上安装报警及灭火装置,客房内安全出口指示图规范、完好;地毯、家具、床罩、墙面、窗帘、房门等,尽可能选择具有阻燃性能的材料制作。

②保证消防通道的畅通无阻，紧急出口与消防设施标志清晰；定期打扫楼梯间、转弯处等隐蔽区域，及时清理楼道内的垃圾。许多例子表明，重大的火灾伤亡事故与消防通道阻塞有关，消防通道有正压送风系统，有防火门阻隔，有紧急出口标志，理论上可保证在有限的时间内成为一条保护生命的"逃跑"通道。如果通道被阻塞，后果不堪设想，酒店应加强对消防通道巡查的力度。

③定期检查房内电器是否处于正常使用状态，有否超负荷用电。

④房内床头柜上摆放"请勿吸烟"的标志，而吸烟房的烟灰缸应摆放在茶几或梳妆台上（若摆放在床头柜上，易使客人误认为可以卧床吸烟）。

(2) 加强对宾客的安全宣传

①禁止客人携带易燃、易爆物品进入客房。

②要求客人不得在客房内自行安装电器设备，禁止使用电炉、电暖气等电器。提醒使用电熨斗的客人注意安全。

(3) 加强对客房部员工的培训

①新员工入职培训的一个必备课程就是消防知识。

②酒店还须对全体员工定期进行消防培训、组织消防演习。

③员工必须懂得基本消防知识，各种灭火器材的使用，火灾时各岗位的应对措施等。

④员工应熟悉各种消防设备和设施的存放地点。

2. 客房消防设施设备配备

为保证住店客人生命财产安全，必须在公共区域和客房内加强各类安全设施的配置，同时也要保障客房内各种生活设施设备安全可靠。

酒店的消防安全系统主要包括：火灾自动报警系统；可燃气体泄漏报警系统；应急广播系统；电梯迫降系统；防火卷帘系统；防排烟系统；消火栓系统；自动喷淋系统；气体灭火系统；厨房灭火系统等。消防器材方面，有干粉灭火器、二氧化碳灭火器、灭火毯、防毒面具等。

3. 注重对消防设施设备的维修保养

对消防设施设备的维修保养是一个长期的过程。酒店可将所有的消防控制要点导入相应的管理系统，按时间要求自动提醒，完成维保和对消防器材的检查。管理层可通过报表定期查看消防设施设备的维保情况，并进行抽查,以确保所有维保工作按时按质完成,设施设备功能完好,消防器材在有效使用期内。

(三) 火灾的处理

客房楼层发生火灾时,客房服务人员应充分表现出良好的专业服务能力和应急应变能力,沉着冷静地按平时防火训练的规定要求迅速行动,确保宾客的人身财产安全和酒店财产的安全,努力使损失减少到最小程度。

1. 发现火情时的处理

①立即使用最近的报警装置,发出警报。
②及时发现火源,用电话通知总机,讲清着火地点和燃烧物质。
③使用附近合适的消防器材控制火势,并尽力将其扑灭。如使用灭火器:拔下安全插销,喷嘴对准火源,用力压下握把。
④关闭所有电器开关。
⑤关闭通风、排风设备。
⑥如果火势已不能控制,则应立即离开火场。离开时应沿路关闭所有门窗。在安全区域内等候消防人员到场,并为他们提供必要的帮助。

2. 听到警报信号时的处理

①服务人员首先要能辨别火警信号和疏散指令信号。如有的酒店规定一停一响的警铃声为火警信号,持续不断的警铃声为疏散信号。
②服务员听到火警信号后,应立即查看火情是否发生在本区域。
③无特殊任务的客房服务员应照常工作,保持镇静、警觉,随时待命,同时做好宾客的安抚工作。

3. 听到疏散信号时的处理

疏散信号表明酒店某处已发生火灾,要求宾客和全体酒店员工立即通过紧急出口撤离到指定地点。该信号只能由火场的消防部门指挥员发出。
①迅速打开紧急出口(安全门)、安全梯,有组织、有步骤地疏散客人。
②组织客人疏散时,一定不能乘电梯。
③帮助老弱病残、行动不便的客人离房,楼层主管要逐间查房,确认房内无人,并在房门上做好记号。

④各楼梯口、路口都要有人把守,以便为宾客引路。

⑤待人员撤离至指定的地点后,客房部员工应与前厅服务人员一起查点宾客。如有下落不明或还未撤离人员,应立即通知消防队员。

二、安全事故的防范与处理

(一) 客人的安全管理

1. 入口控制与管理

酒店人流量巨大,难免有图谋不轨者或犯罪分子混杂其间,因此入口控制就显得非常重要,酒店要督促各部门做好入口控制。酒店入口主要有酒店大门入口、楼层电梯入口、楼层通道。

(1) 酒店大门入口控制与管理

①日常酒店不宜有过多出入口,应把无关人员限制在大门以外。这种控制是指有门卫或闭路电视监控设备控制。在员工通道出入口等重要区域设置门禁系统,并加强巡查,确保门禁系统正常运行。酒店的正门在夜间应关闭,只留边门。

②酒店门童和安保人员既是迎宾员,也是安全员。酒店管理人员应督促人事部对门童和安保人员进行安全方面的训练,使他们能识别可疑分子及可疑的活动。另外,也要对大门及门厅里进行巡视,对进出的人流、门厅里的各种活动进行监视。如发现可疑人物或活动,则及时与值班经理联络,以便采取进一步的监视行动,制止可能发生的犯罪或其他不良行为。

③在大门入口处安装闭路电视监视器(摄像头),对入口处进行无死角监视。

④禁止快递员、外卖员将物品直接送至客房。

(2) 电梯入口控制与管理

电梯是到达楼层的主要通道。许多酒店设有专供客人使用的专用电梯。为确保酒店的安全,必须对普通电梯及专用电梯入口加以控制。一般采用闭路电视监控,监控的位置一般包括大厅电梯口、楼层电梯口、电梯内。

有条件的酒店最好安装梯控,避免无关人员进入到客房楼层。梯控是一种电梯控制技术,在原有的电梯上安装一个类似"门禁"的系统装置,只有刷卡后电梯才会启动,将客人送到其要达到的楼面。一般有语音梯控、声控乘梯、零接触乘梯、无接触乘梯、电梯控制系统、IC卡梯控、机器人乘梯、CPU卡梯控、人脸识别梯控、掌静脉梯控、指纹识别梯控、二维码梯控、手机梯控多种控梯方式,更加安全,云梯控后端则实现了更多的互联功能。

(3) 楼层通道控制与管理

①安保人员在楼层通道里巡视应是一项日常、例行的活动。安保人员对楼层通道巡视的路线和时间应不时做调整和变更,不能形成规律,以免让不法分子钻空子。

②楼层安全计划应明确要求,凡进入楼层区域工作的工作人员,如客房服务员、客房主管及值班经理等都应在其工作岗位中起到安全管理的作用,随时注意可疑的人员及不正常的情况,发现异常情况及时向值班经理报告。

③通过装置在楼层通道中的闭路电视监控系统和自动报警系统对每个楼层通道进行监视及控制。

2. 电视监控系统

电视监控系统由电视摄像镜头、电视监视器、电视屏幕操作机台、录像等部分组成。电视监控系统是酒店主要的安全装置,除了安装在酒店大厅及公共场所之外,通常作为客房部主要的安全装置,一般设置在以下区域。

①楼层过道。在楼层过道安装监控探头,一般采用中长焦镜头。

②客用电梯。客用电梯空间小且又是封闭的,一旦出现紧急意外事件,受害人难以求援,安装监控探头便于对电梯内发生的可疑现象进行跟踪和取证。一般采用视野宽阔的广角镜头。

③其他公共区域。酒店出入口、前厅、收银台、餐厅、厨房、停车场等公共区域的监控点位布局也应全面,杜绝监控死角。楼层较高的酒店最好加装高空抛物监控摄像头,以便清晰地记录高空抛物的过程,回溯事件真相。同时还可以在有高空抛物、坠物时及时提醒,达到防患于未然。

3. 自动报警系统

自动报警系统是由各种类型的报警器连接而成的安全网络系统,主要设置在酒店财务部、收银处、贵重物品寄存处、商场以及消防通道等区域,用于防盗、防火、防爆报警。我国酒店常用的报警器有微波报警器、红外线报警器、超声波报警器等远程报警系统,以及声控报警器、微动式报警器、磁控式报警器等。

使用了音视频异常智能报警技术,就可以使电视监控系统与自动报警系统协同运作,对现场情况进行自动检测,当画面异常或有异常的声音出现时,系统会自动提醒酒店或发出报警,确保客人的安全。

4. 客房安全管理

(1) 客房门锁与钥匙的安全管理

①对于使用电子门锁系统的酒店,总服务台是电子门锁卡编码、改码和发放客房门锁卡的地方。

②客人丢失门锁卡时,可以到总服务台进行补领,总服务台应及时使原卡失效,确保安全。

③工作人员,尤其是客房服务员所掌握的万能钥匙卡绝对不能随意放置。

④酒店应防止掌握客房门锁卡的工作人员图谋不轨。

(2) 客房内设施设备安全管理

①电器设备安全管理。电气线路老化或配置不合理,容易引发火灾,应由工程部做好定期巡检。酒店客房最好设置插卡取电开关,使用可识别射频卡、IC卡开关,仅允许使用酒店房卡可取电,其他卡都不能取电。插入酒店房卡后,主控机箱内继电器吸合,客房内电视机、电水壶、浴室吹风筒、落地灯、台灯等插座上电。按动"总开关"不会切断受控电源插座供电。取出房卡后,延时30秒,切断以上受控插座供电。酒店还可根据需要设置不受控插座,确保冰箱、吸尘器、计算机等电源插座由客房配电箱直接供电,不受插卡取电开关控制。有条件的酒店,客房卫生间和床头柜等处的开关最好采用弱电控强电开关,确保客人用电安全。

②卫生间及饮水安全管理。客房卫生间安全管理包括清洁卫生和消毒管理、防滑和防滑提示、紧急呼叫检测、设施设备牢固性检测等,卫生间自来水应标注"非直接饮用水"提示。

③家具设施安全管理。客房家具设施安全管理包括家具设施的结构安全、材料安全等,具体表现在客房家具设施材料有毒有害物质含量的控制,家具设施的阻燃性能和结构安全设计等内容。在日常管理上注意做好家具设施结构完整性的维护和损坏维修。五金件的松动、变形、脱落等是客房家具设施最常见的安全隐患。落地灯等的电源线裸露,导致客人绊倒,或导致落地灯等家具设施倾倒也是常见的安全隐患。

5. 客人财物保管箱的安全管理

酒店应建立贵重物品保管制度,对有需要的住宿旅客的贵重物品进行保管。现代酒店客人财物保管箱有两类:一类设在酒店总台内,另一类则为客房内个人常用的保险箱。

(二) 员工的安全管理

1. 客房员工发生安全事故的主要原因分析

据一些工厂调查,未经安全培训的员工的事故发生率差不多是经过培训的员工的 3 倍,特别是操作有危险的机器设备者。未经安全培训的员工除了不懂安全操作程序外,因不懂技术而思想紧张也是造成事故的一个重要原因。酒店客房的不安全因素与工厂虽然有所不同,但也有许多机电设备需要操作和维护保养,每一份工作也都有一定的危险性。职业安全培训能让员工严格遵守安全操作规程,对工作有自豪感,能相对独立和自由地作出决策,并有安全感,提高员工的自尊心和自信心,增强职业安全感。

2. 客房安全操作须知

(1) 客房员工严格遵守安全操作规程,做床、清扫卫生间、提供日常服务时随时注意烟头、火柴头,并保证电器设备安全。

(2) 高空作业时要系好安全带,有 2 人以上在场,登高作业有人扶梯。

(3) 未经允许,不可明火作业。因客房维修改造需明火作业时,必须取得安保部明火作业许可证。带电作业必须遵守操作规程。

(4) 进入黑暗的客房前,应先开灯。使用开关或其他电器时,应擦干双手,以免触电。使用电器用品时,勿站在潮湿的地面上,以免触电。

(5) 清理浴室时,勿站在浴缸及洗手台边沿上,挂浴帘时亦不可站在浴缸边缘。必要时要用工作梯。

(6) 不要将箱子或其他可堆积的物品代替梯子使用。

(7) 用双手推车,以防闪腰,架子上的物品要放整齐。用工作车运送物品时,不要让物品挡住视线,遇到转弯时应特别小心。

(8) 托物体入房时,应左手托东西、右手开门,转角时注意慢行。搬动过重的物体时要适当双手并用。切勿用腰力,须用脚力,应先蹲下,平直上身,然后举起。

(9) 关门时要拉把手关门,不可随意拉住门边关门,避免夹伤手。

(10) 不要使用已损坏的清洁工具,也不要擅自修理,以免发生危险。

(11) 吸尘器、抹布、扫把、水桶等清洁用品应放在安全的地方,不可留在走道或楼梯口。

(12) 如果有东西掉进垃圾袋内,为了确保安全,不要直接伸手进垃圾袋翻捡,可将垃圾袋拿出放平,倒出来检视。

(13) 不要用手捡破碎玻璃皿、刀片及其他锐利物品,应使用扫把畚箕清除,放在指定容器内,以免造成意外。

(14) 所有玻璃和镜子,如发现破裂,须马上报告,立即更换;未及时更换的,须用强力胶纸贴上,以防有划伤的危险。

(15) 家具表面上或地面上如有尖钉,须马上拔去。

(16) 发现工作区域地板、楼梯破裂、冰箱、灯泡烧坏,空调不制冷或漏水等设施不良时,应立即报修。

(17) 走廊或楼梯、工作间照明不良,应马上报告,尽快修理,以免发生事故;走廊或公共场所放置的工作车、吸尘器、洗地毯机等应尽量放置在过道一侧,注意不可有电线露出,以防绊脚。

(18) 发现松动的桌椅,须尽快修理。

(19) 为了客人及自己的安全,应注意"禁止吸烟"等标志及规定事项,要切实遵守,以免造成意外。

(20) 使用化学清洁溶剂时,必要时要戴口罩,使用时若不小心沾到手或身体其他部位时,要立即用清水来冲洗干净,以免伤害皮肤。

(21) 如果割伤或刮伤,应立即上药、就医,以免感染细菌。

(22) 饮用水一定要煮沸,水壶内的水不要过满,应留有一小节空间,这样才可把水温保持较长时间。一次不要拿太多的水壶。

(23) 员工在操作所有机械设备时,一定要遵守操作说明,确保安全,以免发生意外。

(24) 学会使用楼层消防器材。发现消防设施设备有损坏或有问题时(如灭火器瓶压过低),应立即报告上级,尽快请工程部抢修或安保部更新。

(25) 女员工在客人召唤入房时,要将房门大开,对客人关门要保持警惕;客人邀请时不要坐下,更不要坐在床上。尽量找借口拒绝客人的外出邀请;不要陶醉在客人的花言巧语中而失去警戒。下班后不得到客人客房串门;客人要求与你合影时要尽量拒绝,实在盛情难却时也要拉上几个同事一起照相。发生被客人耍流氓的事情时要高声呼喊,尽力反抗;摆脱不了客人的纠缠时可按报警铃求救。

3. 客房员工的自我保护意识与能力

客房员工在日常工作过程中,都应当具备一定的自我保护意识与能力。如果自我保护意识太差,自我保护能力太弱,那么一旦发生紧急和突发事故,很可能就会受到身体、精神上的双重伤害。

自我保护就是员工在工作过程中排除外界影响,通过主体的自我意识,始终自觉运用自身安全知识、技术技能,保证自身全过程安全操作的一种工作状态。无论管理是严是松,监督是强是弱,环境是优是劣,员工是单独工作还是群体作业,员工都应自觉根据自身情况和现场实际,采取自我保护措施。

实现员工的自我安全,不仅要使员工从思想上有一个认识,还要从业务上提高能力,使员工们做到不仅想安全,而且会安全。提高业务能力,要强化培训,严格考勤、考试及考核制度。一是抓好日常学习。充分利用好每天的班前会和每周安全活动时间,加强安全技能学习,特别是针对工作现场的特点,有针对性地学习如何应对现场危险因素,熟练掌握危险辨识控制对策。二是对员工要实行定期培训,实行教考分离,建立激励机制,提高培训质量。三是抓好技能竞赛活动。要运用好技能竞赛这一有效载体,通过广泛发动、物质激励等手段,提高全体员工参与的积极性和主动性,增强每一名员工的安全技能。

培养员工自我保护意识与能力是酒店客房安全管理的一项重要工作,需要酒店客房安全管理人员拓展思路、持之以恒,使每位员工做到"我要安全,我会安全,我能保证安全",只有这样才能使酒店安全可控,才能促进酒店更好更快发展。

4. 客房员工的安全保护措施

酒店有法律上的义务及道义上的责任来保障员工在工作过程中的安全。如果因酒店忽视员工安全,未采取保护及预防措施而造成员工安全事故,酒店负有不可推卸的责任。因此,员工安全是客房安全管理的组成部分。具体来看,员工安全保护措施主要包括以下四个方面。

(1) 劳动保护措施

建立健全安全管理组织与机构,进一步提高安全管理人员的安全意识,切实加强客房的安全管理力度,细化安全管理制度,明确责任,制定并实施各类安全事故应急救援预案,对客房岗位存在的潜在风险进行识别,针对危险源制定措施,各个工作岗位要制定安全操作标准。

加强员工职业安全培训,对员工进行思想教育,提高员工的自我保护意识,同时在技术培训中要涵盖安全工作和安全操作的训练,定期检查及维修工具与设备,增加安全管理设备设施的资金投入,确保员工使用的安全,防止工伤事故。

改善劳动环境,预防职业疾病。

实行劳逸结合的工作安排,注意保护和保障女员工的健康和安全。

(2) 员工的个人财物安全

在员工进出口,安排安保人员执勤,防止外来不良分子进入。为员工提供个人储藏箱,避免个人物品的丢失。

(3) 保护员工免遭外来人员的侵扰

在服务岗位的工作人员,有可能遭到行为不轨客人的侵扰,酒店其他工作人员应及时协助解决,避免员工遭到进一步伤害,同时通知安保部门,酌情处理。

(4) 员工在工作过程中要互帮互助、拾遗补缺,消除安全隐患

光靠自己的小心谨慎就想做到100%的不出问题是不可能的,对于酒店员工来说,工作过程中的互相配合、拾遗补缺就显得格外重要。具体到实际工作当中,最基本的就是要做好各个班次的交接班工作,消除工作过程中的安全隐患,保护别人的过程就是保护自己。

三、酒店财产的安全管理

(一) 员工偷盗行为的防范与控制

客房部的员工平时容易接触酒店和宾客的财物,客房部应从实际出发制定有效防范员工偷窃的措施:

(1) 聘用员工时,严格进行人事审查。

(2) 制定有效的员工识别方法,如通过工作牌识别员工。

（3）客房服务员、工程部维修工、餐饮部送餐服务员出入客房时应登记其出入时间、事由、房号及姓名。

（4）制定钥匙使用制度，如客房服务员领用工作钥匙必须登记签名，使用完毕后将其交回办公室。

（5）建立部门资产管理制度，定期进行有形资产清算和员工存物柜检查，并将结果公之于众。

（6）积极开展反偷盗知识培训和对偷盗者的教育培训。

（二）客人偷盗行为的防范与控制

因酒店部分物品的高档性、稀有性及无法购买性，一些住店客人会产生偷盗行为。客房部应制定科学、具体的"宾客须知"，明确告诉宾客应尽的义务和注意事项。也可以采取以下措施：

（1）对住宿旅客的身份进行查验，并在旅馆业治安管理信息系统上进行登记。

（2）在酒店用品上印上或打上酒店的标志或特殊标志，使客人打消偷盗的念头。

（3）制作一些有酒店标志的精美的纪念品，如手工艺品等，给客人留作纪念。

（4）做好日常的检查工作，严格管理制度，杜绝客人的不良企图。

（5）连锁品牌酒店和主题酒店还可通过前厅及线上商城，将洗发水、沐浴露、护手霜、羽绒被等客房用品和主题纪念品等酒店周边的产品销售给客人，既可以满足客人需求，还可以拓展业务板块，提高酒店收益。

案例9-6

2020年，两名外省人员抵达某市之前委托关系人李某和赵某先期到某酒店办理客房入住。这两名外省人员到达该市后，未办理入住登记手续便直接从酒店地下停车场入住预订客房，被该市公安局某分局查获。该分局根据《中华人民共和国反恐怖主义法》相关规定，给予该酒店管理单位行政罚款，分别给予公司副总经理李某和酒店前台接待人员杜某行政罚款各1万元。

案例分析

旅客入住酒店时必须出示有效身份证件，且必须一人一证，实名制登记，特别在新冠疫情期间,如果不严格实行实名登记制度,可能造成因一人感染,导致整个酒店甚至整个城市"受累"的情况,带来的后果将不堪设想。此外,如果因不落实实名登记制度,酒店容留了涉嫌违法犯罪的人员,对酒店、其他住客和员工,乃至社会治安带来了安全隐患,后果同样不可估量。

酒店登记住客信息应坚持"四实"原则,即:

(1) 实名:住宿人与登记人要相符。这个环节需要对证件真伪、旅客本人与证件相片是否相符、旅客年龄与证件年龄是否相符、证件印章和使用年限是否有效进行核对。

(2) 实数:登记人数与实际入住人数要相符。

(3) 实情:如实登记住宿人证件信息。

(4) 实时:登记后要立即在旅馆业治安管理信息系统上传住宿信息。

(三) 客人逃账行为的防范与控制

从理论上分析,故意的逃账行为更像是一种逃账人以非法占有为目的,采用秘密手段侵占商家财产权的盗窃行为。对于盗窃行为,数额较小的可以给予治安管理处罚,达到一定数额的可以进行刑事立案。但是如何界定逃账是故意的,在实际操作中却是一个很难的问题。所以,酒店即便向公安机关报案也很难被受理。除非是数额特别大,或者是行为特别恶劣,比如同一伙人在多家酒店多次逃账,公安机关可能会根据具体情况判断是否刑事立案处理。对于普通的逃账行为,酒店在能找到逃账人的情况下,如果对方仍然不付款,可以通过民事诉讼的方式解决。但通常情况下是找不到人的,对经营者来说这就是一种很尴尬也很无奈的现状。因此,对于逃账行为,酒店最好的应对措施是通过预付款、担保预订的方式,避免逃账行为的产生。

(四) 外来人员偷盗行为的防范与控制

酒店周围可能会有一些不法分子在盯着客人,伺机作案,因此酒店要加强对外来人员偷盗行为的防范。

(1) 加强楼层进出控制,建立值班巡查制度,经常对酒店楼层、可疑客房、可疑人员进行巡查。

(2) 加强安全措施,对摆放在公共场所的高价值陈列物品要注意保护。

(3) 注意来往人员携带的物品,对于可疑人员尤其要高度重视。

(4) 注意访客的识别与防范,建立访客登记制度,对访客身份进行查验,并进行登记。如发现住宿旅客或访客是犯罪嫌疑人员或者被公安机关通缉的人员等可疑情况,要及时向公安机关报告。

相关法律条文:

《中华人民共和国治安管理处罚法》第五十六条　旅馆业的工作人员对住宿的旅客不按规定登记姓名、身份证件种类和号码的,或者明知住宿的旅客将危险物质带入旅馆,不予制止的,处二百元以上五百元以下罚款。

旅馆业的工作人员明知住宿的旅客是犯罪嫌疑人员或者被公安机关通缉的人员,不向公安机关报告的,处二百元以上五百元以下罚款;情节严重的,处五日以下拘留,可以并处五百元以下罚款。

《中华人民共和国反恐怖主义法》第二十一条　电信、互联网、金融、住宿、长途客运、机动车租赁等业务经营者、服务提供者,应当对客户身份进行查验。对身份不明或者拒绝身份查验的,不得提供服务。

《中华人民共和国反恐怖主义法》第八十六条　电信、互联网、金融业务经营者、服务提供者未按规定对客户身份进行查验,或者对身份不明、拒绝身份查验的客户提供服务的,主管部门应当责令改正;拒不改正的,处二十万元以上五十万元以下罚款,并对其直接负责的主管人员和其他直接责任人员处十万元以下罚款;情节严重的,处五十万元以上罚款,并对其直接负责的主管人员和其他直接责任人员,处十万元以上五十万元以下罚款。

住宿、长途客运、机动车租赁等业务经营者、服务提供者有前款规定情形的,由主管部门处十万元以上五十万元以下罚款,并对其直接负责的主管人员和其他直接责任人员处十万元以下罚款。

四、食物中毒的防范及应急处置

酒店应注重食品加工流程的卫生管理,保证食品安全。为保障住店宾客及全体工作人员的人身安全,不发生食物中毒事件,必须采取以下措施。

(一) 防范

采购人员把好采购关,收货人员把好验货关,仓库人员把好食品入库和清点关,厨师把好制作关。确保器皿消毒柜、食品检验室、紫光灯、菜品留样柜等数量充足,运行良好。

（二）应急措施

1. 发现者的职责

（1）发生食物中毒，发现者应立即向总机报告，讲清自己的部门、姓名（或工号）、所在地点、食物中毒人员国籍、人数、中毒程度及症状等。

（2）报告人应就近看护中毒者，不要将其单独留下，不得移动任何物品，保护好现场。

2. 总机值班员的职责

（1）总机值班员接到食物中毒报告后，应问清时间、地点、中毒人数、中毒程度及症状，作好记录。

（2）立即通知安保部经理（或安保领班）、大堂经理，以及发生食物中毒地点的部门经理赶到现场。

（3）当总经理作出通知急救中心或送医院抢救的决定时，应及时与急救中心或医院联系，讲清楚地点、中毒人数、中毒程度、症状等。

3. 安保部的职责

（1）安保部经理、领班立即赶到现场，保护好现场，防止无关人员进入和围观。

（2）迅速展开初步调查，弄清中毒人数、中毒人的身份、中毒程度及症状等情况，向总经理汇报。

（3）当总经理决定通知公安机关时，应及时与公安机关联系，做好协助配合工作。

（4）配合急救中心医护人员的抢救工作，情况严重时随中毒者前往医院，适时做好对中毒者的访问记录。

（5）如中毒者已死亡，应保护好现场，按总经理指令，配合公安人员、法医的工作。

（6）如系投毒，应立即查找、控制嫌疑人，配合公安人员展开调查侦破工作。

4．总经理或副总经理、总经理助理的职责

（1）听取安保部汇报后，应迅速作出抢救措施，作出是否通知公安机关的决定。

（2）视情况决定是否通知中毒者单位或家属。

（3）通知有关部门做好善后工作。

5．其他有关部门经理的职责

（1）严格执行总经理对抢救工作的一切指令，要求员工服从命令，听从指挥。

（2）配合安保部工作，向客人做解释，稳定客人情绪。

（三）贵宾预防食物中毒措施

采取专人采购、专人验货、专人管理的方式；由专人进行制作烹制；由专人服务上桌；食品留样待查。

五、履行安全保障义务是酒店服务的基础和前提

无论是在酒店的公共区域还是在客房之内，安全保障始终是所有服务的基础和前提，安全保障义务也始终应是酒店作为公共场所运营者最基础以及最根本的义务和责任。

《中华人民共和国民法典》第一千一百九十八条明确规定，宾馆、商场、银行、车站、机场、体育场馆、娱乐场所等经营场所、公共场所的经营者、管理者或者群众性活动的组织者，未尽到安全保障义务，造成他人损害的，应当承担侵权责任。因第三人的行为造成他人损害的，由第三人承担侵权责任；经营者、管理者或者组织者未尽到安全保障义务的，承担相应的补充责任。经营者、管理者或者组织者承担补充责任后，可以向第三人追偿。

事实上，上述法律规定主要针对的是侵权责任范畴内的责任承担问题，适用的对象不仅包括住客，还包括在酒店场所内的其他人员（以下统称为"客人"）。就住客而言，其实住客与酒店之间存在双重法律关系，即住宿服务合同项下约定的权利义务关系以及基于上述法律规定而产生的法定权利义务关系。简而言之，在住客与酒店达成住宿服务合同之后（往往多以客房预订

成功为标志),酒店即负有为住客提供相关服务的合同义务,该等义务由双方约定形成(但实践中,在大多数情况下采用的是酒店的格式合同,住客一般无法对相关内容进行修改),其中有可能明确了安全保障义务,也有可能并未明确约定安全保障义务,当然,即便没有明确约定安全保障义务,基于诚实信用原则,保障住客的安全也一般被认定为酒店应当承担的附随义务。考虑到酒店作为公共场所的属性,在很多情况下可能都涉及公共安全利益,法律层面进一步明确了酒店等公共场所在安全保障方面的法定义务,即无论是否存在住宿服务合同关系,酒店均有义务保障酒店场所内所有客人的安全。

因此,无论从法律规定的基本要求来看,还是就酒店行业的普遍认知而言,安全保障义务始终应是酒店的首要义务,该等义务针对的履行对象不仅包括住店客人,还应当包括在酒店场所内的所有人员。

面对各种酒店安全事故,酒店需要做的是"以人为本",认真履行好安全保障义务,尽可能降低损害程度。

练习与思考

一、选择题

1. 酒店安全风险主要有(　　)等。
   A. 火灾　　　　　　　　B. 犯罪行为
   C. 公共卫生事件　　　　D. 自然灾害
   E. 其他意外事故
2. 酒店发生食物中毒多因(　　)保洁不当所致,其中毒症状多为急性肠胃炎症状,如恶心、呕吐、腹痛、腹泻等。
   A. 食品　　B. 墙面　　C. 空气　　D. 饮料
3. 酒店入口主要有(　　)。
   A. 酒店大门入口　　　　B. 楼层电梯入口
   C. 楼层通道　　　　　　D. 客房阳台
4. 酒店的电视监控系统主要安装在(　　)等处。
   A. 楼层过道　　　　　　B. 客用电梯
   C. 其他公共区域　　　　D. VIP客房

二、判断题

1. 客人在酒店进行消费时,虽然已经和酒店形成了一种合同关系,但如果客人是故意未支付相应的对价,则不属于民事上的违约行为。

（　　）

2. 客人在酒店就餐时被外来人员殴打,酒店没有赔偿责任。（　　）

三、名词解释

1. 酒店安全
2. 名誉权受损
3. 食物中毒

四、简答题

1. 请简述酒店安全的内涵。
2. 请简述酒店应该制定哪些突发事件应急预案。
3. 请简述酒店火灾发生的主要原因。
4. 请简述如何避免逃账行为的产生。
5. 请简述酒店的消防安全系统。

五、综合分析题

1. 请分析酒店如何履行好安全保障义务。
2. 若酒店发生火灾,作为发现火情的楼层服务员,你应该怎么做?

第十章

前厅与客房设备用品管理

学习目标：通过本章学习，明确酒店前厅与客房设备用品管理的特点、任务及原则；能够根据理论知识进行简单的设备与物资管理；初步了解智慧酒店中的设备用品管理。

核心概念：设备用品；物资；智慧酒店

第一节 前厅与客房设备用品管理特点、任务和原则

一、前厅与客房设备用品管理特点

酒店凭借前厅与客房的设备用品来组织接待服务，保证业务正常开展。同时，前厅与客房设备用品也是酒店为客人提供优质服务的物质基础。做好其管理工作对酒店来说有十分重要的作用：可以维护酒店登记规格，保证业务正常经营；有利于降低成本费用消耗、提高酒店经济效益；有利于为客人创造舒适环境、最大限度地满足客人的消费需求。因此，与一般企业的设备用品管理比较，前厅与客房设备用品管理具有四个不同的特点。

（一）种类与构成复杂，管理精细化要求高

酒店前厅与客房设备用品包含多个方面，还涉及酒店房屋设施、水电设备、电梯、空调等系统，每一个系统下又有众多设备，数量高达上百个，构成复杂。前厅与客房又是客人接触最多的部门，酒店为了保证客人的入住体验，

对设备用品的投入较大。因而,酒店前厅与客房的设备用品既需要满足宾客的需求,又需要完成其帮助酒店盈利的使命,这就必须要在酒店管理制度上进行精细化操作。

(二) 社会消费性强,享受成分高

一般企业的设施设备用品是用来生产或者销售商品的。而酒店前厅与客房的设施设备用品则与其不相同,都是用来满足宾客消费需求的。由于入住酒店的宾客来自四面八方,且流动性强,因此酒店客房设备用品又有着广泛的社会消费性。这就决定了酒店前厅与客房的设备用品必须根据酒店的等级与规模,从尽量满足宾客的消费享受需求出发,进行选择、配置、装饰以及维护保养等工作,以适应酒店行业的需要。

(三) 精神磨损较大,更新周期短

酒店前厅与客房的设备用品会受到两类磨损,一类是物质磨损,一类是精神磨损。所谓物质磨损,主要是设备用品在外力作用下所造成的实体磨损;精神磨损又指无形磨损,主要指由于社会进步,行业中出现了更为先进、更美观舒适的设备和用品,使得酒店原有的设备用品相对贬值造成的磨损。这种磨损看似未对设备用品的外形及功能造成破坏,但是设备用品已经陈旧过时了。而酒店前厅与客房设备用品具有较高的享受成分,就更具有了精神磨损大的特点。要满足宾客不断升级的多元化需求,酒店就必须随时注意设备用品的更新。要做好前厅与客房设备用品的管理,就需要酒店管理人员在规格、档次、外观、色彩、质地、触感等方面从宾客的需求出发,从创造享受产品的角度考虑,做好设备用品配备、保养、周转使用和及时更新,同时尽量节省不必要的开支,才能收到良好的效果。

(四) 涉及范围广,管理协作性要求高

酒店前厅与客房是由设施设备用品构成的。前文说过,其构成复杂,因此有管理涉及范围广泛、管理过程协作性强的特点。主要涉及酒店内部和外部两个方面。从内部来看,前厅与客房是设备用品的主要使用部门,因此一部分使用管理权在部门内;设备用品有损坏,需要更换维修时,又需要酒店工程部门进行具体操作;设备用品的价值管理由财务部门负责。管理至少涉及了三个部门,因此必须加强酒店内部各部门的管理协作性。从外部来看,酒

店前厅与客房运转所必需的锅炉、配电、燃气、上下水等重要设备必须接受地方政府相关主管部门的管理、检查、监督,因此又必然增强外部管理的协调性。由此可知,酒店前厅与客房设备用品管理必须正确处理酒店内部与外部的关系,才能发挥设备用品对部门运转的保障性作用。

二、前厅与客房设备用品管理任务

前厅与客房设备用品管理是为酒店生产经营活动服务的。与时俱进,始终保持酒店等级规格,保证各种设施设备始终处于完好、有效、安全状态,保证酒店生产经营活动的需要和客人消费需求,是其主要任务。它具体表现在以下四个方面。

(一) 合理选择和配置设施设备及用品,以适应酒店星级和市场需求

酒店前厅与客房的设施设备及用品是与其星级或等级规格相适应的,酒店星级或等级规格不同,目标市场不同,对酒店前厅与客房设施设备及用品的要求也不相同。因此,酒店前厅与客房要根据酒店市场定位和主要目标市场,认真做好设施设备及用品的选择,使之在规格、型号、等级、色彩、质量方面都与酒店等级和市场需求相适应。这既是酒店做好业务经营的前提,也是酒店前厅与客房设备用品管理的首要任务。

(二) 做好设备用品的维修养护,以保证各项业务正常经营

前厅与客房设备用品维修管理有助于完成酒店业务经营,同时又贯穿于整个经营活动的始终。由于前厅与客房用品花色品种多、分布范围广、需要的协作配合程度高,因此需要酒店建立设备用品管理机构,配备管理人员和专业技术人员,制定岗位职责规范与各项设备管理制度,制定维修保养的工作程序,并认真贯彻落实这些岗位职责、制度规范和工作程序,以保证其生产性、经营性和客用性等,使各种设施设备始终处于完好技术状态和有效运行之中,才能保障酒店各项业务经营活动的需要,提高设施设备利用率,从而获得优良经济效益。这些都是前厅与客房设备用品维修管理的重要任务和中心任务之一。

（三）做好设备用品更新，确保酒店长期可持续发展

酒店前厅与客房产品具有社会消费性强、享受成分高、精神磨损大的特点，因而其设施设备更新周期较短。日常管理中，有些设备用品及其表面因损坏、破损或陈旧也需要更新，所以，酒店设备更新改造既是长期可持续发展的唯一出路，也是酒店前厅与客房设备用品管理的重要任务之一。为此，要研究制订设备用品更新计划，每到改造期，要根据酒店星级和等级规格，研究制定改造方案，选择各种新设备用品，在坚持与时俱进的原则下，保证酒店装修改造和设备更新达到更高的水平，实现酒店产品的更新换代，以确保酒店长期可持续发展。

（四）实行定额管理，控制用品消耗，提高经济效益和投资回报率

主要指根据酒店客房物资用品的消耗特点，分别制定配备定额、消耗定额、储备定额，接着推行定额管理法，控制前厅与客房各种物品消耗，减少资金占用，提高经济效益。

三、前厅与客房设备用品管理原则

由于酒店设备用品本身所具有的特殊性，因此经营管理也具有特殊性，即：技术性、综合性、全员性和服务性。所以，在设备用品管理的过程中，必须遵循客观规律，采取科学的方法，达到设施设备用品完好、节能降耗、满足宾客追求舒适的需要、取得预期投资回报率的经营管理目标。具体包括下列原则。

（一）集中管理和分级归口管理相结合的原则

酒店前厅与客房的设备用品种类繁多，构成复杂，所承担的功能也较多，其管理工作具体内容往往体现在从设备用品购置、配备、使用到维护保养、更新改造的全过程上，管理体系庞杂。因此必须采取集中管理和分级归口管理相结合的原则。具体来说，集中管理可理解为设备用品使用权在前厅与客房的各部门中，那么其管理权也在其下设的各部门，由各部门进行集中统一管理。而分级归口管理则主要针对整个酒店，主要以工程部为主：首先，酒店一

级在总经理领导下,由主管工程部的副总经理、总工程师负责制定设备用品管理方针策略、审批各类预算及管理制度等工作;其次是部门级,以工程部为主,使用部门为辅,负责关键设备、重要设备的运行管理、保养维护和及时维修;最后以维修班组为一级,主要负责设施设备用品的运行监督和维修等专业工作。

(二) 维修和保养相结合的原则

维修和保养是酒店前厅与客房设备用品管理的一项经常性工作,维修和保养相结合可以有效地预防设备的非正常老化,减少设备的意外故障,长期保持设备的功能,充分发挥设备的效能,延长设备的使用寿命。

设备的维修是指为恢复设备的功能和精度而采取的更换或修复磨损、失效的零部件,并对整机或局部进行拆装、调整的技术活动。一般根据设备的故障规律,通过对设备运行状态监测结果的分析,制订维修保养计划,然后按照计划实施维修保养工作。

维修和保养在具体的工作内容上是相似的,但在实施的时间和工作的目的上是不同的。维修在设备发生故障后进行,目的是尽快恢复设备功能;保养在设备发生故障前进行,目的是避免设备发生故障,体现"预防为主"的设备管理思想。

(三) 专业管理和全员管理相结合的原则

酒店前厅与客房设施设备用品种类多,且具有很高的技术内涵和危险性,所以,在管理上应该分清责任,有层次地进行。设备用品的专业管理是指酒店工程技术人员对设备用品的管理,技术性比较强,因此,关键设备和紧急故障要由专业人员(工程部或供应商)来维修。全员管理是指酒店前厅与客房所有有关员工,包括各级管理层以及设备的操作、使用员工共同参与的管理活动,技术要求相对较低,主要针对各工作设备的日常维护。员工正确使用、保养工作设备将减少工程部应急维修的工作量,使工程部的专业维修和保养能顺利进行,从而保障酒店关键设备和重要设备的正常运行。专业管理与全员管理相结合,可使酒店的设备管理形成网络和层次,确保各种设备的正常运转,提高酒店的经济效益。

(四) 设备管理和一线服务需要相结合的原则

在酒店业,经常把前厅、客房、餐饮、康乐等部门称为一线部门(前勤),因为这些部门是直接对客服务的,而将工程、安保、财务、人事等称为二线部门(后勤),他们是为一线部门提供直接服务的。这种划分固然有一定原因,但从酒店整体利益上看,所有部门都是目标一致的——为住店宾客提供高质量的服务。因此,一线部门和二线部门要紧密协作,把事先制订的计划和目标作为唯一目的。

设备管理的目的是为业务经营活动提供后勤保障,所以在设备的使用过程中,一线部门如果发生设备故障或损坏,工程部门接到报修通知后,必须在规定时间内(即 5~10 分钟)赶赴现场,及时处理,同时履行设备维修手续。前勤把维修是否及时完好,后勤把前勤保修是否属实准确,作为相互考核的依据,增强协作的效率,防止相互推诿,影响一线接待服务。同时,在日常设备维修的安排上,实行影响客人使用的设备优先,影响安全的设备优先,影响观瞻的设备优先。只有这样,才能体现出宾客至上的酒店经营宗旨。

第二节 前厅设备管理

一、前厅主要设备

前厅部根据各部门职能分工的不同,需配备不同的设备,以使各个岗位的各项服务工作能有序地开展。

(一) 总服务台设备

1. 计算机

总服务台应配备多台计算机,以输入并存储客人预订、入住、押金、个人资料、离店、店内消费记账等有关信息,通常 100 间客房以内的酒店至少应有两台计算机。

2. 打印机

总服务台应备有 2 台以上的打印机,用来打印相关单据和表格。应选择出纸速度快、分辨率适宜的品牌。日常使用中,尽量把打印机调到省墨状态,并尽量用纸的正反两面打印,以减少消耗,降低成本。

3. 扫描仪

总服务台应配备专用扫描仪,用于扫描客人的身份证件。这样既可使客人入住登记工作更快捷、更准确,还可减少一联入住登记表。

4. 复印机

总服务台应备有复印机,以便复印各种文件资料(可以与商务中心合用)。

5. 收银机和验钞机

总服务台的前厅收银处应备有收银机,以加快收款速度;还应备有人民币和外币验钞机,以识别各币种纸币的真伪。

6. 保险箱

高星级饭店前厅多为客人免费提供贵重物品保险箱服务。保险箱一般放置于邻近总服务台前厅收款处安全、隐蔽的专用客房内。现在,小保管箱为越来越多的高星级饭店所使用,也就是在客房内设置供宾客自己设置密码并存取物品的保险箱。可以预见,酒店前厅贵重物品保险箱的数量会越来越少。

7. 信用卡刷卡机和 POS 机

总服务台应备有信用卡刷卡机及 POS 机,分别用于手工刷信用卡和电脑刷信用卡。此外,还应有账单架、钥匙及信件架、打时机、计算器、客房状态控制架、档案小车、办公桌椅等。

8. 客房钥匙

现代酒店业的客房用锁已基本采用安全可靠的新型门锁,其种类主要有 IC 卡锁、电脑磁卡锁、电子光卡锁、磁片机械锁(磁片锁)等。

（二）行李组设备

1. 行李车

行李车有大小两种，分别用于装载团体行李和散客行李。

2. 行李寄存架

行李寄存架放置于行李房中，有两种：一种是固定格子的；另一种是可以分成一个个可任意调整大小的格子的。

3. 伞架

酒店都应该在大门口设置带锁的伞架，供客人自行存取雨伞。

4. 轮椅

轮椅专用于老、弱、病、残等行动不便的客人进出酒店。此外，酒店还应准备婴儿车架及包装行李用的绳子、纸张、剪刀、胶带纸等，以便于客人使用。

（三）总机设备

总机房设备主要有：程控电话交换机、电话自动计费器、总台呼唤机、自动叫醒控制系统等。

（四）常用办公文具

常用办公文具包括圆珠笔、铅笔、文件架、订书机、计算器、拔钉器、涂改液、荧光笔、透明胶纸、胶水、湿海绵、废纸篓、打孔机、碎纸机、档案夹、标签纸、标签笔等。

二、前厅设备管理方法

酒店前厅部是酒店服务的窗口，是给客人留下最初及最后印象的服务部门。酒店前厅部的服务质量主要取决于两个条件：服务硬件和服务软件。其中前厅部设施设备是服务硬件的重要组成部分，前厅部所提供的各项优质服务与其使用先进完好的设施设备密切相关。做好前厅部设施设备的管理，使其正常运行,既能保证前厅部的服务质量,又直接影响着酒店的经济效益。

酒店管理过程中一般都设立独立的设备管理部门,专门负责工程设备的全面管理,其主要任务是拟定设备管理的方针、目标、要求,制定相关的制度,对重要设备的采购决策、运行、报废、更新和设备管理中出现的问题进行协调。前厅部设施设备也应由设备管理部门统一进行全面、全方位的管理。本章节所涉及的管理实质只是前厅部在其工作中对其设施设备的维护与保养。

做好前厅部设施设备的管理应做到以下几个方面。

（一）根据前厅部设施设备的特点,采用不同的维修、保养方式

酒店可以自行成立维修保养部门,也可以通过对外签订维修保养合同的方式来对设施设备进行维修和保养工作。由酒店自行维修保养,成本会低一些。但特种、专业设施设备因专业技术较强,需对外签订维修保养合同,才能满足酒店设备维护保养的需求,保证设备、设施的长期、安全、稳定运转,保证正常营业。

1. 电梯(包括客梯、货梯)

依照合同项目规定,由厂家派专业维修人员定期对设备进行维护保养并审验。

2. 中央空调机组

由维保单位负责中央空调的年度保养及日常维修工作,每年两次对机组进行停机检查和预防性保养,确保机组可靠、安全和高效地运行。

3. 酒店旋转门

按合同规定,维保厂家定期派专业人员对旋转门进行检查,包括驱动系统检修、安全系统检修、型材结构紧固、各部位除尘。

（二）做好前厅设施设备的使用和维护保养

1. 前厅设施设备采取"谁使用谁负责"的原则

使用部门要做到管好、用好、维护好设备。员工需要做到会使用、会维

护、会检查、会排除故障。而具体操作者要做到严格遵守安全技术操作规程，经常保持设备清洁和润滑；认真执行交接班制度，做好交接班记录及运转记录；管理好工具、附件，不能遗失、损坏；不在设备运行时离开岗位，发现异常的声音和故障应立即停机检查，自己不能处理的应及时通知维修工人检修。

2. 设施设备维护保养分为日常维护保养和定期维护保养

日常维护保养是最基本的保养。一般在每班结束后或每周末实施，属例行保养。定期维护保养是指由工程部编制设备维护计划，由专业设备维修人员和操作人员一起实施的对设备的维护、修理工作。

（三）明确前厅部设施设备维修保养的岗位职责

1. 前厅部主管岗位职责

（1）检查、督导各分区领班做好其分管区域内设施设备的清洁保养工作。
（2）制订和编排公共区域大清洁工作计划。
（3）督导各区域领班的管理工作，制订各项清洁设备的管理使用和保养计划，定时检查客用品的使用控制情况。
（4）巡查各区域花草树木及绿化设施，负责制订绿化养护工作计划，掌握计划的执行情况，确保工作质量和进度，保证绿化系统的良好运行。
（5）严格检查、控制客房钥匙管理，防止出现任何错误。
（6）领取本部门各种工作所需的文具、报表及其他物品。
（7）熟知酒店计算机系统的操作程序，以保证下属员工都能熟练操作。
（8）检查和确保本部门的设备、机器正常运转。

2. 前厅领班岗位职责

（1）检查所辖范围的清洁保养效果，保证工作场所范围内的整洁。
（2）随时检查员工的工作情况，检查清洁用品及器具等，并及时进行调整，发现异常情况及时汇报。
（3）完全熟知酒店计算机系统的操作，并保证员工熟练操作。

3. 前厅公共区域员工岗位职责

（1）根据领班的工作安排，清洁保养所属的公共区域。

(2) 检查责任区域内各种设备设施和家具的情况,及时报告和报修。
(3) 做好清洁机械的保养和清洁用品的保管和使用,整理好库房。

4. 前厅接待员岗位职责

(1) 配合公共区域员工做好前厅卫生工作,保持大堂的整洁。
(2) 负责工作用品、设备设施的维护与保养。
(3) 负责部门物品的添补、领取与保管。
(4) 负责制作当日报表,反应客流情况,并搞好班组卫生。

5. 接线员岗位职责

(1) 熟练掌握总机房各类设施设备的正确使用方法。
(2) 爱护总机房内的机器,在技术人员的指导下定期进行保养工作。

6. 行李员岗位职责

(1) 时刻留意前台大堂的物品摆放、灯饰、空调开启以及沙发处客人情况。如有异常应立即处理,超越本职权限的要立刻告知相关部门或服务经理。
(2) 负责保管行李车及雨伞,同时提供雨伞的借用服务,在借出雨伞时填写雨伞借收登记表或雨伞借用押金单。
(3) 负责行李房区域卫生工作,保持本班组所有物品设备的清洁卫生。
(4) 做好酒店设施设备维修保养的登记记录。酒店需要将具体用料和维修情况进行登记记录。维修记录是设备档案的重要组成部分,也是搞好设施设备管理的基础工作之一。填写、变更设备设施档案,可以让酒店更好地了解设施设备使用情况,为制定设施设备的大修计划提供充足的依据。

第三节 客房设备用品管理

客房服务是酒店销售的最主要商品。酒店客房服务质量有赖于两个要素:有形的设施和无形的服务。其中,客房设备用品是酒店客房服务的物质基础。客房服务质量在很大程度上依赖于完善的服务设施和用品。另外,在现代酒店经营中,客房设备用品的购置费用、营运费用(包括维修费、保养费、折旧费及能源消耗)等在服务费用中所占比重不断增加。做好客房设备用品的配备及管理,一方面能为客人提供优质的客房服务,另一方面也能控制客房的营运成本,这两方面都直接影响着酒店的经营效益。

一、客房设备用品种类及配备

不同星级、档次、类型的酒店客房,其设备用品的种类、规格不尽相同,酒店应根据自身的实际情况及行业标准,合理进行设置。

(一) 客房设备用品的分类

1. 客房设备分类

客房设备主要包括电器、客房装饰用品、家具、洁具、安全装置及地毯等。

(1) 电器

客房内配备的电器设备主要有空调、电视机、电冰箱、音响、电话、照明灯具等。

空调有中央空调和分体空调之分。星级酒店大多使用中央空调,房内配有控制器,以调节室内温度;而经济型酒店多配备分体空调。

客房内的照明灯具分为门灯、顶灯、台灯、床头灯、地灯等。

一些高档客房还配有熨斗和熨板,方便客人熨烫衣物。

(2) 客房装饰用品

摆放装饰用品主要是对客房起到装饰美化的作用。恰到好处的艺术点缀,可以提高客房的档次和品位,更能营造出温馨、舒适的氛围,增添居住乐趣。它可以是书画、挂毯、瓷器、艺术饰品等。

(3) 家具

家具是客房中满足客人日常生活需求必不可少的生活用具,主要包括床、床头柜、写字台、小圆桌、电视柜、沙发、靠背椅、衣橱、行李架等。

(4) 卫生洁具

客房卫生洁具有浴缸、坐便器、洗脸台、毛巾架、镜子、灯具等。

(5) 安全装置

为了保证客人和酒店的安全,客房内必须配置安全装置,一般有消防报警装置(烟感器、温感器)和自动灭火装置(自动喷淋)等,在门后张贴安全指示图,标明客人现在的位置及安全通道的方向。楼道装有电视监控器、自动灭火器。安全门上装有昼夜照明指示灯。其他安全装置还有防毒面罩、门镜、防盗链和紧急呼救按钮等。

(6)地毯

星级饭店多以地毯作为客房地面的主要装饰材料。

2. 客房用品分类

客房用品的品种繁多,主要分为两大类:客用固定物品和客用消耗品。

(1)客用固定物品

客用固定物品是指仅供客人住店期间使用,正常情况下,短期不会损坏或消耗掉的物品,包括各类布草、衣架、杯具和文具夹等。

(2)客用消耗品

客用消耗品,是指供客人住店期间使用消耗并可以在离店时带走的物品,也称为一次性消耗品,包括肥皂、牙膏、牙刷、茶叶、信封、洗发精、沐浴乳等。

(二) 客房设备用品的配备

1. 客房设备的设置

(1)客房设备的设置要求

酒店要根据自身的特点,确定客房设备的设置标准。设置客房设备的目的是为了配置质优价廉、适合酒店档次的最优设备,以便提高客房的工作效率和服务质量。在设置时要从以下几个方面来考虑。

①科技性与安全性。现代酒店也会把高科技的产品引入客房之中,这虽然提升了酒店服务水平,但仍然要关注安全性,这是酒店服务的基本要求。在选择客房设备时,首先要考虑其是否具有安全可靠的特性,产品是否合格,尤其是电器设备是否符合安全要求,是否有自动断电的安全设置等。

②适用性与档次性。酒店设备的设置应与酒店的档次相适应。酒店的档次有两个标准,一个是酒店的星级标准;另一个是酒店内部客房标准,如豪华套房、普通客房等。要根据不同的星级标准和客房标准来配置不同等级的设备。适用性是指在选择客房设备时,要考虑其是否能适应客人需要。

③方便性与协调性。方便性是指客房设备易于操作,客人容易掌握。同

时该设备的维修保养也易于进行。协调性则要求客房设备的大小、色彩、外观、质地等应与客房的总体风格、色彩基调等相统一。另外,也要注意使客房设备配套。

④环保性与节能性。客房的环保问题日益被重视,在客房设备的配置上注意使用天然、无污染的家具、地板及墙纸等。同时,也要本着节约能源的原则,尽量选择那些能耗较低的设备,这样便于降低客房的营运成本。

总之,在设置客房设备时,应综合以上多种因素,做出最佳的配置方案。

(2) 客房主要设备的设置

①家具的选择。客房家具材料分为优质、中档和普通3档。

优质酒店家具一般选用以下几种实木及夹板:树榴木、花樟、红影木、白影木、榉木、胡桃木、雀眼木、枫木、柚木、酸枝木、花梨木等。家具所配辅料,如拉手、导轨、铁花、石材及软包面料(高紧密提花布等),须高档、豪华、美观。

中档家具一般选用以下几种实木及夹板:山毛榉、白松、橡木、波罗格、水曲柳、沙比利等。选用的拉手、软包面料以大方、中档为主(如软包面料选用提花布或混纺织物)。

普通家具用材以以下几种实木及夹板为主:各种硬杂木、桦木、柞木、楸木、杂木夹板,表面贴木皮、木纹纸等。所用金属件也较普通,软包面料以普通提花布或化纤面料为主。

客房家具按制作的工艺和用漆工艺分为高、中、低3档。凡漆膜光亮柔和、光滑无挡手感的油漆均属高档。凡漆膜光亮、均匀,光滑的油漆属于中档。漆膜不均匀或是有刷纹、有颗粒、易变色的,即属低档漆。

酒店需根据星级标准及客房标准来选择适合的家具。

②卫生间设备的选择。一般酒店客房卫生间设备有三大件:面盆、浴缸、坐便器。

不同等级的酒店应选用不同规格的面盆,面盆大使卫生间显豪华,面盆小使卫生间显一般,高级面盆实际容水量应大于 10 升,低于 10 升的为普通面盆。面盆不单是洗手、洗面的器具,而且是卫生间的焦点。花边面盆、玻璃面盆等装饰性较强的面盆应为高级面盆。

浴缸分为高级浴缸和普通浴缸。高级浴缸采用材料多数为铸铁及特殊纤维类材料。高级浴缸的规格分为全身浴缸、裙缸、带脚浴缸,特别形式或带按摩浴缸。普通浴缸采用材料多数为钢板、钢板与纤维复合材料、一般纤维。普通浴缸的规格分为一般全身缸、一般裙缸;安装为普通瓷砖及普通石材装砌工艺。

坐便器可分为低噪声坐便器和普通型坐便器。低噪声坐便器是指在冲洗过程中出水时,声音较低,除正常水流声音外,抽水时无特别的声音和回气声,通常规格为加长型或连体式造型。而普通型指坐便器分体式或常规造型。

卫生间的三大件设备应在风格、材质、色调、造型等方面相协调。

③地毯的选择。地毯的要求分为优质地毯、高级地毯、普通地毯3个档次。区分地毯的档次可依据两个因素:一是品质;二是铺设辅料及安装技术。

地毯的档次在很大程度上取决于地毯所采用纤维质量、图案色彩结构,经使用后地毯质量保持度,以及安装过程采用的辅料和技术,如底衬、挂条、合理接驳等,上述因素决定了地毯的脚感、弹性及平整度。

2. 客房用品的选择

(1) 客房用品的选择原则

客房用品具有用量大、价格低的特点,在选择时应遵循以下原则。

①适应性原则。日常客用品应能适应酒店的档次。星级标准较高的酒店应配备更多的、高档的用品。普通客房只要能满足客人基本生活需要,适合客房价格即可。例如,香皂的重量一般要达到20克以上,高档次酒店则应在30克以上。

②耐用性适度原则。客房用品中的一次性用品,一般不过分追求耐用性。

③价格合理原则。客房用品消耗量大,价格因素必须加以重视。应在保证质量的基础上选择价格较低的。

④美观实用原则。客房用品选用时既要注意外形与包装,又要注重其实用性,不能让客人产生粗制滥造的感觉。

⑤环保的原则。酒店经营中的环境保护意识已经得到消费者的认可,现在出现了绿色酒店和绿色客房,倡导在酒店经营中减少消耗和重复利用资源。因此,酒店应尽可能减少或不用一次性用品。

(2) 客房用品的分类选择

①床上用品。床上用品主要包括床单、床罩、棉被、被套、枕芯、枕套、毛毯等。选择时既要注意使其色彩、花样与周边设施协调,同时也要注意使其规格、质量与酒店的级别相适应。

②卫生间用品。卫生间用品有各类毛巾、香皂、洗发精、沐浴液、浴帽、口杯、牙膏、牙刷、梳子、卫生纸等。配置这些物品要做到兼顾实用性与美观性。

③文具类用品。客房内的文具宣传用品,主要有信封、信纸、电传纸、明信片、洗衣单、服务指南、宾客须知、宾客意见表、便笺纸、圆珠笔、客房送餐菜单等,应按统一的规格和标准数量摆放,并注意及时添补。

④装饰用品。客房内装饰性的用品主要有字画、瓷器、挂毯、艺术品等,这些用品选用得当,能起到美化客房、渲染艺术氛围、提升客房格调的作用。

⑤此外,客房内还应配备茶杯、水瓶、烟灰缸、洗衣袋、衣架、纸篓、拖鞋等物品,并应按照一定的规格和标准数量配置。

二、客房设备用品管理方法

(一) 客房设备用品的管理范围和管理要求

过去,客房设备用品的管理范围一般仅限于单纯的仓库管理。由于酒店业市场竞争的加剧,酒店利润大幅度下降。控制经营成本,开源节流,成为提升利润空间的重要措施。客房设备用品管理的业务范围也进一步扩大和系统化。现在,客房设备用品的管理大致包括:客房设备用品的选择与采购、使用与保养、储存与保管。对于客房部门来说,主要是做好客房用品的计划,做好使用、控制和储存保管工作。

客房设备用品管理应达到 4R 的管理要求。

1. 适质

适质(Right Quality)即要求提供给客房使用的设备用品品质要符合标准,能够满足客人的需要。

2. 适量

适量(Right Quantity)即要求客房设备用品的计划采购数量要适当控制,要确定合适的采购数量和采购次数,在确保适时性的同时,做到不囤积,避免资金积压。

3. 适时

适时(Right Time)要求客房设备用品在需要的时候,能够及时供应,保证服务的及时性和延续性。

4. 适价

适价（Right Price）要求以最合理的价格取得所需的客房设备用品。

（二）客房设备用品管理方法

1. 做好客房设备用品的采购预算

客房部要根据客房出租率和以往年份的设备用品的使用情况，编制好本部门的预算，报给酒店，由酒店采购部门及时采购所需的各种物品与设备，以保证客房活动的正常进行。

做好采购预算首先要科学合理地核定设备用品需要量。客房部应根据客房等级、标准和数量，分别核定设备用品的品种、规格、数量和质量，统一造册，最后计算出客房设备用品需要量和所需资金，报酒店审批购买。

2. 做好设施设备的审查、领用和登记工作

客房部管理人员对采购供应部门所采购的设备必须严格审查。要对每一件设备进行分类、编号及登记，以便于统一管理。

客房设备按其用途分类，可分为房屋及建筑物、机器设备、家具设备、地毯、家用电器设备和其他固定资产等类；按使用状况分类，又可分为在用设备和未使用设备。大型酒店的设备分类可更细些，即在每一大类中，再进一步分为若干小类。

3. 分级归口管理

客房设备用品的分级管理就是根据酒店内部管理体制，实行设备主管部门、使用部门、班组 3 级管理，每一级都有专人负责设备管理，都要建立账卡。使用部门和设备主管部门应建立设备用品分类明细账，同时记载实物数量和金额，财务部门实行金额控制，负责设备调拨、报损、报废，各级都要及时登记账卡。归口管理是将某类设备归其使用部门或班组管理，几个部门、多个班组共同使用的某类设备，归到一个部门或班组，以它为主负责面上的管理，而由使用的各个部门、各个班组负责点上的使用保管、维护保养。

分级归口管理，有利于调动员工管理设备的积极性，有利于建立和完善责任制，切实把各类设备管理好。

4. 做好客房设备用品的日常使用与保管

客房设备用品分级归口以后,在设备用品的使用过程中,班组管理员要定期和客房设备用品保管员核对,发现问题,及时解决。客房设备用品在日常使用中,要注意对使用者进行培训。若使用者不懂操作规范,不熟悉设备用品性能,也可能具有危险性。应指导使用者正确使用设备用品,并严格遵守操作规程,以避免盲目操作而造成人为的设备用品损耗,同时也可保证设备用品的使用安全。

5. 建立设备档案

设备被划归为客房部使用和管理以后,为了加强管理,杜绝漏洞,应建立设备档案,并对设备进行分类、编号和登记。设备档案内容包括设备的名称、购买日期、生产厂家、价格、维修记录等。这是对设备进行采购和管理的依据。

6. 做好客房设备用品的维护保养与更新改造计划

(1) 客房设备用品的维护保养

设备用品的维护保养是客房部设备用品管理的重要内容,一般以客房设备用品完好率来衡量客房部的设备用品管理水平。客房设备用品的维护保养分为平时的清洁和计划保养。具体分为以下类别。

①日常保养。日常保养又称例行保养(每天清洁),是以操作人员即客房服务员为主,每天进行的日常清洁工作,如每天的清扫、抹尘、擦洗、调试等,以保持设备用品的干净清洁、坚固、安全等。

②一级保养。一级保养是对设备用品进行局部检查、维护清洁的工作,如客房的卫生设备等定期检查清洗工作。它是以操作人员为主,维修人员为辅。

③二级保养。二级保养是对设备进行局部解体检查、更换或修复磨损件、局部恢复精度和技术性能的一种保养制度,如电器设备的保养工作。二级保养是以维修人员为主,操作人员为辅。

④三级保养。三级保养也称大修理,是对设备主体部分进行解体检查和调整,及时更换那些达到规定磨损限度的零件,以确保设备安全的保养制度。三级保养则是以工程技术人员为主。

⑤计划卫生。计划卫生是客房部搞好设备用品保养的关键所在。计划

卫生就是在搞好日常清洁卫生的基础上，对于那些平时容易忽视的部位或不易搞好的地方以及家具设备进行定期的清扫，以保证酒店环境的整洁度以及提高设施设备的使用寿命。

（2）客房设备用品的更新改造计划

设备用品无论是受到物质磨损还是精神磨损，客房部都应按计划进行更新改造。在更新改造设备用品时，客房部要协助设备用品部门进行拆装，并尽快熟悉设备用品性能和使用、保养方法。

为了保证酒店的规格档次和风格统一，保持并扩大对客源市场的影响力，多数酒店都要对客房进行计划中的更新，并对一些设备用品实行强制性淘汰。这种更新计划往往有以下规律。

①常规修整。常规修整工作一般每年进行一次，其主要内容包括：地毯、饰物的清洗，墙面清洗和粉饰；常规检查和保养；家具的修饰；窗帘、床罩的洗涤；油漆的修补。

②部分更新。部分更新是当客房使用达5年时，即应实行的更新计划。它包括：更换地毯；更换墙纸；沙发布、靠垫等装饰品的更新；窗帘、帷幔的更新；床罩的更新。

③全面更新。全面更新一般10年左右进行一次。它要求对客房陈设、布置和格调等进行全面彻底的改造。其项目包括：橱柜、桌子的更新；床垫、床架、床头板的更新；沙发、咖啡桌的更新；灯具、镜子和画框等装饰物的更换；地毯的更新；墙纸或油漆的更新；卫生间三大设备的更新；卫生间墙面和地面材料、灯具和水暖器件等的更新。

以上所列计划可根据各酒店的具体情况予以提前或到期进行。但若延期进行，则应警惕可能出现补漏洞式的"糊弄"工程，以及酒店规格水准的下降或不稳定。

三、主要客房设备用品的清洁与保养

做好客房设备用品的清洁保养工作，可以使设备用品保持良好的运营状况，为客人提供优质的客房服务。设备得到精心维护也可以使其使用寿命延长，从而降低客房购置与大修设备的成本，提高酒店的盈利水平。因此，客房员工必须掌握各种设备用品的保养知识，养成良好的使用和保养习惯，做好对各类设备用品的保养工作。

（一）床垫的保养

要定期翻转床垫，每周床头、床尾调换一次；每月把床垫翻转一次，使床垫各处压力和磨损度相同，保持平整完好；检查床垫弹簧的固定扭是否脱落。

（二）木质家具的保养

木器家具的保养，除了要经常除尘，保持表面清洁以外，还要注意"四防"，即防水、防潮、防蛀和防热。

1. 防水

木质家具沾水后易变形，油漆家具如溅上水珠，家具表面的油漆还会起泡、发霉，使油漆面失去光泽。水溅到家具上，应立即用干抹布擦净。

2. 防潮

木器家具受潮容易变形、开胶、朽烂，如果客房潮湿，应经常打开门窗进行通风。潮气较重的客房，家具放置一般不要紧挨墙壁，以保持空气流通。平时清洁时，应把抹布拧干再擦洗家具。

3. 防蛀

木质家具易生蛀虫，为了防虫，须在橱柜抽屉层放置一些樟脑丸或定期喷洒杀虫剂。除此之外，还要经常查看家具榫头、螺丝是否松动，五金零件有无丢失等，有问题应及时报修，防止损坏程度扩大，导致无法维修而报废。

4. 防热

油漆家具不要放在阳光直射的地方，否则易褪色。一般家具的油漆表面怕烫，应使用垫盘。另外，家具的放置应远离水散热片、气散热片，以防家具被烘干，导致变形和破裂。

（三）门窗的保养

平时做好门窗的清洁工作，开、关门窗时，要轻开轻关，可以延长门窗的使用寿命。此外，雷雨天及刮大风时，应关好客房窗户，以免雨水溅入客房，或被大风吹坏窗玻璃。

（四）墙面的保养

酒店客房的墙面大都使用墙纸，对墙面应经常进行吸尘。清洁墙纸时，用比较干的软布擦拭。

清洗墙面时，应先用湿布在小块墙纸上擦一下，查看是否掉色或渗色。若掉色或渗色，就表明该墙纸不能水洗，可改用膏状去污剂清洗。如果墙纸耐水性能好，可用海绵和不加漂白剂的中性合成清洁剂去污，方法是将湿海绵拧一下，使它含有适当水分，擦洗时，随时挤去海绵上的污垢，保持海绵干净，然后再用清洁的水和干净的海绵把墙纸擦洗干净。发现墙壁潮湿或天花板漏水的现象，应及时报工程部维修，以免墙壁发霉，墙皮脱落，客房漫水。

（五）地毯的清洁与保养

在地毯的清洁与保养中，吸尘是保养地毯的首要程序。

纯毛地毯的大问题是容易遭虫蛀，因此在使用时应在地毯底下放些药物以防虫蛀。用洗地毯机洗涤纯毛地毯的方法同化纤地毯一样，只是水分要少些。洗后的地毯宜放通风处晾晒，不能阴干，否则底线很容易霉烂。

化纤地毯的保养方法除每天用吸尘器吸尘外，还有下列方法可行。由于化纤易与果汁、饮料起化学反应，当地毯不小心滴上果汁产生黑点，面积不太大时，应及时用盐水把干净的抹布泡湿，拧得半干来擦拭污点，即可除掉。如大面积脏时，把清洁剂溶于水中，用洗地毯机洗净，洗后很多污渍、杂物和泡沫浮在地毯上，然后用吸水机吸掉，晾半天后即可使用。对很脏的地方，不要试图一次洗净，应等地毯干后再重复清洗，直至清洁。

（六）空调设备的保养

客房使用的空调，分为室内中央空调和小型分体空调两种。

中央空调由专人负责管理操作，集中供应，按季节供应冷、热风。各客房有送风口，可按需要调节温度。每隔 2 至 3 个月清洗一次进风过滤网，以保证通风流畅。要定期对鼓风机和导管进行清扫，电机轴承传动部分要定期加注润滑油。

小型分体空调在使用时要注意不能让水溅到开关上，以免发生漏电，造成触电事故。在使用中如发出异常声音，应关闭电源，通知工程部进行检查修理。

（七）电器设备的保养

1. 电梯

电梯内外应经常擦洗，梯内地毯要每天吸尘清洁。不要让电梯受到刀具等的硬性伤害。

2. 电冰箱

电冰箱保养要做到以下几个方面。

（1）搬动电冰箱时不要剧烈地晃动，要保持箱体平稳直立，其与地面的倾斜角不可小于60度，更不允许将电冰箱倒置。

（2）电冰箱要放在通风阴凉之处，冰箱顶部不要放置其他物品。背部与墙要有10厘米以上的距离，以保证散热。

（3）热食不要直接放入箱内，要尽量减少开门的次数和时间，要经常清洁冰箱内部，以防产生异味。

（4）电冰箱使用要保持连续性，不能时常开关，影响电冰箱的寿命。

（5）如断电后不能马上通电，要等来电5分钟后再通电，以保证压缩机正常运转，延长使用寿命。

3. 电视机

电视机的保养应做到以下方面。

（1）电视机应放在通风良好的地方，忌高温、潮湿的环境。

（2）电视机插座接头要安全可靠，电源线不能有裸露的地方。

（3）非专业人员不得打开机箱后盖，否则有触电的危险。

（4）雷雨天气最好不要打开电视机，应将天线和电源插头拔下。

（5）清洁机壳和屏幕时要用柔软的干布，应使用中性清洁剂。

（八）卫生设施及设备的保养

1. 卫生间洁具的保养

卫生间洁具应经常清洁，要用专门清洁剂来保洁，不可用去污粉等粗糙的物品去擦拭。因为去污粉不仅容易把洁具光泽擦掉，而且容易造成下水管道堵塞。对浴缸、洗脸盆和马桶等卫生设施的保养，还应特别注意要防止水龙头或淋浴头滴、漏水，如发生类似现象，应及时报工程部维修，否则，久而久之，会使卫生洁具发黄，难以清洁。

2. 客房清洁设备的保养

对客房清洁设备的保养要做好以下工作：所有使用人员都必须了解和掌握清洁设备的操作要求，并严格按操作要求使用；清洁设备在使用后都应进行全面的清洁和必要的养护；设备使用前后都应检查其状况是否完好，发现问题要及时处理；要有良好的存放条件，并按要求摆放。

在客房所有清洁设备中，吸尘器的使用频率最高，对吸尘器的保养也就更加重要。吸尘器的使用和保养要注意以下要点：检查有无漏电现象，防止发生危险；检查各部件的连接是否严密，如有漏风的地方要及时修理；吸尘器在使用时，要避免吸入硬物或尖锐的东西，以免蓄尘袋破裂、喉管堵塞或机件失灵；吸尘器使用完毕后，要定期清理蓄尘袋，弄干净刷子和吸尘器的外壳。

（九）织物的保养

客房部的织物主要包括：客房手巾、浴巾、枕巾、面巾、澡巾、地巾以及床单等各类布草。布草的清洗、保养要注意以下几点。

（1）床上用品初次使用前，应先下水漂洗一次，可将表面的浆质及印染浮色洗掉，使用起来会比较柔软，将来清洗时也不大容易褪色。

（2）清水洗涤时，先将中性洗涤剂倒入洗衣机，水温不要超过30℃，待洗涤剂完全溶解后再放入床上用品，浸泡的时间不要太久，以防褪色。

（3）根据织物的不同纺织原料（全棉、涤棉、涤纶等），选择不同的洗涤工艺。如全棉和涤棉的洗涤温度不同，涤棉主洗温度不高于70℃等。

（4）注意选用优质适用的洗涤剂，并针对不同的洗涤对象和洗涤环境配制合理的用量，否则不仅洗涤效果不好，严重时还会损坏织物。

（5）洗涤前应对被洗物进行多重分类，按用途、颜色、污垢程度等分好类后分别洗涤，避免一起处理而互相污染。

（6）高速甩干时应注意观察透视镜，如发现有缠绕现象，应及时停机，重新整理后再行甩干，以免引起织物破损。

（7）采用烘干处理时，应对不同的纺织品采用不同的烘干温度、烘干时间和冷却时间，防止造成纺织品收缩、变黄、发脆、发硬。

（8）定期检查洗涤设备内壁有无毛刺，发现有毛刺现象应及时清除。

（9）收藏时应先清洗干净，彻底晾干，折叠整齐，宜放在暗处，湿度低、通风良好的地方。长期不使用的被类产品在重新使用前可先在阳光下晾晒，使其恢复蓬松。

练习与思考

一、选择题

1. 与一般企业相比，前厅与客房设备用品管理特点有（　　）。
   A. 种类与构成复杂，管理精细化要求高
   B. 社会消费性强，享受成分高
   C. 精神磨损较大，更新周期短
   D. 涉及范围广，管理协作性要求高

2. 在酒店前厅与客房设备用品管理过程中，要合理选择和配置设施设备用品，以适应酒店星级和（　　）。
   A. 酒店要求　　　　　　　B. 管理需求
   C. 市场需求　　　　　　　D. 员工需求

3. 酒店前厅与客房设备用品管理中，要遵循集中管理和（　　）相结合原则。
   A. 单独管理　　　　　　　B. 分别管理
   C. 分散管理　　　　　　　D. 分级归口管理

4. "制定和编排公共区域大清洁工作计划"是（　　）的岗位职责。
   A. 前厅部主管　　　　　　B. 前厅部领班
   C. 前厅部员工　　　　　　D. 接线员

5. 客房设备主要包括（　　）。
   A. 电器　　　　　　　　　B. 客房装饰品
   C. 家具　　　　　　　　　D. 洁具
   E. 安全装置　　　　　　　F. 地毯

二、判断题

1. 星级饭店多以地毯作为客房地面的主要装饰材料。　　　　（　　）
2. 酒店客房设备要充分考虑安全性。　　　　　　　　　　　（　　）
3. 酒店前厅设施设备只需要满足基本工作需求即可，不应过于复杂。
   　　　　　　　　　　　　　　　　　　　　　　　　　　（　　）

4. 对于精神磨损大的酒店设备用品,要及时做好更新。　　　( )

三、简答题

1. 客房设备用品管理的 4R 是什么?

2. 如何做好木质家具的保养?

3. 如何做好地毯的清洁保养?

4. 请简述智慧酒店的内涵。

四、案例分析

随着酒店智能化的不断推进,酒店从业人员常常听到宾客对酒店客房内设施的如下抱怨:电视看不了——因为不会开;厕所用不成——因为科技含量高,不知道怎么用;窗帘打不开——因为普通话不够标准;总机电话打不出去——因为不会语音拨号;直接去找前台,结果半路碰到个"社牛"话痨礼宾机器人,"社恐"分分钟发作……

酒店业处于科技革命的迅速发展阶段,但上述的问题也确实存在。

问题:

1. 如果你是一名酒店管理人员,在与宾客交流过程中发现存在题目中的不便,你会如何做?

2. 作为酒店人,应如何处理高科技与宾客需求之间的关系?

第十一章
前厅部与客房部沟通协调管理

学习目标：通过本章学习，能够在不同情境下完成前厅部与酒店各部门之间的沟通协调、客房部与酒店各部门之间的沟通协调；具备大局意识。

核心概念：沟通；协调

第一节　沟通与协调概述

一、沟通协调的定义

沟通是传递信息。但要使沟通具有效果，不仅要满足信息的传递，还要使信息传递者的思想、感情、意见和态度能全部被对方所了解，这才能称作有效的、成功的沟通。沟通协调从管理科学的角度来讲，是指相关对象之间所进行的信息传递和接受的过程，以及从合作角度对有关事项，如完成服务任务，解决冲突、矛盾等方面所进行的配合和努力。

二、沟通协调的作用

如何更好地进行与客人及部门之间的沟通和协调？这要求各部门的工作人员都能明确沟通协调的作用，掌握沟通协调的方式，运用正确的沟通协调渠道来进行具体的工作。

在我们日常工作中，沟通协调所起到的作用通常有以下几点：

(1) 通过沟通协调来向对方说明某事,使对方理解你的意图。
(2) 通过沟通协调了解对方的真实意见及打算。
(3) 通过沟通协调使相互之间的意见和观念被接受。
(4) 通过沟通协调,最后双方能够澄清误解,解决冲突、矛盾,以便相互协作。

在服务过程中,服务人员通过同客人良好的沟通、协调,能够了解客人的服务需求,让客人真正地了解酒店所能提供的服务内容及相关服务设施情况,并根据这些进行同其他部门之间的沟通协调,同心协力,相互配合,共同完成客人的服务要求及对客服务过程。尤其是在解决客人投诉及处理由于工作原因而产生的部门工作之间的矛盾冲突过程中,有效的沟通、协调可以澄清相互之间的误解,解决具体的问题,避免因客人投诉及部门之间的矛盾而对酒店的经营及对外声誉产生不良的影响。

三、有效的沟通协调应具备的条件

(1) 具有明确的沟通目的或有沟通的必要。
(2) 具有一定的沟通技巧。
(3) 选择适当的沟通对象、渠道、方法和时机。
(4) 及时搜集反馈信息。
(5) 实现思想、感情、意见和态度的交流,使沟通双方对沟通的信息有一致的理解。

四、酒店沟通协调的主要内容

酒店沟通协调的主要内容包括:各部门之间目标的协调;各部门之间服务项目、服务内容的协调;各部门之间服务质量的协调;各部门之间服务时间与服务过程的协调;各部门之间接待能力的协调;各部门之间人际关系的协调以及各部门之间在利益分配上的相互协调。

五、酒店沟通协调的渠道

在酒店运行过程中,常见的沟通协调渠道如下:

（一）书面形式

书面形式，即内部相关服务事项的备忘录、接待通知单、各种报表、表格、专题报告、相关文件、批示，以及对客的"宾客意见调查表"，有关酒店服务内容的简介、杂志告示。

（二）语言形式

在利用语言进行沟通协调时，一定要注重语言使用的技巧性及准确性。

（三）会议形式

会议是一种面对面的、最明朗的、最率真的联系和交流方法。会议也是一种主要沟通协调途径，如由总经理召开的各种协调会、各种例会，各班组的班前会和班后会等。会议可以帮助与会者就有关事项进行讨论、声明，达成协议，并可公开解决一定的冲突和矛盾。

（四）计算机系统

计算机系统具有迅速、准确、方便和信息共享的特点，是现代酒店沟通协调和信息处理的一个重要手段。

第二节　前厅部与酒店各部门的沟通协调

前厅部是酒店的重要部门，充当着酒店"信息中心"的角色，因此无论是前厅部内部沟通协调，还是前厅部与客人、其他部门之间的沟通协调，对于酒店正常运转都十分重要，有助于酒店出色完成对客服务。

一、前厅部内部沟通协调

沟通协调不仅包括面对面的对话以及通过系统发送的信息。有效的前厅沟通协调还包括使用工作日志、服务手册和使用酒店管理信息系统等方面。前厅沟通协调的复杂程度直接与酒店的客房数量和公共区域面积、功能设置和设施设备有关系。酒店越大,人数越多,沟通协调网络就越复杂。即使是小型酒店,其中的沟通协调也并不简单容易。

(一) 沟通协调的主要途径与方法

1. 工作日志或备忘录

工作日志或备忘录主要目的是使员工在交接班时了解上一个班次发生的重要事情和作出的重要决定。常见的前厅部工作日志记录着特殊事件、宾客的投诉、宾客的主要诉求以及其他有关信息。工作日志有纸质和电子两种。纸质的一般记录宾客打电话要求增加一条毛巾以及此事项是否落实等类似事宜。电子的一般记录需要在系统内与其他部门进行沟通的事宜,如宾客反映客房内灯泡损坏,需要更换,在告知前台后,前台接待将其输入系统,工程部和客房部都会收到系统提醒,以安排员工处理。任务完成后,相关员工将结果输入系统,前厅部经理和其他部门经理就能确认宾客的需求是否被及时满足,有助于提高客人入住满意度。

工作日志或备忘录的使用有助于迅速满足宾客在住店期间的要求。现在两种方式均在使用,"混搭"也会使工作效率更高。

2. 服务手册

前厅部员工每天都会接到大量的宾客问讯,因此要求前厅部员工掌握面广量大的信息,以快速提供给宾客。一般需要掌握的信息如下:

(1) 当地特色美食及参观推荐;

(2) 当地主要旅游景点推荐(含酒店到景点的交通方式、景点票务信息、景点开放及关闭时间、景点内主要服务等);

(3) 附近医疗设施、加油站、商场等介绍;

(4) 附近银行及自动取款机的介绍;

(5) 本地文化场所(如剧院、图书馆、博物馆、大学)介绍;

(6) 本地政府机关的介绍;

(7) 酒店相关规定(如退房时间、损坏物品规定、有关宠物规定)介绍;

(8) 酒店内娱乐设施或附近娱乐设施介绍。

上述信息可以分类集成册,内含本地简明地图、常用信息及重要文化场所地址以及近期重要会展活动等的信息,使之成为酒店的亮点,同时前台员工应熟悉手册内容。

在当前信息技术的加持下，酒店可在公共区域放置智能机器人，内部储存与当地旅游和本酒店相关的信息，宾客可以自助获取。这一方式使得前台接待员可以空出时间更好地对客服务，宾客也可选用自己喜欢的方式获取信息。

3. 酒店告示系统

酒店告示系统主要包含书面和电子两类。书面告示的主要呈现方式为告示牌，一般包括活动或会议名称、时间和地点等内容，放在前台附近、电梯出入口、会议厅门口等，以便参加活动或会议的宾客能顺利获取信息。电子告示主要表现形式为显示屏，一般在宾客容易看见的地方，如酒店大门上方滚动显示屏、电梯厅内部的显示屏等地方。酒店还可以将其与销售部、宴会部门的系统连接，以保证信息的实时性。

4. 团队档案

会议型酒店的前厅部员工更需要熟练使用团队客史档案。团队客史档案包含团队活动安排、转账规则、重要宾客、抵店方式、离店方式以及其他重要信息，这些信息均需要被输入系统中。酒店前台员工除需要在班前会知晓上述信息外，还需要清楚地知道这些文档储存在哪里，当团队客人有问题时，可以及时回应。

在团队客人抵达前，酒店内部会进行沟通，一般宴会统筹销售或者宴会服务经理会主持会议，团队负责人和酒店关键部门经理会一同参加会议，会议过后，部门经理需要做的事情就是使每一个员工熟悉并掌握团队文档信息。

5. 电讯系统

有效的前厅内部沟通协调离不开电讯系统，主要包括电话、传真等服务。酒店前厅部员工需要熟记酒店内部电话信息以及地区内常用电话信息，以保证内部信息沟通的迅捷，同时能够给宾客提供更加高效准确的服务。

知识链接

如何提高通话技能

由于不能与宾客面对面，因此酒店内的电话沟通也需要一些技巧，以引起宾客好感,为酒店树立良好形象。

可以试着做好以下几点:

(1) 露出真诚微笑。通话时,记得微笑。这样会自然而然地改善通话质量,以真诚、好客、愉快的声音进行通话。

(2) 坐有坐相,站有站相。坐直或站直,有助于更集中精力倾听对方的声音,获取信息。

(3) 音调适中。略低沉的声音有助于展示接听电话人的可信度。

(4) 语速适中。说话的语速尽量与来电者相近,使其定下本次通话的节奏,有助于通话事宜的有效达成。

(5) 音量合适。说话声音太大,显得咄咄逼人;说话声音过小,则会显得胆怯与犹豫不决。

(6) 避免使用不确定性语气词。在通话中,尽量避免使用"然后""嗯""哦""这个""那个"等不确定性语气词,这样会削弱专业性和可信度。

(7) 做好记录。需要记录来电日期、来电时间、对方姓名(全称)、对方单位、来电号码、留言内容(如数字、楼层、活动时间),并做好信息确认。

(二) 前厅部内部沟通协调

前厅部内部沟通协调主要是为了使信息在内部准确快速地传递,以达到快速为宾客服务,提升宾客满意度的目的。沟通协调主要存在于接待处、预订处、前厅收银处这几个部门之间。

1. 接待处与预订处的沟通协调

接待处应每天将实际抵店、实际离店、提前离店、延期离店和临时取消的客房数,预订但未抵店的客房数,以及换房数等信息,书面通知预订员,以便预订员及时根据上述数据修改预订总表,确保客房预订信息的准确性。同时,预订处也应每天将更改预订、延期抵店、取消预订及次日抵店等情况,以书面形式通知接待处,以最大限度地销售客房。

2. 接待处与前厅收银处的沟通协调

接待处应及时将已办理入住登记手续住客的账单交至前厅收银处,以便收银处开立账户,累计客账。若住客换房,房价发生变化,也应将此信息迅速书面通知收银处。同时,双方的夜班员工应就白天的客房营业收入,进行细致认真的核对,确保正确反映营业情况。客人结账后,前厅收银处应立即将此信息通知接待处,以便更改客房状态,通知客房部清扫、整理,以便再次销售客房。

3. 预订处与前厅收银处的沟通协调

预订处与前厅收银处之间需就客人定金的收取问题进行有效的沟通,以确保保证类订房客人接待工作的顺利进行。

二、前厅部与其他部门之间的沟通协调

酒店提供的服务具有整体性,任何一个环节出了问题都会导致宾客投诉或者不满,因此酒店各部门之间的联系沟通更为重要。具体来说,前厅部与酒店其他部门都有沟通与协调。如图11-1所示。前厅部与其他部门之间的沟通协调主要有接待工作、预订工作、问讯处工作、大厅服务处工作、电话总机工作五个方面。

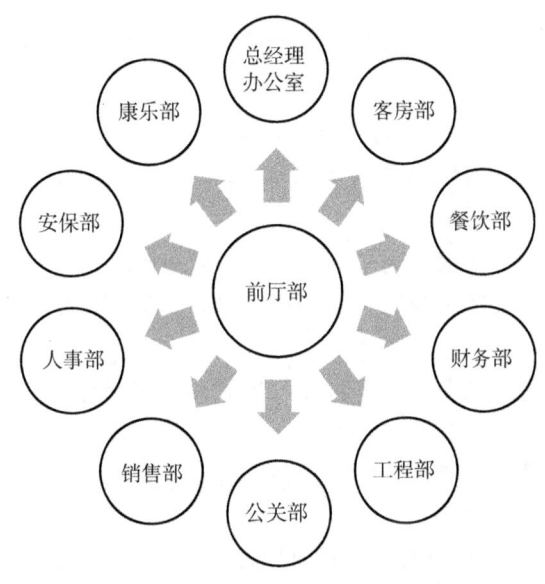

图 11-1 前厅部与其他部门沟通图

（一） 与客房部之间的沟通协调

酒店前厅部与客房部之间的沟通必须是双向的,必须互相通知房态变更情况,以实现高效为宾客排房,避免出现混乱。实现这一目标的前提是两个部门员工充分熟悉对方工作程序。客房部员工可通过酒店管理信息系统了解每个客房状况,跟踪顾客要求。

除此之外,两个部门的经理需要就即将到来的重大活动,如大型会议、高规格活动等进行充分沟通。重点包括按何种顺序安排抵店及预期离店的客人,以及为重要客人安排何种客房,如何提供符合宾客身份的服务等。

具体如下：

1. 接待工作

（1）客房部楼层应每日向前台接待处提交楼层报告,以便前台控制房态,前台应提交客房状况差异表,这是协调客房销售与客房管理之间关系的重要环节,也是前厅部与客房部重要的信息沟通内容,以确保客房状况信息显示准确无误。

（2）贵宾抵店的当天,前厅部将准备好的欢迎信、欢迎卡送交客房部,以便客房部布置贵宾客房。

（3）团队客人抵店前,前厅部送交团队用房分配表。

（4）前厅部送交特殊要求通知单,将客人提出的房内特殊服务要求通知客房部。

（5）前厅部用电话及时通报客人入住和退房情况。

（6）前厅部送交客房或房价变更通知单,把客人用房的变动情况通知客房部。

（7）前厅部每日送交预期离店客人名单、在店贵宾和团队表、待修客房一览表。

（8）双方应及时沟通客人的相关情况和信息,如楼层应将客人在房内小酒吧的消费情况通知前台。

（9）客房部应安排楼层服务员协助行李员搞好团队行李的运送及服务。

（10）客人结账离店时,客房部应以最快的速度对离店客人的客房进行检查,并将检查结果报前厅部收银员；客人离店后,客房部应以最快的速度对已退客房进行清洁整理,完成后尽快报前厅部,从而提高酒店客房的利用率。

2．预订工作

（1）前厅部每日送交客情预测表。
（2）前厅部送交次日抵店客人名单。
（3）前厅部书面通知客房部订房客人房内布置要求,以及订房客人所需的房内特殊服务要求。
（4）贵宾抵店前,前厅部递交贵宾接待通知单。

3．问讯处工作

客房部应将走客房内所发现的遗留物品的情况通知问讯处。

4．大厅服务处工作

大厅服务处递送报纸、邮件和有关文件,或将需递送的报纸及报纸递送单交客房部代为发放。

5．电话总机工作

总机如发现客人对电话叫醒服务无反应,应通知客房部上门进行人工叫醒。

（二）与餐饮部之间的沟通协调

酒店有两大收入来源,一是"食",二是"宿",因此酒店前厅部必须重视与餐饮部之间的沟通协调,以提高效益。

具体如下：

1．接待工作

（1）前厅部书面通知餐饮部房内的布置要求,如在房内放置水果、点心等。
（2）前厅部发放团队用餐通知单。
（3）前厅部每日送交在店贵宾和团队会议人员表、在店客人名单、预期离店客人名单。

2. 预订工作

(1) 前厅部每周送交一周客情预报表。
(2) 前厅部每日递送客情预测表、贵宾接待通知单。
(3) 前厅部书面通知餐饮部订房客人的用餐要求及房内布置要求。

3. 问讯处工作

(1) 问讯处每日从餐饮部的宴会预订组取得宴会和会议活动安排表。
(2) 问讯处向客人发放餐饮活动的宣传资料。
(3) 问讯处应随时掌握餐饮部营业的服务内容、服务时间及收费标准的变动情况。

4. 大厅服务处工作

大厅服务处应更新每日宴会或会议、饮食推广活动的布告牌。

5. 电话总机工作

总机应随时掌握餐饮部营业的服务内容、服务时间及收费标准的变动情况。

（三）与销售部之间的沟通协调

前厅部与销售部都对酒店的客房销售工作负有责任。销售部不但对眼前的客房销售负有责任,更重要的是对酒店长期的、整体的销售,尤其是对团队、会议的客房销售负责;而前厅部则对零星散客,尤其是当天的客房销售工作负有更直接的责任。前厅部与销售部之间必须加强信息沟通,才能减少销售工作中的矛盾与冲突,提高酒店客房利用率,圆满完成客房销售任务。

销售部还要依赖前厅部为其提供客史档案及各类预订信息,以便更好地满足客人的需求。此外,前厅部通过为客人提供专业的、热情周到的服务而对销售部的工作予以支持。

对于销售部而言,客史档案是进行市场营销极有价值的资源,销售部可利用客史档案的相关资料进行各种市场营销和促销活动,邮寄促销信函,选择适当的广告媒体。因此,前厅部员工应尽可能为销售部提供及时、准确的信息。

具体如下：

1. 接待工作

（1）双方进行半年客房销售预测前的磋商，并研究决定酒店团队客人、会议客人与散客的接待比例。

（2）双方讨论决定出现超额预订时，酒店应采取的补救措施。

（3）前厅部以书面形式向销售部通报有关客情信息，如发送一周客情预报表、团队、会议用房分配表，次日抵店客人名单等表格。

（4）互相沟通团队客人抵店信息。销售部提前将团队客人的详细情况，以书面形式报送前厅部，以便预留客房；前厅部在团队客人抵店前，将团队客人的用房安排等情况书面通知销售部；若团队客人客房出现变动情况，双方也应及时沟通。

（5）前厅部每日送交在店贵宾和团队名单、预期离店客人名单、客房营业日报表、营业情况对照表。

2. 预订工作

（1）为避免超额预订情况的发生，双方应研究决定经营旺季时团队客人、会议客人与散客的接待比例。

（2）销售部将已获批准的各种订房合同副本交预订处。

（3）销售部将团队客人的预订资料、团队接待通知单交预订处。

（4）双方应核对年度、月度客情预报。

（5）每日递送客情预测表、贵宾接待通知单、次日抵店客人名单、房价及预订情况分析表、客源比例分析表等。

3. 问讯处工作

销售部应将团队活动日程安排等有关信息通知问讯处，以便其回答客人的询问和提供所需的服务。

4. 大厅服务处工作

大厅服务处应从销售部了解离店客人的收取行李时间及离店时间。

5. 电话总机工作

(1) 总机应了解团队客人需要提供的叫醒服务时间。
(2) 总机应了解团队活动的日程安排。

（四）与财务部之间的沟通协调

1. 接待工作

(1) 双方就给予客人的信用限额、超时房费、已结账的客人再次发生费用等问题及时进行沟通。
(2) 前厅部根据酒店政策,收取预付款。
(3) 前厅部将打印好的已抵店的散客的账单及登记表送交财务部。
(4) 前厅部送交打印好的信用卡签购单。
(5) 前厅部送交打印好的已抵店的团队客人的总账单、分账单。
(6) 前厅部送交客房或房价变更通知单。
(7) 前厅部每日送交预期离店客人名单、住店客人名单、在店贵宾/团队表、客房营业日报表、营业情况对照表。
(8) 双方完成客房营业收入的夜审核对工作。

2. 预订工作

(1) 双方就定金（预付款）的收取问题进行沟通。
(2) 双方就订房客人的信用限额问题进行沟通。
(3) 前厅部每日递送客情预报表、贵宾接待通知单。

3. 大厅服务处工作

(1) 大厅服务处递送已结账客人的离店单。
(2) 大厅服务处递送服务费收入日报表。

4. 电话总机工作

(1) 总机递交长途电话收费单、长途电话营业日报表。
(2) 双方就已结账客人打长途时的再次收费问题进行沟通。

（五） 与工程部之间的沟通协调

在大部分酒店，工程部的员工在每次班次开始前都需要阅读前厅工作日志，明确需要检修的项目，如空调失灵、管道问题、设备噪声问题、家具破损问题等。这些沟通均为双向沟通。有的酒店也会采用一式数联的保修单来填写需要维修的项目，在维修工作结束后，维修人员将会通知相关部门存档。若维修时间较长，影响客房出租，工程部会通知客房部及时转换房态，以免影响营业收入。

具体如下：

1. 前厅部通过工作日志（纸质或电子形式）告知工程部需要维修的项目。
2. 工程部维修完成后，通过系统或维修单告知前厅部维修结果。
3. 前厅部与工程部协调处理客房的设备设施维修及客房钥匙遗失的问题等。

（六） 与公关部之间的沟通协调

前厅部员工最需要提前了解酒店宣传活动内容，酒店公关部门的工作有效性需要前厅部门员工的大力支持与参与。

具体如下：

（1）双方共同参与宾客接待，为宾客组织各类活动，以吸引回头客。
（2）前厅部员工通过客史档案、专门入住登记及离店服务，提高酒店个性化对客服务水平，提升公关部门业务绩效。

（七） 与总经理办公室之间的沟通协调

1. 接待工作

（1）前厅部与总经理办公室沟通房价的制定与修改。
（2）前厅部呈报免费、折扣、定金、贵宾接待规格、客房销售等各项计划，由总经理办公室批准。
（3）前厅部每日递交在店贵宾和团队表、预期离店贵宾名单、客房营业日报表、营业情况对照表等。

2. 预订工作

(1) 前厅部定期呈报客情预报表。

(2) 前厅部每日递交客情预测表、次日抵店客人名单。

(3) 前厅部递交贵宾接待规格审批表,报告已预订客房的贵宾情况;贵宾抵店前,递交贵宾接待通知单。

(4) 前厅部每月递交房价及预订情况分析表、客源分析表、客源地理分布表。

3. 问讯处工作

问讯处转交有关邮件、留言。

4. 电话总机工作

总机应了解正、副总经理的值班安排及去向,以提供呼叫找人服务。

(八) 与其他部门之间的沟通协调

(1) 前厅部应与人事部沟通协调,开展新员工的前厅培训工作与上岗的工作安排。

(2) 前厅部应及时向康乐部传递客人的健身娱乐要求,满足客人的需要。

(3) 前厅部应了解各部门经理的值班安排和去向,以提供紧急的联系渠道。

(4) 出现突发事故时,前厅部应与其他部门相互沟通、协调。

第三节　客房部与酒店各部门的沟通协调

客房部要生产出高质量的服务产品,必须得到酒店其他部门的合作与支持。做好客房部与酒店其他部门的沟通与协调工作是提高客房部服务质量的重要保证。此外,客房部也应做好内部的沟通协调,保障各项工作的顺利开展。

一、客房部与前厅部的沟通协调

(1) 客房部与前厅部应根据各自的工作记录,准确核对最新的客情房态。
(2) 客房部根据前厅部提供的客情预报,获得即将抵店的贵宾、团队等信息,根据客人的特殊要求,做好准备工作;根据客情预报表,定期安排清洁计划和客房维修。
(3) 对携带少量行李的住客,两部要保持密切联系,防止逃账。
(4) 住客离店结账时,客房部要及时检查客房,必要时协助行李员为客人送出行李。
(5) 客人离店、客房部及时清理客房后,客房部应通知前台调整客房状况。

二、客房部与工程部的沟通协调

(1) 当客房清洁工具、设施设备等发生故障时,客房部应填写报修单或电话通知工程部,工程部应及时派人修理。两部应密切配合,对客房的设备设施进行定期的维护和保养,负有重要责任。
(2) 客房部应向工程部提供有关客情预报,合作制订客房大修计划。

三、客房部与餐饮部的沟通协调

(1) 客房部负责所有餐厅的地面清洁(厨房除外)、餐巾清洗、员工制服更换清洗及式样设计。客房部员工负责打扫餐厅,则一定会与餐厅服务员发生关系,餐厅人员可能会抱怨客房部员工作效果不理想。这时客房部管理人员就必须与餐饮部管理人员进行协调,解决问题,处理好部门间的关系。
(2) 客房部应协助客房餐饮服务组,收集客房内饮食餐具及餐车。
(3) 客房部每日清点客房微型酒吧的酒水数量,由餐饮部食品仓库提供酒水。
(4) 客房部为重要客人提供的水果篮和蛋糕等,由餐饮部负责送上楼层。

四、客房部与采购部的沟通协调

客房内的一切生活用品和清洁用品,都是由采购部负责采购的。因此,采购部和客房部之间要经常相互传递信息，务求以最低的价格购入最适合的物品。为此，客房部应提出采购计划，明确采购物品的规格、质量、数量，经核准后，由采购部负责办理。

五、客房部与财务部的沟通协调

财务部负责客房部有关账单及存货（如家具、用具、酒水、低值易耗品）的核对，并负责客房部员工薪金的核算与发放工作。客房部在制定房务预算时，也应得到财务部的协助与认可。

六、客房部与人事部的沟通协调

客房部应协调人事部做好客房部员工的招聘、雇佣与培训工作，只有这样，才能确保和提高客房服务质量。为此，客房部应向人事部提供人才的需求信息（包括需求数量和要求等）；向人事部提出员工的培训需求（包括培训内容和要求等）；积极支持和落实人事部的各项培训计划。

七、客房部与安保部的沟通协调

（1）客房部应积极协助安保部对酒店公共区域、客房楼层进行细致检查，做好防火防盗工作，确保住客安全；发现安全隐患，两部应协同制定整改计划；发现可疑情况，客房部应及时与安保部取得联系。

（2）客房部和安保部应共同制定住客紧急疏散方案。一旦出现险情，客房部应配合安保部，并在安保部的统一指挥下，做好住客安全工作。

八、客房部与销售部的沟通协调

客房的销售工作人人有责，客房部员工更是如此。因此，客房部必须协助销售部做好客房的各项销售工作，包括带客人参观客房等。但与此同时，销售部也应主动与客房部做好沟通；否则，会影响客房部的工作，甚至影响对客人的服务质量。

九、客房部内部工作的沟通协调

(1) 当酒店出现人手紧缺时,客房部除了可以补充实习生外,还应注意合理安排人手,以老带新;或将工作表现良好的公共区域服务员抽调至楼层服务组,而把临时工配备于公共区域服务组。

(2) 因临时性任务而出现人手紧缺时,客房部或主管可向上一级报告,由上一级管理人员协调处理。

(3) 当酒店出现季节性接待任务不足时,为避免劳动力过剩,可组织员工休假、培训;还可利用接待淡季来保养客房。

(4) 在工作中,由于所接待客人的需求不一,可能会发生某班组的某种物资不足,而另一班组的同类物资闲置的情况,各班组应发扬互相支持、配合的精神,在双方主管同意的情况下,按规定的借、还手续办理借、还。若约定归还时间超越本班次,应在交接班本上注明。

(5) 任何布草(床上用品、巾类)、员工制服和住客的衣物,均由洗衣房负责洗涤。在大部分酒店里,客人的洗衣由洗衣房员工上楼层收集和送回,楼层服务员应主动协助做好此类工作。在大部分酒店里,洗衣房是由客房部管理的。

练习与思考

一、选择题

1. 下列属于前厅部与客房部沟通协调的内容有(　　　　)。
   A. 宾客接待工作　　　　　　B. 宾客预订工作
   C. 问讯处工作　　　　　　　D. 总机工作
   E. 大厅服务处工作

2. (　　)是进行市场营销极有价值的资源,销售部可以使用其进行各种营销活动。
   A. 细分市场　　　　　　　　B. 目标市场
   C. 宾客信息　　　　　　　　D. 客史档案

3. 客房部与人事部沟通协调的内容有(　　　　)。
   A. 向人事部提供人才的需求信息(包括需求数量和要求等)
   B. 向人事部提出员工的培训需求(包括培训内容和要求等)

C. 积极支持和落实人事部的各项培训计划
D. 提供本部门员工出勤情况
4. 酒店内部沟通协调的电讯系统包括(　　　)。
A. 打字　　　B. 传真　　　C. 电话　　　D. 复印
5. 免费、折扣、定金、贵宾接待规格等工作需要前厅部与(　　)沟通协调。
A. 客房部　　　　　　　B. 礼宾部
C. 总经理办公室　　　　D. 人事部

二、判断题

1. 工作日志是酒店内沟通协调的方法之一。（　　）
2. 前厅只需要做好与客房部、餐饮部、销售部的沟通就好，不需要与其他部门进行沟通。（　　）
3. 前厅部工作人员必须熟悉服务手册内容，以给宾客提供高效准确的信息。（　　）
4. 团队客史档案不需要输入系统，仅相关人员了解即可。（　　）
5. 前厅部与客房部的有效沟通必须是双向的。（　　）

三、名词解释

沟通

四、简答题

1. 请简述有效沟通协调应具备的条件。
2. 请简述酒店内沟通协调的渠道。
3. 请简述酒店服务手册应包含的内容。

五、案例分析

7月5日，总机小张正在值班，接到1208号客房客人王先生的电话，电话中王先生说由于自己身体不舒服，需要订餐服务。小张按照培训时的流程完成了订餐，并将订餐单通过系统发送给了餐厅，餐厅也接收到了订餐单。但是由于当天有一个大型宴会，餐厅的所有员工都忙得不可开交，原本要求20分钟内送到客人客房的餐食，45分钟之后才送到，并且是凉的。王先生向酒店投诉了小张，小张觉得很委屈。

问题：

1. 王先生投诉的原因是什么？
2. 请从酒店内沟通协调的角度谈谈为什么会发生投诉。

第十二章
前厅部与客房部经营统计分析

学习目标: 通过本章学习,能够说出酒店房价管理的要点;对酒店房价调整的内部机理有深入认识;能够根据所学知识对酒店前厅部与客房部经营统计进行分析。

核心概念: 房价管理;经营统计分析

第一节 前厅部经营统计分析

案例 12-1

某酒店是按四星级饭店标准建设的,有客房 380 间,大小会议室 10 个,并拥有 KTV 包房、桑拿中心等休闲娱乐设施。酒店的目标市场定位以会议客源为主。开业时,为了扩大影响、开拓市场,酒店以低价位进入市场,并规定凡开业后 3 个月内入住该酒店的顾客都可领到一张贵宾卡,持有贵宾卡者均可享受房费 8 折、餐费 9 折、休闲娱乐消费 8.5 折的优惠。另外,酒店推行全员营销,凡酒店员工介绍来顾客,将给予员工不同比例的奖励。同时,营销部又同许多单位签订了订房协议,使其享受房费 7 折的优惠,致使各会议团队的房价差异相对较大。结果,开业后半年内,酒店虽然生意兴隆但顾客投诉较多,平均房价和经济效益均远远低于同类酒店,且一年后业务逐步下滑,酒店经营陷入了困境。

案例分析

酒店经营的优劣不能只看酒店入住率,还应考虑到酒店人力资源成本、酒店设施折旧等因素。作为酒店经营者,要具备全局意识,善于分析决策,在不同情境下作出最有利于酒店的经营决策。

一、客房商品价值构成

客房商品的价值主要由客房商品理论价值和客房商品实际价值两部分构成。

理论上讲,客房商品的价值是由物化劳动的转移价值、活劳动中的必要劳动价值、活劳动中的剩余劳动价值三大部分构成的。其中,物化劳动的转移价值主要通过前厅与客房系统的设施设备、客房实物形体、客房装饰布置、各种生活用品、水电能源消耗等表现出来,它有实物存在而又逐渐消耗。活劳动中的必要劳动价值主要表现为前厅与客房系统员工为自身劳动所需要的价值,包括基本工资、奖金、社会统筹和员工福利四个方面的价值。活劳动中的剩余劳动价值主要通过缴纳国家税金、投资人的利润分红、企业留利(依酒店性质不同而形成公积金、公益金)等表现出来。

从客房商品的形成过程来看,其实际价值的构成要先后经过三个阶段。首先是客房建造过程中的价值构成,主要包括建筑设计中的价值、施工准备中的价值、建筑施工中的价值和房屋装修中的价值;其次是开业准备过程中的价值构成,主要包括客房设备价值、客房用品价值和开业准备价值;最后是客房经营过程中的价值构成,主要指的是客房商品的劳务价值、客房用品与能源消耗以及客房经营费用开支。见图 12-1。

图 12-1 客房商品价值构成图

二、客房价格构成

（一）客房价格特点

酒店客房商品是以出租使用和提供服务来获得经济收入的,其价格与一般商品价格相比,具有以下五个特点。

1. 客房商品价值构成的复杂性

价格是以价值为基础的,是价值的货币表现。从不同角度来说,客房商品的价值量由多种因素构成,具有复杂性。主要体现在以下四个因素（见表12-1）：理论价值、实物价值、功能价值和计量价值。在上述四个因素中,实物价值和功能价值最能体现客房商品的特点,理论价值和计量价值构成与一般商品相同。因此,研究、制定和调整客房商品的价格,重点要突出其特点,将实物价值和功能价值结合起来,才能有最优效果。

表 12-1　客房商品价值构成表

序号	名称	构成
1	理论价值	由物化劳动价值、必要劳动价值和剩余价值构成
2	实物价值	由客房实物形体、设施设备、生活用品和能源消耗等构成
3	功能价值	由生存因素、享受因素和发展因素三个方面构成
4	计量价值	由成本、费用、税金、利润构成

2. 价值补偿的时效性

价值补偿时效性主要是指客房的价格是通过对外出租表现出来的,其价值补偿需要通过一定时期内的房租收入来实现。这个时效性主要表现在定价方式的时效性和价值补偿的时效性。对于定价方式的时效性来说,由于客房商品的价格是按照每间每天制定的,因此客房商品的价值补偿是零星实现的,每天都必须将规定的客房出租出去,才能保证价值的回收；否则,损失的价值就不能补偿回来了,只能由后期的客房出租来实现补偿。价值补偿的时效性则是体现在客房商品属于高级消费品,享受成分较高这一特点上。客房商品每过5年左右需要进行装修改造,每过10年左右必须进行全面彻底改造,每次改造都需要投入大量资金,这些资金投入均需要在投资回收期内全部回收,并获得必要利润,具有较强的时效性。这也就意味着客房商品的价格制定、调整和实施都必须重视不同投资回收期及每天的时效性,保证其价值补偿的盈利水平。

3. 客房商品价格的可比性

酒店是面向整个消费市场的,其价格也一定程度上参考国际价格水平并结合自身能耗制定。因此,在国际、地区和当地层面上,酒店客房商品价格都具有可比性。这种可比性要求酒店客房价格制定、调整和实施要随时关注市场供求关系变化和同行价格水平的调整,同时要兼顾自身特色,以优质产品及服务赢得市场,获得良好经济效益。

4. 客房商品价格的波动性

酒店客房商品是旅游业的重要组成部分,旅游业受到天气、气候、节假日等多种因素影响,必然会给酒店商品价格带来较大波动性,主要表现在季节波动、节假日波动和重大活动波动三个方面。这就要求酒店价格在制定、调整和实施过程中要关注外界变化,树立应变观念,才能收到良好效果。

5. 客房商品价格表现形式的多样性

由于角度不同,客房价格表现形式也会不同(见本章第二节)。这就需要酒店区别不同情况,运用不同价格策略和手段,有针对性地做好价格管理,适应社会主义市场经济发展需要,提高效益。

(二) 客房价格构成

客房商品的价格是由客房商品的成本和利润构成的,如图 12-2 所示。客房商品的成本项目包括建筑投资及由此产生的贷款利息、客房设备、修缮费、物资用品、土地资源使用费、客房人员工资福利、经营管理费、保险费以及营业税等,利润项目包括所得税和客房利润。

三、客房成本分类

客房的成本费用是指酒店企业在出售客房产品时所占用和耗费的资金。

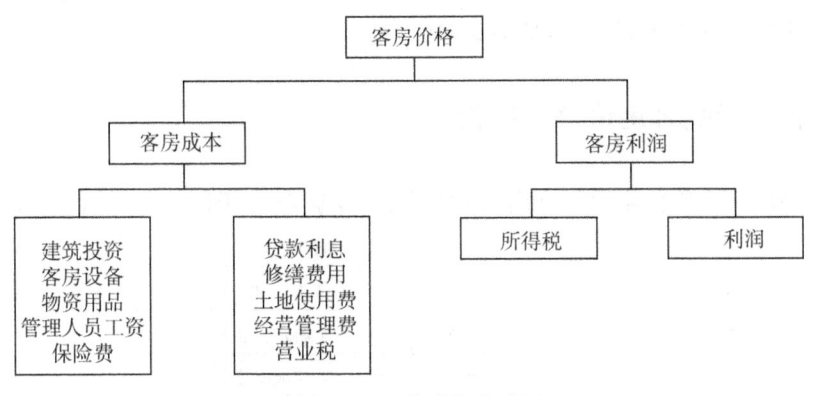

```
                    客房价格
           ┌──────────┴──────────┐
        客房成本                客房利润
     ┌─────┴─────┐           ┌────┴────┐
  建筑投资      贷款利息      所得税     利润
  客房设备      修缮费用
  物资用品      土地使用费
  管理人员工资   经营管理费
  保险费        营业税
```

图 12-2　客房价格构成图

按其性质可分为固定成本和变动成本。从成本管理角度分类，又可分为可控制成本和不可控制成本、标准成本和实际成本。

（一）固定成本（Fixed Costs）

固定成本是指在一定的业务范围内，其总量不随经营数据的增减而相应变动的成本。也就是说，即使经营数据为零时也必须支出的费用。例如客房的折旧费、大修理费、企业管理费等。但固定成本也并不是绝对不随经营数据变化而变化，当经营数据增加到超出经营能力，需要设置新设备时，某些固定成本会随产量的增加而变化。

（二）变动成本（Variable Costs）

变动成本是指总量随着经营数据的变化而按比例增减的成本，如低值易耗品费用、洗涤费等费用。随着产量增加，变动成本总额也会增加，但这类产品的单位产品的变动成本保持相对不变。

（三）半变动成本

半变动成本是指随经营数据的增减而增减的成本，但它的增减量不完全是按比例变化。如水费、电费等。半变动费用可拆成两部分，一部分是随经营变化而相对不变的固定成分，另一部分是随经营变化而成正比例变化的变动成分。对于全部雇佣领取固定工资的正式职工的酒店客房来说，人工费及相关费用为固定成本，但如酒店客房在营业量较大时雇用临时工的话，则人工费不完全为固定成本,而是半变动成本。

四、影响客房价格的因素

酒店客房价格主要受到内、外两部分因素影响,如图12-3所示。

```
                          ┌─ 酒店等级
                          ├─ 酒店地理位置
                 ┌─ 内部因素 ─┼─ 酒店定价目标
                 │         ├─ 酒店成本水平
                 │         └─ 酒店服务质量
酒店客房价格影响因素 ─┤
                 │         ┌─ 社会政治与经济形势
                 │         ├─ 市场供求关系
                 │         ├─ 国际市场房价水平
                 └─ 外部因素 ─┼─ 旅游业季节性影响
                           ├─ 有关部门和组织的价格策略
                           ├─ 汇率变化
                           └─ 客人消费心理
```

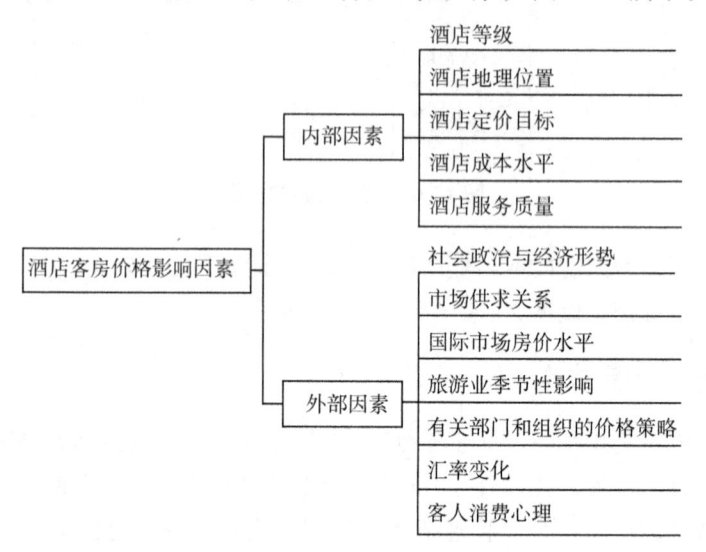

图 12-3　酒店客房价格影响因素图

(一) 外部因素

1. 社会政治、经济形势

旅游经济具有脆弱性,其产品具有不稳定性、波动性。一个稳定、繁荣的社会政治及经济环境对以旅游经济为重要收入来源的酒店来讲是至关重要的。因此,在客房价格的制订过程中,房价也会受到以上因素的影响。

2. 市场供求关系

客房商品的价格随市场供需关系的变化而调整。当某一市场区域内酒店客房供给量大于需求量时,酒店不得不考虑降低客房价格,以保证酒店收益;反之,当区域内客房商品的供给量小于需求量时,酒店就需要考虑提高客房价格。

3. 国际市场房价水平

酒店主要经营国际、国内两个市场,因此酒店客房商品价格必然具有国际可比性。实际上,我国酒店的客房价格水平也参照了国际水平进行制定,因此,国际市场客房价格波动也会影响我国酒店客房价格水平。

4. 旅游业季节性影响

酒店是旅游业的重要部分,旅游业具有季节性强的特点,季节性变化直接影响酒店经营状况。旺季时,游客量大,对酒店客房需求量高;淡季时,游客量少,对酒店客房需求量低。

5. 有关部门和组织的价格策略

酒店客房房价还受到本地区政府主管部门及行业协会的约束,酒店不得违反相关规定,或者制定明显过高或过低的房价,干扰正常市场秩序。

6. 汇率变化

酒店高品价格的制定需要考虑酒店商品销售收入和酒店商品成本,而汇率的变化会对上述两个因素产生影响。就销售收入而言,当出游国货币升值或接待国货币贬值时,就意味着出游国货币能够买到更多的接待国旅游商品,对出游国的游客而言,同等旅行条件下,旅游费用就会减少,出游意愿增加;此时,对于接待国而言,房价就会随着客源变化而变化。反之亦然。就商品成本而言,酒店商品成本中进口物资与劳务的换汇成本所占比重和汇率变动幅度在很大程度上决定了汇率变动的影响幅度。因此,酒店在确定房价时,要充分考虑汇率的影响。

7. 客人消费心理

客人消费心理也对酒店客房房价有显著影响,酒店主要需要考虑对于同样条件的酒店客房商品,客人能接受的价格上限和下限,以最大限度吸引客源。

(二) 内部因素

1. 酒店等级

酒店等级越高,其设施设备、服务水平越高,对于客人来说,享受程度越高,酒店客房商品的定价也就越高,反之亦然。

2. 酒店地理位置

酒店地理位置不同,其周围景观、旅游资源、交通条件及其对客人的吸引能力也有较大区别。同一城市,地处繁华闹市区、交通方便、环境优雅的酒店与地处边缘郊区、交通不便的酒店,即使星级相同、设施设备相同,二者的客房商品定价也会有较大差别。

3. 酒店定价目标

酒店在不同时期内,其定价目标也不尽相同。如刚建成投入使用的一般酒店,可能会以迅速占领市场为主要目标;而刚建成投入使用的豪华酒店,其目标可能是追求利润。目标不同,所采取的价格策略就不相同,在其对客房商品定价时所确定的客房利润率高低也不相同。因此,即使客房成本相同,最终其所制定的客房商品价格也各不相同。所以,酒店定价目标也是影响客房商品价格的重要因素。

4. 酒店成本水平

如前文所说,酒店成本分为固定成本和变动成本。在一个运营周期内,酒店成本支出对酒店客房商品价格制定有较大影响。在预期收益不变、住店客人数量一定的一般情况下,成本支出占比越大,收益就越低,客房定价越低,反之亦成立。

5. 酒店服务质量

服务质量是酒店客房商品的重要组成部分,服务质量越高就意味着酒店在对员工的培训等方面花费的费用越高,占比越大。因此,要想获得同样的收益,在酒店员工培训成本增加的情况下,酒店的房价必然会有所提高。也就是说,酒店服务质量越高,酒店客房定价越高。

五、客房定价目标

(一) 追求利润最大化

追求利润最大化应该是客房商品最基本的定价目标,但利润最大化分为短期利润最大化和长期利润最大化,追求短期利润最大化和追求长期利润最大化会使酒店管理者在不同的时期,确定不同的价格水平。酒店管理者应以长期利润最大化为追求目标,而不应鼠目寸光,采用杀鸡取卵的定价方法。

理论上说,确定需求和成本之后,以利润最大化为目标进行定价是可行的。但是在实际操作中却比较困难,因为市场对于客房商品的需求量受到除价格外其他很多不确定因素的影响,在实践中很难确定是哪一个因素引起的,或者某个因素对其的影响程度是多少。但是可以明确一点:房价与利润之间不存在绝对的正比关系,即高房价不能保证实现利润最大化,低房价也不一定意味着客房利润减少。因此,客房价格要处在一个适当的区间内,才有利于客房利润最大化。这就要求经营者要做好扎实的前期市场调研,分析酒店在不同时期房价的变化对客房需求量的影响程度,掌握价格弹性和市场需求规律。

(二) 提高市场占有率

提高市场占有率意味着客房销售量的增加,酒店客房及其他设施设备的利用率的提高,经营成本的降低,以及酒店市场竞争力的提高。因此,提高市场占有率是很多企业追求的目标,一些企业为此会采用低价策略。然而,酒店决策者应考虑到以下事实:

(1) 有时,降低价格并不一定能增加客源,提高市场占有率。客源除了受价格影响外,还有可能受到酒店所在地旅游资源、交通、季节、政治、经济等诸多因素的影响。可能出现"价格降了一大截,客源增加没几个"的现象。

(2) 低价可能有损酒店形象,影响服务质量。

(3) 低价促销可能引来同行的竞争,导致价格战,结果两败俱伤,也使提高市场占有率的计划落空。

(三) 应对或避免竞争

价格是竞争的手段之一,但不是唯一手段,也就是说有竞争力的价格不一定都是低价。酒店可以通过以下方式使自己的价格具有竞争力。

1. 与竞争者客房同价

在某一市场区域内,若某酒店无明显特色,该区域内市场格局又比较稳定,可采取与竞争者客房同价的定价方式。

2. 高于竞争者的客房价格

若酒店在市场区域内,有自身明显的特色,服务水平及质量均属上乘,明显高于竞争对手,可采取高价定价方式,以强调客房商品优良品质,吸引高质量客户。

3. 低于竞争者的客房价格

若是在一定条件下,酒店主要目标是扩大其在市场内的份额,提高市场占有率,则可以采取低价定价方式。

(四) 实现预期投资回报率

投资回报率是酒店经营需要关注的重要指标,因此,实现预期的投资回报率也是酒店经营者定价的目标。

第二节 房价管理与控制

一、房价的种类与计价方式

房价指客人住宿一夜所应支付的住宿费用,是客房商品价值的货币表现。客房收入作为酒店经济收入的主要部分,受有限时间内的客房出租率和单位客房的日租收入两个因素影响。房价的合理性,直接影响酒店的市场竞争能力、经济收入和利润水平。

(一) 房价的种类

从不同角度来看,酒店客房房价类型不同,如图 12-4 所示。

1. 标准房价

标准房价,也叫"门市价"、"散客价"或"公布房价",即"牌价",是由酒店管理部门制定的,价目表上明码标示的各类客房的价格。这种价格未含任何折扣或附加服务费用。

酒店客房价格体系

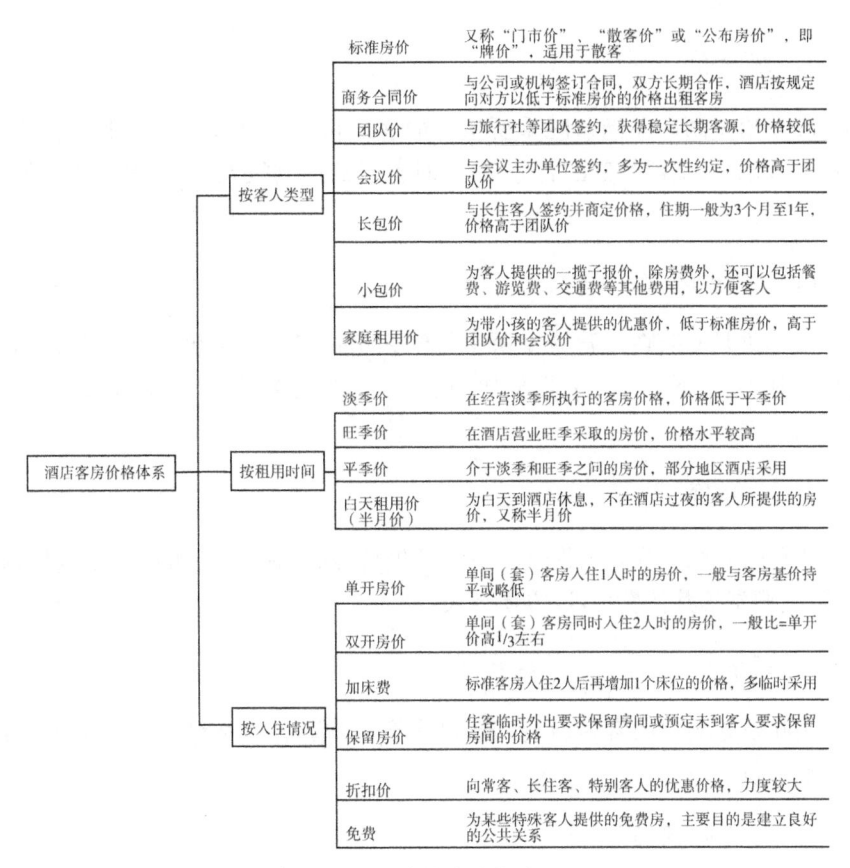

按客人类型

标准房价	又称"门市价"、"散客价"或"公布房价",即"牌价",适用于散客
商务合同价	与公司或机构签订合同,双方长期合作,酒店按规定向对方以低于标准房价的价格出租客房
团队价	与旅行社等团队签约,获得稳定长期客源,价格较低
会议价	与会议主办单位签约,多为一次性约定,价格高于团队价
长包价	与长住客人签约并商定价格,住期一般为3个月至1年,价格高于团队价
小包价	为客人提供的一揽子报价,除房费外,还可以包括餐费、游览费、交通费等其他费用,以方便客人
家庭租用价	为带小孩的客人提供的优惠价,低于标准房价,高于团队价和会议价

按租用时间

淡季价	在经营淡季所执行的客房价格,价格低于平季价
旺季价	在酒店营业旺季采取的房价,价格水平较高
平季价	介于淡季和旺季之间的房价,部分地区酒店采用
白天租用价（半月价）	为白天到酒店休息、不在酒店过夜的客人所提供的房价,又称半月价

按入住情况

单开房价	单间（套）客房入住1人时的房价,一般与客房基价持平或略低
双开房价	单间（套）客房同时入住2人时的房价,一般比=单开价高1/3左右
加床费	标准客房入住2人后再增加1个床位的价格,多临时采用
保留房价	住客临时外出要求保留房间或预定未到客人要求保留房间的价格
折扣价	向常客、长住客、特别客人的优惠价格,力度较大
免费	为某些特殊客人提供的免费房,主要目的是建立良好的公共关系

图 12-4 酒店客房价格体系图

2. 商务合同价

酒店与有关公司或机构签订房价合同,并按合同规定向对方客人以优惠价格出租客房。房价优惠的幅度视对方能够提供的客源量及客人在酒店的消费水平而定。

3. 团队价

团队价是酒店提供给旅行社团队、会议团队及航空公司机组人员等团队客人的一种折扣房价。其目的是确保酒店长期、稳定的客源,保持较高的客房出租率。团队价可根据旅行社等团队的重要性、客源的多少,以及淡季、旺季等不同情况确定。

4. 旺季价

旺季价是酒店在经营旺季所执行的客房价格。这种价格一般要在标准房价的基础上，上浮一定的百分比，有时上浮的比例很大，以求得酒店的最大收益。

5. 淡季价

淡季价是酒店在经营淡季所执行的客房价格。这种价格一般要在标准房价的基础上，下浮一定的百分比，有时下浮的比例很大，以刺激需求，提高客房出租率。

6. 小包价

小包价是酒店为客人提供的一揽子报价，除房费外，还可以包括餐费、游览费、交通费等其他费用，以方便客人。

7. 折扣价

折扣价是酒店向常客、长住客、订房客人或其他有特殊身份的客人提供的优惠房价。

8. 白天租用价

白天租用价是酒店为白天到酒店休息，不在酒店过夜的客人所提供的房价。白天租用价一般按半天房费收取，所以又称半日价，但也有一些酒店按小时收费。

9. 免费

为了促进客房销售，建立良好的公共关系，酒店还为某些特殊客人提供免费房。这些特殊客人主要包括社会知名人士、酒店同行、旅行代理商、会议主办人员等。按惯例还需对满15名付费成员的团队，免费提供双人间客房的一张床位，即所谓的"十六免一"。酒店要严格控制免费客房，通常只有总经理才有权批准。

10. 家庭租用价

家庭租用价即酒店为带小孩的父母提供的优惠价格。

11. 加床费

加床费即客人需要在客房原有床基础上增加一张床产生的费用。

（二）酒店客房的计价方式

1. 欧式计价（European Plan，简称"EP"）

欧式计价是指酒店标出的客房价格只包括客人的住宿费用，不包括其他服务费用。这种计价方式源于欧洲，因此叫欧式计价，为大多数酒店所采用。

2. 美式计价（American Plan，简称"AP"）

美式计价是指酒店标出的客房价格不仅包括客人的住宿费用，而且还包括每日三餐的全部费用，因此，又被称为全费计价。这种计价方式适用于远离城市的度假型酒店，会议型酒店或团队客人。

3. 修正美式计价（Modified American Plan，简称"MAP"）

修正美式计价是指酒店标出的客房价格包括客人的住宿费和早餐、午餐或晚餐中两餐的费用。这种计价方式适合普通游客，多用于旅行社组织的旅游团队。

4. 欧陆式计价（Continental Plan，简称"CP"）

欧陆式计价是指酒店标出的客房价格包括客人的住宿费和欧陆式早餐的费用。欧陆式早餐主要包括果汁、烤面包、咖啡或茶等。

5. 百慕大式计价（Bermuda Plan，简称"BP"）

百慕大式计价是指酒店标出的客房价格包括客人的住宿费和美式早餐费用。美式早餐除含欧陆式早餐的内容以外，通常还包括火腿、香肠、咸肉等肉类和鸡蛋等。

二、酒店主要使用的客房定价方法

(一) 随行就市定价法

随行就市定价法,是以同档次酒店的平均房价作为定价的依据,制定本酒店的客房价格的方法。

这种方法主要有两种形式,第一种是以酒店业平均价格水平或习惯定价水平,作为酒店定价标准。在酒店成本难以准确估算,竞争者的反应难以确定时,酒店会感到"随行就市"是唯一的也是最明智的选择。因为这种做法反映了行业中所有企业的集体智慧,这样定价既能获得合理的收益,也能减少价格竞争带来的风险。第二种是追随"领袖企业"价格,酒店定价不依据自己的成本和需求状况,而是与"领袖企业"保持相似的价格水准,目的是保证收益和减少风险。

(二) 千分之一定价法

千分之一定价法是根据客房造价来确定客房出租价格的一种方法,又叫建造成本定价法,即根据建筑总成本来制定房价的方法,属于经验法,所以又叫经验定价法。其规则是把客房每1 000元建筑和装修成本设定为1元房价。

计算公式如下:

平均房价=(酒店总成本/客房数)×1‰

案例 12-2

某酒店客房平均建造成本为800 000元,使用千分之一定价法可得出其客房平均房价为800 000×1‰=800(元)。这种计算方式得出的是客房平均销售价格,不同房型(如双人房、套房)和其他类型的客房可以有不同的定价,但最低房价应为800元。

这种定价方式相对简单,但受两个条件的制约:

①酒店客房的类型、面积,设施设备的豪华程度等应基本相同。

②酒店客房、餐饮及娱乐设施等规模和投资比例适当,即酒店的餐饮和娱乐设施主要用来满足住店客人的需求。否则,如果酒店的餐饮和娱乐设施的目标市场是社会大众,则酒店在餐饮和娱乐设施方面的投资比例将大大增

加,客房方面的投资比例则相应缩小,这样按照总投资额和客房数计算的平均房价会被增大,这时,按照千分之一定价法制定的房价显然是不合理的。

另外需要注意的是,千分之一定价法未考虑通货膨胀对酒店的影响。同时,若酒店客房出租率较低,酒店就需要用较高的平均房价来获得相同的客房收入。

(三) 赫伯特定价法

赫伯特定价法是一种以成本为中心的定价方法,以目标投资回报率作为定价出发点,在已确定计划期各项成本费用以及酒店利润指标的前提下,通过计算客房部应承担的营业收入指标,最终确定房价。此种方法在决定每间房的平均销售价格时考虑到了经营成本、利润目标以及客房预期销售数量。

(1) 方法一

公式如下:

计划平均房价=年客房预期销售额/年客房预期销售量

年客房预期销售额=酒店总投资×目标投资回报率+酒店企业管理费用+客房经营费用-客房以外其他部门经营利润=酒店合理投资收益+酒店预计总营业费用-客房以外其他部门经营利润

年客房预期销售量=可供出租客房数×预计出租率×年营业天数

案例 12-3

某酒店有客房 200 间,全年营业总费用为 550 万元,税费和保险费为 90 万元,折旧费用为 200 万元,合理投资收益额为 350 万元,客房以外其他部门经营利润为 135 万元,预计年出租率为 75%,假设该酒店全年无休,试用赫伯特定价法计算出该酒店平均房价。

根据公式可得:

计划平均房价=年客房预期销售额/年客房预期销售量
=(酒店合理投资收益额+酒店预计总营业费用-客房以外其他部门经营利润)/(可供出租客房数×预计出租率×年营业天数)
=(3 500 000+5 500 000+900 000+2 000 000-
1 350 000)/(200×75%×365)
≈192.69[元/(间·天)]

(2) 方法二

具体步骤及公式如下:

①计算酒店预期利润。

公式为:酒店预期利润＝预期投资回报率×业主投资额。

②计算酒店税前利润。

公式为:酒店税前利润＝酒店预期利润/(1－酒店税率)。

③计算固定费用和管理费,具体包括折旧费、利息支出、财产税、保险、分期偿还债务、建筑抵押、土地租金及管理费等费用。

④计算未分摊的营业费用,主要包括综合费用、资料费、人力资源费、运输费、市场营销费、酒店经营保养费及能源费等。

⑤估算非客房的经营部门的收入及损耗,主要包括餐饮部、总机等部门。

⑥计算客房部预期收入。

公式为:客房部预期收入＝税前利润＋固定费用及管理费＋未分摊的营业费用＋(其他经营部门的损耗－收入)。

⑦计算客房部预期营收。

公式为:客房部预期营收＝客房部预期收入＋客房部工资＋其他经营性支出。

⑧计算平均房价。

公式为:平均房价＝客房部预期营收/客房预期销售量。

案例12-4

某酒店有300间客房,预计年平均出租率为75％,酒店税率为40％,主要投资与成本费用如表12-2所示。

使用方法二进行计算,步骤如下:

①酒店预期利润＝预期投资回报率×业主投资额＝375×15％＝56.25(万元)

②酒店税前利润＝酒店预期利润/(1－酒店税率)＝56.25/(1－0.4)＝33.75(万元)

③酒店利息＝1 125×12％＝135(万元)

④固定费用和管理费＝37.5＋7.5＋45＝90(万元)

⑤未分摊的营业费用＝45＋18＋12＋6＋30＋30＋45＝186(万元)

⑥非客房的经营部门的收入及损耗＝22.5＋15－7.5＝30(万元)

⑦客房部预期收入＝33.75＋135＋90＋186－30＝414.75(万元)

⑧年客房出租间数＝300×75％×365＝82 125(间)

表 12-2　某酒店投资与成本费用表　　　　　单位:万元

项目		金额	备注
固定费用、管理费及未分摊的营业费用	贷款	1 125	年息 12%
	业主提供资金	375	要求每年 15% 的投资回报率
	酒店税款	37.5	
	保险费	7.5	
	折旧费	45	
	后勤管理和综合费用	45	
	资料处理费	18	
	人力资源费	12	
	运输费	6	
	市场营销费	30	
	酒店经营和保养费	30	
	能源及相关费用	45	
其他经营部门的收入及损耗	餐饮部收入	22.5	
	总机损耗	7.5	
	其他部门收入	15	

注:客房部直接经营费用估计为每间出租客房 100 元。

⑨客房直接经营费用=82 125×100=821.25(万元)

⑩平均房价=(414.75+821.25)/82 125≈0.015 05(万元)=150.5 元

该方法比千分之一定价法更加合理,因为在设计公式时充分考虑了酒店利润目标、经营成本和非客房部的营业收入,对制定房价中的相关因素做了综合考虑。但也存在某些缺点,具体如下:

①公式中的各种相关因素是估算或假设得出的,计算的房价将取决于这些数据的正确性和有效性。

②酒店各部门的营业费用全部让客房部承担,客房部必须为其他部门的盈亏负责。事实上,用缺乏竞争力的高房价来弥补其他部门的低效率是不尽合理的,而其他部门的高盈利也不应成为制定过低房价的基础。

③过分注重企业经营成本和利润需要,没有考虑市场需求和顾客心理。

(四) 成本定价法

成本定价法是以客房成本为基础,通过对成本、利润和税金之间相互关系的分析,根据预测客房出租率来制定客房基价的一种方法。相对于其他方法,这种方法考虑了酒店成本对于价格的影响,切合酒店实际,主要包括以下三个步骤。

1. 核定理论成本

公式如下：

$$C_1 = \frac{F+C}{365 \times m} \cdot n$$

式中：C_1 为客房理论成本；F 为年固定成本；C 为年变动成本；m 为客房总面积；n 为平均每间客房面积。

2. 预算出租成本

公式如下：

$$C_2 = \frac{C_1}{1-R \cdot f}$$

式中：C_1 为定价期内客房年度总成本；R 为客房正常闲置率；f 为每天每间客房固定成本占其总成本的百分比。

3. 制定客房基价

公式如下：

$$P = \frac{C_2}{1-a-b}$$

式中：P 为客房基价；C_2 为客房的出租成本；a 为平均税率；b 为客房利润率。

案例 12-5

某酒店有 450 间客房,建筑总面积为 30 000 平方米,预计客房定价期内年度固定成本为 4 000 万元,客房变动成本为 100 元/天。预计客房出租率为 85%,营业税率为 6.5%,客房预期利润率为 40%(含企业留利和所得税),每间客房每天固定成本占其总成本的 76%,请核定该酒店客房基价。

步骤①:计算定价期内客房年度总成本(核算理论成本)

定价期内客房年度总成本(理论成本)$=\dfrac{40\,000\,000+100\times 450\times 85\%\times 365}{365\times 30\,000}\times$

$\dfrac{30\,000}{450}\approx 328.5[元/(间·天)]$

步骤②：计算出租成本

出租成本$=\dfrac{C_1}{1-R\cdot f}=\dfrac{328.5}{1-15\%\times 76\%}\approx 370.77[元/(间·天)]$

步骤③：计算客房基价

客房基价$=\dfrac{C_2}{1-a-b}=\dfrac{370.77}{1-6.5\%-40\%}\approx 693.02[元/(间·天)]$

（五）总经费定价法

总经费定价法是在客房成本预算的基础上来制定客房价格，但是考虑的角度不相同。其基本方法是分析客房每天成本费用和必须的营业额，再制定客房基价。主要步骤如下：

1. 预算年度总经费

公式如下：

$$C=F+C_i\cdot x\cdot f\cdot t$$

式中：C 为客房年度总经费；F 为固定成本；C_i 为每天每间客房变动成本；x 为客房总数；f 为预测出租率；t 为营业天数。

2. 计算每日客房费用

每日费用是年度总经费的分摊。固定成本可以按照月度进行分摊，变动成本随客房出租率变化而变化，可以按旺季、淡季的预测客房出租率进行分摊。

3. 预算日均营业额

公式如下：

$$M=\dfrac{C_n}{1-a-b}$$

式中：M 为日均目标营业额；C_n 为日均客房总费用；a 为预算税率；b 为计划

利润率。

4. 核算客房基价

公式如下：

$$P = \frac{M}{x \cdot f}$$

式中：P 为客房基价；x 为客房总数；f 为预测出租率。

案例 12-6

某酒店位于国家 4A 级风景名胜区附近，共有 300 间客房。酒店预算客房固定成本为 1 500 万元，每间客房每天变动成本为 50 元。因地处旅游区，淡旺季较明显，酒店淡季(按 5 个月计)预计为 150 天，旺季(按 7 个月计)预计为 215 天。营业税金为 5.5%，地方旅游资源维护费率为 4%。预算淡季客房平均出租率为 59%，利润率为 9%；旺季客房出租率为 91%，利润率为 52%。请根据上述信息核定酒店不同季节的客房基价。

步骤①：计算不同季节的客房总经费 C

其中 $C_{淡季} = F_{淡季} + C_i \cdot x \cdot f_{淡季} \cdot t_{淡季}$

$$= \frac{1\,500}{12} \times 5 + 0.005 \times 300 \times 59\% \times 150 = 757.75(万元)$$

$C_{旺季} = F_{旺季} + C_i \cdot x \cdot f_{旺季} \cdot t_{旺季}$

$$= \frac{1\,500}{12} \times 7 + 0.005 \times 300 \times 91\% \times 215 = 1\,168.475(万元)$$

步骤②：计算不同季节客房每日费用

其中 $C_{n,淡季} = \dfrac{C_{淡季}}{t_{淡季}} = \dfrac{757.75}{150} \approx 5.05(万元)$

$C_{n,旺季} = \dfrac{C_{旺季}}{t_{旺季}} = \dfrac{1\,168.475}{215} \approx 5.43(万元)$

步骤③：计算淡旺季客房每日目标营业额 M

其中 $M_{淡季} = \dfrac{C_{n,淡季}}{1-a-b_{淡季}} = \dfrac{5.05}{1-5.5\%-4\%-9\%} \approx 6.20(万元)$

$M_{旺季} = \dfrac{C_{n,旺季}}{1-a-b_{旺季}} = \dfrac{5.43}{1-5.5\%-4\%-52\%} \approx 14.10(万元)$

步骤④:核定不同季节下客房基价 P

其中 $P_{淡季} = \dfrac{M_{淡季}}{x \cdot f_{淡季}} = \dfrac{6.20}{300 \times 59\%} \approx 0.035\,03 = 350.3(元)$

$P_{旺季} = \dfrac{M_{旺季}}{x \cdot f_{淡季}} = \dfrac{14.10}{300 \times 91\%} \approx 0.051\,65(万元) = 516.5(元)$

(六) 投资利润定价法

投资利润定价法主要适用于酒店开业或改造后的客房基价制定,此种方法考虑的主要是为了还本付息、收回投资、取得必要利润。主要步骤如下:

1. 分析总投资,预算投资利润目标

公式如下:

$$M = \left(\dfrac{Q}{T} + R\right) \cdot r$$

式中:M 为客房利润;Q 为酒店客房总投资;R 为年投资利息额;T 为还本付息期;r 为年投资回报率。

2. 计算客房年度成本

公式如下:

$$C = F + C_i \cdot x \cdot f \cdot t$$

式中:C 为客房年度总成本;F 为固定成本;C_i 为每天每间客房变动成本;x 为客房总数;f 为预测出租率;t 为营业天数。

3. 制定客房基价

此种方式下,计算客房基价要考虑投资利润额。投资利润额指的是投入一定量的资金所应该获得的年度利润,此时,年度利润应该等于销售收入扣除成本费用后的余额。

公式如下:

$$M = P \cdot x \cdot f \cdot t - (F + C_i \cdot x \cdot f \cdot t)$$

由前面可以得知,$M = \left(\dfrac{Q}{T} + R\right) \cdot r$,将此公式代入上式,可得:

$$M = \left(\frac{Q}{T} + R\right) \cdot r = P \cdot x \cdot f \cdot t - (F + C_i \cdot x \cdot f \cdot t)$$

整理后可知，客房商品基价公式为：

$$P = \frac{r \cdot \left(\frac{Q}{T} + R\right) + F + C_i \cdot x \cdot f \cdot t}{x \cdot f \cdot t}$$

式中：P 为客房价格；M 为客房利润。

案例 12-7

某酒店拥有 350 间客房，酒店开业时投资为 8 000 万元，还本付息期为 15 年，资金贷款年利率为 4.9%，酒店开业年预算固定费用为 450 万元，每间客房每天变动费用为 100 元。酒店要求的投资回报率为 19.5%，预测客房出租率为 83%，假设酒店全年无休，请根据上述条件核算客房基价。

步骤①：计算酒店客房投资利润额 M

$$M = \left(\frac{Q}{T} + R\right) \cdot r = \left(\frac{8\,000}{15} + 8\,000 \times 4.9\%\right) \times 19.5\% \approx 180.44(\text{万元})$$

步骤②：预算客房年度总成本

$$C = F + C_i \cdot x \cdot f \cdot t = 450 + 0.01 \times 350 \times 83\% \times 365 = 1\,510.325(\text{万元})$$

步骤③：核定客房基价

$$P = \frac{r \cdot \left(\frac{Q}{T} + R\right) + F + C_i \cdot x \cdot f \cdot t}{x \cdot f \cdot t} = \frac{M + C}{x \cdot f \cdot t} = \frac{180.44 + 1\,510.325}{350 \times 83\% \times 365} \approx 0.015\,95(\text{万元}) = 159.5(\text{元})$$

三、前厅部经营主要统计数据

1. 当日出租客房数与在店客人数

（1）当日出租客房数

当日出租客房数＝昨日出租客房数－当日离店客人用房数＋当日抵店客人用房数

(2) 当日在店客人数

当日在店客人数＝昨日在店客人数－当日离店客人数＋当日抵店客人数

2. 客房出租率和各类平均房价

(1) 客房出租率

$$日出租率 = \frac{日出租客房数}{可供出租客房数} \times 100\%$$

$$月出租率 = \frac{月出租客房天数}{可出租客房数 \times 月营业天数} \times 100\%$$

$$年出租率 = \frac{年出租客房天数}{可出租客房数 \times 年营业天数} \times 100\%$$

(2) 平均房价

$$总平均房价 = \frac{客房出租总收入}{已出租客房数}$$

$$散客平均房价 = \frac{散客房租收入}{散客占用客房数}$$

$$团队平均房价 = \frac{团队房租收入}{团队占用客房数}$$

$$长住客平均房价 = \frac{长住客房租收入}{长住客占用客房数}$$

3. 各类客人用房百分比

① $$散客客房占用百分比 = \frac{散客占用客房数}{已出租客房数} \times 100\%$$

② $$团队客房占用百分比 = \frac{团队占用客房数}{已出租客房数} \times 100\%$$

③ $$免费客房占用百分比 = \frac{免费占用客房数}{已出租客房数} \times 100\%$$

④ $$预订客人占用百分比 = \frac{预订客人占用客房数}{已出租客房数} \times 100\%$$

4. 各类订房变化比率

① $$空订百分比 = \frac{预订不到客人数}{预订客人数} \times 100\%$$

② 取消预订百分比 = $\dfrac{\text{取消预订客人数}}{\text{预订客人数}} \times 100\%$

③ 提前离店客人用房百分比 = $\dfrac{\text{提前离店客人用房数}}{\text{预期离店客人用房数}} \times 100\%$

④ 延长停留客人用房百分比 = $\dfrac{\text{延长停留客人用房数}}{\text{预期离店客人用房数}} \times 100\%$

四、前厅部对于房价的控制和调整

（一）主要使用的价格策略

为了使酒店在激烈的竞争中处于有利地位，酒店可以选取以下几种价格策略。

1. 高牌价高折扣策略

对于等级高、服务质量好的酒店，或者已有一定客源基础的酒店，采取高牌价策略有助于维护酒店市场形象；而高折扣策略（包括对散客）有助于提高酒店竞争力，提升酒店市场份额，同时还能提高酒店客房的利用率。

2. 随行就市价格策略

大部分酒店都会采取此种策略。在此种策略下，酒店客房价格根据季节、时段、预订情况、入住率等不断变化，充分体现了酒店经营管理者对于市场行情的把握，有助于适应市场，缺点在于频繁的价格变动会影响酒店在消费者心目中的形象。

3. "相对稳定"价格策略

"相对稳定"的价格策略主要指的是酒店的价格基本上保持稳定，酒店不使用各种价格促销方式导致酒店价格变化。这种策略有助于酒店取信于消费者，维护酒店在消费者心目中的良好形象。其缺点在于可能使酒店在短期内失去众多潜在市场，但是有利于酒店的长期发展。此外，在激烈市场竞争中保持稳定房价，也有助于维护酒店的市场形象与档次。当然，"相对稳定"并不意味着绝对不变，最终酒店客房价格的上调或下降，要根据市场供求关系未决定。若一味保持价格不变,忽略市场变化,则更不利于酒店发展。

4. 中低价价格策略

此种策略主要指的是酒店客房价格远低于挂牌价,这种策略的优点在于能够在短期内扩大市场份额,获取酒店客源,但是不利于酒店在客源市场中树立形象。此时酒店需要做的是保持服务水平甚至提高服务水平,以给宾客优质享受,以便于后期采取其他的价格策略,不断提升酒店收益。采取此种策略的要点在于酒店需要保持稳定的服务水平。

(二) 前厅部对于房价的控制和调整

酒店制定的房价,是由前厅部和销售部负责执行的。在前厅部的贯彻执行过程中,涉及前台销售、限制房价和限制团队房价三个方面的工作。

1. 房价的控制

(1) 前厅销售对房价的控制

对于酒店制定的各类房价,前台服务人员要严格遵守。同时,酒店还须制定一系列的规章制度,以便于前台工作人员操作执行。这些规章制度要明确规定以下内容的细则:

①优惠房使用的报批制度;
②各类特殊用房留用数量的规定;
③与客人签订房价合同的责任规定;
④有关管理人员对浮动价格所拥有决定权的规定;
⑤对优惠价格享有者应具备条件的规定;
⑥对一些优惠房种类和程度的规定;

以上是前厅销售过程中要重点注意的内容。

(2) 限制房价对房价的影响

限制房价的目的是为了提高实际平均房价。如果根据预测,未来某个时期的客房出租率会很高,这时总经理或前厅部经理就会对房价进行限制。例如:限制出租低价客房或特殊房价客房;不接待或少接待团队客人;房价不打折;不接受住一天的客人等。前厅部管理人员必须熟知本酒店客房出租率的动态,善于分析近期客房出租率的变化趋势,准确预测未来各种客人对客房的需求量,及时作出限制某种房价的决定。

(3) 限制团队房价对房价的影响

进行团队房价的调整,即进行团队房价的限制,这是前厅部与销售部的共同职责。销售部应逐日预测团队客人数量和客房需求数,并将预测结果通知有关人员。如果根据预测,某一时期的客房出租率可能会接近100%,这时,酒店就应只接待支付较高房价,甚至最高房价的团队客人。但是,酒店使用团队房价限制时,要谨慎行事。随意地限制团队房价,会产生消极的影响。有关人员必须对未来的客房出租情况做出准确的推测,并制订可行性计划,提出正确的团队和散客的接待比例,以保证酒店营业收入和经营利润目标的实现。

2. 房价的调整

酒店的客房价格制定之后,在实际运用过程中应保持相对稳定。但是,房价并不是一成不变的,由于情况变化,酒店需及时调整房价,使房价更适应客观现实。房价的调整有两种情况:一是调低房价;二是调高房价。

(1) 调低房价

调低房价是酒店在经营过程中,为了适应市场环境或酒店内部条件的变化,而降低原有的房价。酒店降低房价的主要原因有:

①酒店业市场供大于求。在这种情况下,应通过加强促销活动、改进服务质量等途径来稳定客房的销售。如果成效不大,就只能考虑调低房价。

②在激烈的竞争中,酒店的市场份额日趋减少,尤其是在竞争对手调低价格时,为了保持和提高本酒店的市场占有率,有时也要采取调低房价的方法,使房价与竞争对手的价格处于同一水平,从而提高竞争能力。

酒店希望通过降低房价,增加客房销售量,增加市场份额,争取客源,从而在市场确定牢固的地位。

调低房价也会引起一些问题。例如,房价降低了,客房销售量不一定就会增加;即使销售量有所增加,营业收入的增加往往无法抵消价格下降的影响。价格降低了,客人会对酒店产品质量产生怀疑,从而会影响酒店自身在市场上的声誉,同时还会改变酒店客源的类型。尤其要注意的是,降价竞争将会导致酒店之间的价格大战,如果大家竞相降价,各酒店会面临无法控制房价的局面,最终将导致酒店业的全行业亏损,这种竞争也就变得毫无意义。因此,酒店在降低房价的问题上,应采取慎重的态度,进行周密的分析和研究。只有在调低房价之后,酒店仍能实现预期的销售量,并能提高酒店的利润水平,降价才是有意义的。

(2) 调高房价

一般来讲,调高房价往往会引起客人和代理商的不满,但是,如果调高房价被市场认可,就会极大地增加酒店的利润,对酒店而言是有利的。酒店调高房价的主要原因有:

①客房供不应求。当客房需求量大于现有客房数量时,可以通过调高房价来限制需求量,实现供求平衡。

②市场物价上涨。由于物价上涨,酒店的成本费用不断增加。这时酒店须调高房价,并使调价幅度不低于市场物价上涨幅度,以保持或提高酒店的利润水平。

③酒店服务质量或档次有明显提高。服务质量、服务档次与价格有直接的联系。所以,如果其他因素不变,酒店的服务质量或服务档次提高,就可以考虑适当提高房价。

无论是提价还是降价,都会对客房销售造成一定影响,引起客人和竞争者的各种反应。因此,酒店应充分考虑各种因素,做好准备工作,使房价的调整真正能够达到预期目标。

案例 12-8

房价调控案例——昆明 H 酒店

昆明 H 酒店是一家有 2 300 间房的酒店,总投资 30 亿元,就一栋楼。2016 年是 H 酒店首个完整的营业年度,它从售出 0 间房到售出 1 200 间房花了 52 天时间。真正给 H 酒店带来高流量的是 2016 年暑期,它售出的客房数量首次突破了 2 300 间,全年平均出租率保持在 70% 以上。在 2017 年春节,H 酒店从初一到初七实现了 7 个超百分百的出租率。在这样的情况下,H 酒店还卖了一个好的价钱,春节期间,通过阶梯式的销售,把房价从 300 元一步一步往上推,推到 1 900 多元的实际房价。前后几家都是五星级饭店,位置并不好,H 酒店还在昆明三环以外,但是市区的很多酒店春节期间房价为 500 元、700 元,而 H 酒店作为一个三环以外郊区的酒店,其房价涨到了 1 900 多元。

酒店定价 1.0——生存

要点:触底定价,撕开流量

目前在市面上,一个新酒店进入到市场,通常来说有两种方式,一种是以极低的价格进入市场,这种方式简单粗暴,想用极低的价格去搏流量;第二种方法是参照地区竞争对手或者区域情况定价。不管选择什么样的定价策略和方法,定价的实质是筛选客人,定价的目的是选择你想要的那群客人,而不是很盲目地采取一种策略进入到市场。

H 酒店第一个切入市场的价格是 299 元,因为 300 元对于客人来说直接触碰到价格的上限,一旦达到 300 元,大家就觉得贵了;而低于 300 元,大家马上觉得超值。

酒店定价 2.0——稳定流量,阶梯提价

299 元到 369 元再到 349 元:调研出真知

2017 年最后一次调价的时候,H 酒店把价格一下子提到 369 元,相当于一下子提升了 70 元,流量在此时下降。管理团队又回过来对市场进行调研,突然发现客群是以 50 元为一档的。定价的实质是档次的划分,50 元一个档次,当价格迅速提到 369 元的时候,实际上提了两个档次上去,变化太大了,一下子客群不接受了,怎么办?价格涨上去再往下走很尴尬,而且对市场不太好,管理团队马上进行调整,做一个 349 元的价格,回归到原来的阶级里。怎么回去呢?将此次价格变为预服务的架构。通过这个 20 元的调整,流量迅速又回到了正常水平,甚至还带来了一些增加。

339 元到 439 元:附加服务的作用

另外一个产品由 339 元提至 439 元,有什么理由可以解释这涨幅很大的 100 元?管理团队通过酒店淡季时客人可以住够 24 小时的策略,让客人接受了这 100 元的提升。

酒店定价 3.0——大客户带来大流量

H 酒店的另一个产品是会议产品。对于一个 400 人的会议,在与客户谈判过程中,H 酒店将酒店保利润的 20 元每间转化为 400 人到酒店购物中心购物的流量,房价虽然亏了 7 000 多元,但是总收入多了不少。

第三节　客房部经营统计分析

一、客房部预算管理

（一）预算概述

预算的目的在于将客房经营成本与年度预期收入连接起来。就其本质而言，预算是一种计划，规划出了酒店在预算周期内的预期收入以及为创造这些收入所需承担的费用。在制定预算过程中，管理人员要参与整个过程，根据预测出的客房销售情况，明确客房部会产生的费用，还需确保客房部的实际费用和出租率与预算出的成本和出租率一致。

预算既是一个计划也是一个指导性文件。作为计划而言，预算并不是一成不变的，需要根据变化的情况作出调整。例如，酒店客房销售若是没有达到预期水平，那么分配到各部门的费用就需要进行相应调整；若出租率超过预期，则需要增加费用，并将此费用纳入修改过的预算中；若产生预料之外的费用，则需要评估此项费用对于整体计划的影响。作为指导性文件而言，预算为管理人员提供了衡量经营是否成功的标准。

（二）预算类型

1. 期间预算和项目预算

以一定的预算期间为对象而编制的预算称为期间预算。以特定项目的全过程为对象编制的预算称为项目预算。酒店各部门一般会编制期间预算。

2. 资本预算和经营预算

二者的本质差异在于涉及的费用类型不相同。资本预算主要是为10 000元以上的长期资产而编制的预算；经营预算是在一定时期内，预测酒店日常经营的收入和费用。资本预算的预算期较长,因此要随着时间的推移不断进行调整。经营预算又分为业务预算和财务预算,前者反映业务决策的结果,包括利润表上所列的各项内容;后者反映财务决策的结果,包括现金预算及资产负债表和利润表。经营预算的期限通常为一年,为了便于日常控制,一般还要将其划分为更短的期间。具体区别见表12-3。

表 12-3 资本预算和经营预算区别表

预算类型	概念	特点	具体表现
资本预算	为10 000元以上的资产费用项目制订计划	不易消耗掉;使用寿命超过1年;资本支出	购买客房服务车、吸尘器、地毯清洗机、洗衣房设备、垃圾处理设备;经营初期采购的库存品
经营预算	在一定时期内,预测酒店日常经营的收入和费用	在酒店正常业务经营过程中,因创造收入而产生的成本	员工工资、非循环使用的库存品成本

3. 短期预算和长期预算

一般而言,预算期在一年以内的预算称为短期预算,如业务预算常为短期预算;预算期在一年以上的预算称为长期预算,如资本预算通常为长期预算。

4. 部门预算和总预算

部门预算是酒店内部各部门为完成部门任务而编制的预算。总预算是酒店各部门编制的、经综合平衡而汇总的预算。

(三) 编制预算

1. 预算编制原则

(1) 轻重缓急原则

编制预算时,所有预算项目必须分清轻重缓急,应按以下次序排列:
第一优先为来年必须购置的项目。
第二优先为增加享乐程度和改善外观的新项目。
第三优先为未来两年内需要添置的项目。
酒店在开业3年以后,总有必要对某些设施进行更新、改造和重新装饰,这些更新项目往往占了预算开支的一大部分。如果能将过去所购物品的购买时间和使用时间记录在案,那就会给客房管理人员的年度资金预算编制提供方便。

(2) 实事求是原则

预算必须实事求是,按照客房部的实际状况和经营需要确定。如果客房管理人员为了得到预期的金额而在预算上报了两倍的金额,那么,将来的实际开支就将是实际预算的两倍。事实上,如果按轻重缓急顺序制定预算,也没有必要做这种"预算外的预算"。

(3) 充分沟通原则

在绝大多数酒店,客房部门要负责整个酒店的家具配备工作。因此,客房管理人员必须与其他部门负责人(特别是工程部)保持联系,以便协商确定客房部与这些部门预算有关的统一开支款项。

2. 预算编制程序与时间

(1) 预算编制的程序

与其他部门一样,在酒店总的预算目标指导下,客房部管理人员首先自行编制部门的预算,然后由财务部门会同各部门反复研究、协商、修订和平衡,再送总经理审查,最后送交酒店董事会审核批准。这种"由上至下"再"由下至上"的编制程序,从基层广泛吸收各部门管理人员(预算的执行者)参加预算的编制,结合由上级编好再交由下级强制执行的预算方式,二者相辅相成,更容易形成一个有利于酒店营业收入的预算表。而且,负责成本控制的基层主管人员与业务直接接触,他们编制的预算往往比较切合实际,一般经过努力可以达到目标。总之,这种预算编制程序能较好地得到广大预算执行者的支持,提高他们完成预算所确定的目标和任务的自觉性与积极性,从而使预算充分发挥其应有的作用。

(2) 预算编制的时间

预算编制的时间应与酒店其他部门预算同步,可根据每个酒店的具体安排而定,但宜早不宜晚。常见有些酒店在本年度开始以后好几个月,预算指标才下来,这样就影响了预算作用的发挥。一般来讲,应从本年度下半年开始,就着手准备下一年度的预算编制工作。全年各项预算一般在上年的11月份便全部编制完成。这样做既不影响年终结算,又不妨碍下一年度开始后预算指标的执行,从而在时间上保证预算管理能够真正发挥作用。

二、客房经营分析

（一）客房保本点

客房经营分析主要是对客房部的盈收平衡状态，即"保本点"进行分析。客房商品的成本分为两大类：一类是正常经营条件下与客房出租间数无关，即使出租间数为零也必须照常支付的费用，这部分称为固定成本（F），如固定资产折旧、间接管理费、土地资源税、利息、保险等；另一类是随客房出租间数的变化而变化的，如低值易耗品、物料用品、客房员工的工资、直接管理费和水电等消耗，这部分称为变动成本（V）。变动成本在营业收入中所占的比率为变动成本率（f）。

所谓"保本点"（Breakeven Point，又称"盈亏平衡点"），是指营业收入总额与成本总额相等时的商品销售量。在固定成本、价格及变动成本率不变的情况下，保本点也保持不变，是个常量，它不会因每月（季）营业收入或总成本的变化而变化，更不是计划期内固定成本与变动成本的简单相加。

就酒店客房而言，保本点可以用客房收入总额与客房成本总额相等时的客房出租数来表示，也可以用该点的出租率及客房营业收入表示。在这一点上，客房的利润为零，既不亏损，也不盈利（见图12-5）。

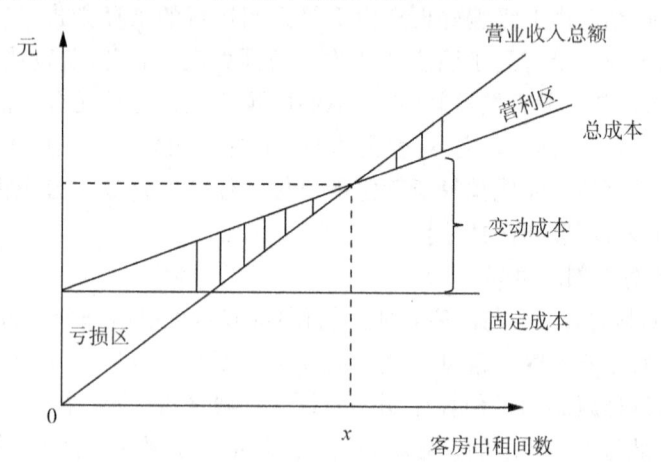

图12-5 客房保本点

设客房价格为 P；客房总数为 N；计划期天数为 n；客房固定成本为 F；变动成本率为 f；保本点时的营业收入、客房出租间夜数和平均客房利用率分别为 y、x、r。根据保本点定义，保本点时的营业收入公式为：

$$y = F + fy$$

由此可知：
$$y = \frac{F}{1-f} \tag{12.1}$$

$$x = \frac{y}{P} = \frac{F}{P(1-f)} \tag{12.2}$$

平均每天出租客房数 x' 公式为：

$$x' = \frac{x}{n} = \frac{F}{P(1-f) \cdot n}$$

由此可知：

$$r = \frac{x'}{N} \times 100\% = \frac{F}{P(1-f) \cdot n \cdot N} \times 100\% \tag{12.3}$$

上列式 12.1、12.2、12.3 分别为以营业收入、客房出租间天数和客房出租率表示的客房保本点。

案例 12-9

某酒店共有客房 400 间，平均房价为 120 元，某年 7 月客房营业收入为 95 万元，固定成本为 36 万元，变动成本率为 40%，营业天数为 30 天，则该酒店客房部收入以月营业收入、月客房出租间天数和月客房出租率表示的盈亏平衡点分别为：

$$y_7 = \frac{F_7}{1-f_7} = \frac{360\,000}{1-40\%} = 600\,000(\text{元})$$

$$x_7 = \frac{y_7}{P} = \frac{600\,000}{120} = 5\,000(\text{间} \cdot \text{天})$$

平均每天出租数 $x'_7 = \frac{5\,000}{30} \approx 167(\text{间})$

$$r_7 = \frac{x'_7}{N} \times 100\% = \frac{167}{400} \times 100\% = 41.75\%$$

由此可见，客房保本点只与客房固定成本和变动成本率有关，而与客房实际营业收入无关。

（二）客房保本价

1. 客房保本价

客房保本价即客房保本（客房利润为零）时的价格。假定客房出租率为 r，保本价为 P，则由式 12.3 可知：

$$P = \frac{F}{r(1-f) \cdot n \cdot N}$$

即，在客房固定成本、客房出租率、客房变动成本率等一定的情况下，当客房的实际平均房价达到 $F/[r(1-f) \cdot n \cdot N]$ 时，客房经营才能保本。

2. 保本点分析

如图 12-5 所示，客房盈利区的大小与保本点的位置有很大关系。保本点的位置越低，盈利区就越大，亏损区则相应缩小，所以保本点的位置越低越好，那么，客房部应如何降低保本点呢？

如图 12-5 所示，在营业收入一定的条件下，保本点的位置取决于总成本的大小。总成本增加，盈利区便缩小，亏损区相应增大。所以，酒店应通过对固定成本和变动成本的控制，改变保本点的位置，缩小亏损区，扩大盈利区。

一般来说，客房的固定成本是相对固定的，但是如果酒店的固定成本总额增加，则客房的固定成本数额必然要相应增加，从而使客房总成本增加，这时，原保本点位置就改变了，亏损区增大，盈利区缩小。反之亦然。所以，酒店在日常经营活动中必须努力降低固定成本，加强对固定资产的管理，减少损失报废，延长固定资产的使用年限。

就客房可变成本而言，管理人员要加强对客房内笔、信纸、拖鞋、牙膏、牙刷、洗发液、淋浴液、梳子、香皂等低值易耗品及清洁用品的控制，减少损失浪费现象。另外，客房用品配备的档次也不能一味求高，必须与酒店的档次相适应。

下面，继续以上例为例，分别讨论一下固定成本和变动成本变化对保本点位置的影响。

①在上例中其他条件不变的情况下，8月份营业收入不变化假定8月份该酒店客房部的固定成本（F_8）增加到30万元，试问保本点位置如何变化？

②在上例中其他条件不变的情况下,假定 8 月份该酒店客房部的变动成本(V_8)增加到 50 万元,试问保本点位置如何变化?

③在上例中其他条件不变的情况下,假定 8 月份该酒店客房部的固定成本减少到 30 万元,而变动成本增加到 65 万元,试问保本点位置如何变化?

解:①假定保本点位置以营业收入 y 表示,则:

$$y_8 = \frac{F_8}{1-f_8} = \frac{300\,000}{1-40\%} = 500\,000(元)$$

$$y_7 - y_8 = 600\,000 - 500\,000 = 100\,000(元) > 0$$

因此保本点应向左下方移动,盈利增加。

②因 $V_8 = 500\,000(元)$,故而:

$$f_8 = \frac{V_8}{营业收入} = \frac{50 \times 10\,000}{95 \times 10\,000} \approx 52.63\%$$

$$y_8 = \frac{F_8}{1-f_8} = \frac{36 \times 10\,000}{1-52.63\%} \approx 759\,975(元)$$

$$y_7 - y_8 = 600\,000 - 759\,975 = -159\,975(元) < 0$$

因此,保本点向右上方移动,盈利减少。

④因 $F_8 = 30 \times 10\,000 = 300\,000(元)$;$V_8 = 65 \times 10\,000 = 650\,000(元)$,故:

$$f_8 = \frac{V_8}{营业收入} = \frac{65 \times 10\,000}{95 \times 10\,000} \approx 68.42\%$$

$$y_8 = \frac{F_8}{1-f_8} = \frac{300\,000}{1-68.42\%} \approx 949\,968(元)$$

$$y_7 - y_8 = 600\,000 - 949\,968 = -349\,968(元) < 0$$

因此,保本点向右上方移动,盈利减少。

3. 盈亏平衡点率

盈亏平衡点率是指客房盈亏平衡点(保本点)时的出租间天数与实际出租间夜数之比。

设盈亏平衡点率为 γ,客房实际出租间夜数为 Q,盈亏平衡时的出租间夜数为 X,则:

$$\gamma = \frac{X}{Q} \times 100\%$$

盈亏平衡点率的值越小越好。结合我国实际情况,一般可用下列数值来判断酒店客房经营的好坏(表12-4)。

表12-4　盈亏平衡点率与酒店经营状况的关系表

盈亏平衡点率		经营状态
新酒店	老酒店	
<70%	<65%	良好
70%~80%	65%~75%	正常
80%~90%	75%~85%	警惕
>90%	>85%	危险

第四节　前厅部与客房部预算目标的贯彻实施

一、前厅部预算编制方法

酒店前厅部预算编制主要包括营业项目收入预算编制和支出预算编制。

酒店前厅部是以客房预订、宾客接待、提供礼宾服务等为主的部门,除客房收入外,其营业项目不多,主要营业项目收入预算包括电话总机收入预算、商务中心收入预算和其他零星收入预算三大类。

(一) 前厅部收入预算

1. 电话总机收入预算

酒店总机收入主要源于为宾客提供国际长途、国内长途等的收入预算,其预算方法是租金收入单列,主要是以之前1至3年(主要是上一年度)已完成的收入为基础,分析平均每出租一间客房可以获得的收入,再根据客房计划出租率和出租间夜数,确定其计划营业收入。

公式如下：

电话总机收入＝每天每间客房电话收入×客房出租间夜数

2. 商务中心收入预算

酒店商务中心主要提供复印、打字、传真等服务,各酒店对其服务项目收费也不尽相同。当前,酒店商务中心功能和客人利用率较以前相比均有弱化趋势。其营业收入预算方式是以上一年已有收入水平为基础,经适当调整后确定。

公式如下：

商务中心收入＝$\sum$各项服务上年收入×(1±计划增长率)

3. 其他收入预算

酒店前厅部其他收入预算主要指票务等收入,收入金额不高。计算方式与总机收入、商务中心收入类似,以上一年收入为基础,大致确定即可。

（二）前厅部支出预算

酒店前厅部主要支出在于直接消耗成本、人工成本和材料成本等方面。

1. 人工成本预算

前厅部门人工成本是其费用消耗的主要项目,具体内容见表12-5。

表 12-5　酒店前厅部主要人工成本表

主要项目	员工工资	员工福利	社会统筹	国家规定的各种补贴
内容	等级工资 奖金工资	膳食福利 服装福利	保险	略

前厅部人工成本预算主要由前厅部经理和人事部经理共同完成的。其中,前厅部经理负责核定部门员工编制人数,人事部根据全酒店要求,做出全酒店和各部门各月、各季和年度人工成本预算,报总经理审批后执行。

公式如下：

部门人工成本＝人均成本额×计划编制人数

2. 订房费用成本预算

订房费用主要包括客房预订过程中产生的电话、传真、各种函件等的费用，属于销售费用的范畴。其预算方法是以前1至3年，特别是上一年度的实际消耗为基础，分析制定出一间客房的平均订房费用，根据计划客房预订总间夜数确定其计划费用额。

公式如下：

订房费用＝每间房平均订房费用×计划预订总间夜数

3. 能源费用预算

酒店前厅能源消耗以电费为主，包括各部门电脑、灯具，商务中心、电话总机的电器设备等产生的电费消耗。其费用预算方法一般是以上年实际消耗为基础，分析费用合理程度后来大致确定。

公式如下：

能源费用＝上年实际费用×(1－计划费用降低率)

4. 办公费用预算

前厅办公费用以各种报表、纸张用品消耗为主，包括管理人员的差旅费、办公用品等。其费用预算方法一般是根据上年实际消耗分析其合理程度，大致确定其预算额。

5. 通信费用预算

前厅通信费用以总机电话成本、商务中心电传、传真、网上预订的线路租费等。其中电话收入的85％作为成本支出要交给通信管理局，其他通信费用则以电路租费为主，根据租用线路数量和租用标准来确定。

6. 资本性支出费用预算

前厅资本性支出是指部门预算期内的设施设备折旧和购置费用支出。其中，购置费用以准备购进的设备项目为基础，单独列支，报总经理批准后购置。其费用预算方法是根据购置计划和询价来确定。预算公式为：

$$设备购置费用 = \sum 计划购进台数 \times 进价 + 安装调试费$$

(三) 前厅部预算编制方法

前厅部预算方案是在营业项目收入预算和支出预算的基础上,将各项收入和支出预算结果,填入前厅部预算报表中。其具体格式可参考表12-6。

表12-6 前厅部预算表

项目	月份				全年
	1月	2月	……	12月	
职工人数					
客房出租率					
出租间夜数					
平均房价					
房租收入					
接待人次					
单项营业收入					
电话收入					
商务中心					
其他收入					
营业费用					
通信成本					
人工成本					
订房费用					
能源消耗					
办公费用					
资本性支出费用					
其他费用					
营业税金					
部门净收益					

二、客房部预算编制方法

预算是酒店成本控制的关键。酒店与客房部要结合实际有针对性地做好预算,并严格执行预算指标,且预算要针对酒店的实际,在可控范围内制定。主要包括营业收入预算、成本预算、管理费用和财务费用预算三大类。

(一) 客房营业收入预算

客房营业收入主要指酒店客房的租金收入,一般按照以下方法进行。

1. 确定客房平均出租率

根据历年来有关客房经营的统计、会计资料,分析市场供求关系的变化,结合本酒店的实际情况,预测预算期内的客房平均出租率或出租客房间天数。

2. 计算预算期内客房的总接待能力

计算公式为:

$$可供出租客房总间天数 = 客房数 \times 预算期天数$$

3. 预测年度客房营业收入

根据酒店的客房结构和价格趋势,预测预算期的平均房价。这样就可以测得年度客房营业收入。

计算公式为:

年度客房营业收入 = 可供出租客房总间天数 × 预计客房平均出租率 × 预计平均房价

此外,可以根据此前若干年每月客房营业收入或出租间天数,计算出各月季节指数。

计算公式为:

$$某月季节指数 = \frac{某月客房营业收入}{全年客房营业收入} \times 100\%$$

$$某月季节指数 = \frac{某月客房出租间天数}{全年客房出租间天数} \times 100\%$$

客房营业收入由客房数量、出租率和平均房价三个因素决定。在客房数量一定、平均房价不变的情况下,客房出租率越高,客房收入也越高。当房价发生变动时,客房收入也会发生变动。但整体来说,出租率是影响酒店客房营业收入的重要因素。

客房营业收入还可按下列公式计算:

客房营业收入 = $\sum$(某种类型客房平均单价 × 某种类型客房可供出租的套数 × 预算期内某种类型客房平均出租率 × 预算期内天数)

案例 12-10

根据某酒店客房 2020 年末有关数据(表 12-7),预计 2021 年该酒店四个季度客房出租情况,见表 12-8。假设客房收入当季度收款 90%,余款 10% 在下季度收回。若上年第四季度应收账款为 40 万元,编制客房收入预算,见表 12-9。

表 12-7　某酒店资产负债表(2020 年度)　　　　单位:元

资产	金额	权益	金额
流动资产	5 000 000	流动负债	
货币资金		短期借款	10 000 000
交易性金融资产	0	应收账款	800 000
应收账款	400 000	应付职工薪酬	3 000 000
其他应收款	1 600 000	其他应付款	4 200 000
存货	45 000 000	应交税费	3 000 000
		流动负债合计	21 000 000
		长期借款	15 000 000
流动资产合计	52 000 000	股东权益	
		股本	42 000 000
长期投资	0	留存收益	12 000 000
固定资产原值	40 000 000		
固定资产折旧	2 000 000		
固定资产净值	38 000 000	股东权益合计	54 000 000
资产总额	90 000 000	权益总额	90 000 000

表 12-8　某酒店 2021 年度预计客房出租情况

项目	套数/套	平均出租率	平均房价/元	出租天数/元 一季度	二季度	三季度	四季度	全年
豪华套房	6	50%	680	25	45	45	15	130
单人套房	16	50%	500	35	75	80	25	215
普通套房	16	50%	450	45	80	85	30	240
标准套房	70	60%	350	65	95	95	65	320
小计	108	—	—	—	—	—	—	—

表 12-9　某酒店客房部营业收入预算(2021 年度)

项目收入		一季度	二季度	三季度	四季度	全年
豪华客房	出租天数/天	25	45	45	15	130
	单价/元	680	680	680	680	680
	预计收入/元	51 000	91 800	91 800	30 600	265 200
单人套房	出租天数/人	35	75	80	25	215
	单价/元	500	500	500	500	500
	预计收入/元	140 000	300 000	320 000	100 000	860 000
普通套房	出租天数/天	45	80	85	30	240
	单价/天	450	450	450	450	450
	预计收入/元	162 000	288 000	306 000	108 000	864 000
标准套房	出租天数/天	65	95	95	65	320
	单价/元	350	350	350	350	350
	预计收入/元	955 500	1 396 500	1 396 500	955 500	4 704 000
	预计收入总计/元	1 308 500	2 076 300	2 114 300	1 194 100	6 693 200
应收账款余额/元	期初余额	400 000				400 000
	本期应收款					
	一季度	1 177 650	130 850			1 308 500
	二季度		1 868 670	207 630		2 076 300
	三季度			1 902 870	211 430	2 114 300
	四季度				1 074 690	1 074 690
	本期应收款合计	1 577 650	1 999 520	2 110 500	1 286 120	6 973 790

表中有关指标计算如下：

豪华套房平均房价 680 元，共 6 套，该类客房平均出租率为 50%，若一季度出租天数为 25 天，豪华套房营业收入为：

客房营业收入 = 680×6×50%×25 = 51 000(元)

表中其他数据依此类推。

由于酒店还有应收款项，所以也将其计算在内。表中下半部分为应收款预计收到数额。

（二）客房部营业成本预算

按照成本性质划分，客房部营业成本可以分为固定成本和变动成本两大类。固定成本的增减与客房的入住率无直接关系，在一定时期内保持不变。变动成本是随着客房使用频率的增加而增加的成本。客房入住率越高，费用总额就越大，消耗性用品使用得就越多。日常维修费用、针织品消耗、物料用品消耗、洗涤费、水电费等开支会急剧增加。对于这些费用的预算可以采用如下公式（以物料用品消耗为例）：

物料用品成本预算＝∑（客房数量×出租率×某类消耗品每间客房配备量×某类消耗品平均单价×预算期天数）

案例 12-11

某酒店预计 2021 年四个季度客房出租情况见表 12-8，则可以编制客房部成本预算，见表 12-10。

表 12-10 某酒店客房部营业成本预算（2021 年度）

	项目	一季度	二季度	三季度	四季度	全年
		变动成本				
豪华客房	客房数量/套	6	6	6	6	6
	出租天数/天	25	45	45	15	130
	平均出租率	50%	50%	50%	50%	50%
	消耗品平均配备量/个	12	12	12	12	12
	消耗品平均单价/元	85	85	85	85	85
	预计成本/元	76 500	137 700	137 700	45 900	397 800
单人套房	客房数量/套	16	16	16	16	16
	出租天数/天	35	75	80	25	215
	平均出租率	50%	50%	50%	50%	50%
	消耗品平均配备量/个	10	10	10	10	10
	消耗品平均单价/元	46	46	46	46	46
	预计成本/元	128 800	276 000	296 400	92 000	791 200

续表

	项目	一季度	二季度	三季度	四季度	全年
普通套房	客房数量/套	16	16	16	16	16
	出租天数/元	45	80	85	30	240
	平均出租率	50%	50%	50%	50%	50%
	消耗品平均配备量/个	8	8	8	8	8
	消耗品平均单价/元	33	33	33	33	33
	预计成本/元	95 040	168 960	179 520	63 360	506 880
标准套房	客房数量/套	70	70	70	70	70
	出租天数/天	65	95	95	65	320
	平均出租率	60%	60%	60%	60%	60%
	消耗品平均配备量/个	12	12	12	12	12
	消耗品平均单价/元	20	20	20	20	20
	预计成本/元	655 200	957 600	957 600	655 200	3 225 600
预计变动成本合计/元		955 540	1 550 340	1 569 220	856 460	4 921 480
固定成本						
职工薪酬/元		150 000	150 000	150 000	150 000	600 000
折旧费/元		21 000	21 000	21 000	21 000	84 000
其他/元		6 000	6 000	6 000	6 000	24 000
预计固定成本合计/元		177 000	177 000	177 000	177 000	708 000
预计营业成本合计/元		1 132 540	1 727 340	1 747 220	1 033 460	5 629 480

（三）管理费用及财务费用预算

管理费用和财务费用是期间费用。管理费用指酒店为组织和管理经营活动而产生的费用以及由酒店统一负担的费用。财务费用指酒店为筹集经营所需资金等而产生的费用。期间费用不直接计入经营成本，只区分变动费用和固定费用两部分。一般情况下，固定费用平均分配，计入各季度，变动费用按员工工资比例、工作时间等标准计算分配。为简化计算，假定变动费用也平均分配，计入各季度。

案例12-12

某酒店2021年度管理费用和财务费用支出表见表12-11。据此编制2022年度管理费用和财务费用预算，见表12-12。

表 12-11　某酒店 2021 年度管理费用和财务费用支出表　　　　单元:元

项目	金额	部门					
		总经理办公室	销售部	人事部	财务部	工程部	安保部
一、固定费用							
1. 职工薪酬	800 000	200 000	300 000	70 000	90 000	90 000	50 000
2. 工作餐	150 000	50 000	50 000	20 000		30 000	
3. 服装费	70 000	50 000					20 000
4. 折旧费	120 000	20 000	20 000	20 000	20 000	20 000	20 000
5. 税金	655 400				655 400		
小计	1 795 400	320 000	370 000	110 000	7 654 000	140 000	90 000
二、变动费用							
1. 水费	23 500	8 500	2 300	5 500	3 500	2 700	1 000
2. 电费	13 100	4 100	3 500	2 100	1 100	1 300	1 000
3. 办公费	8 600	1 100	1 100	1 100	5 300		
4. 邮电费	5 200	5 200					
5. 差旅费	87 000	52 000	35 000				
6. 业务招待费	143 000	110 000	33 000				
7. 培训费	19 000	19 000					
8. 董事会会费	5 300	5 300					
9. 其他费用	7 000	7 000					
小计	311 700	212 200	74 900	8 700	9 900	4 000	2 000
合计	2 107 100	532 200	444 900	118 700	775 300	144 000	92 000

表 12-12　某酒店管理费用和财务费用预算(2022 年度)　　　　单位:元

项目	一季度	二季度	三季度	四季度	全年
一、变动费用					
1. 水费	5 875	5 875	5 875	5 875	23 500
2. 电费	3 275	3 275	3 275	3 275	13 100
3. 办公费	2 150	2 150	2 150	2 150	8 600
4. 邮电费	1 300	1 300	1 300	1 300	5 200
5. 差旅费	21 750	21 750	21 750	21 750	87 000
6. 业务招待费	35 750	35 750	35 750	35 750	143 000

续表

项目	一季度	二季度	三季度	四季度	全年
7. 培训费	4 750	4 750	4 750	4 750	19 000
8. 董事会会费	1 325	1 325	1 325	1 325	5 300
9. 其他费用	1 750	1 750	1 750	1 750	7 000
变动费用合计	77 925	77 925	77 925	77 925	311 700
二、固定费用					
1. 职工薪酬	200 000	200 000	200 000	200 000	800 000
2. 工作餐	37 500	37 500	37 500	37 500	150 000
3. 服装费	17 500	17 500	17 500	17 500	70 000
4. 折旧费	30 000	30 000	30 000	30 000	120 000
5. 税金	163 850	163 850	163 850	163 850	655 400
固定费用合计	448 850	448 850	448 850	448 850	1 795 400
费用合计	526 775	526 775	526 775	526 775	2 107 100

假定以上费用由部门分摊,客房部负担20%,即421 420(2 107 100×20%)元,再将该数据分为四个季度,各季度负担105 355(421 420/4)元。

将客房部的营业收入预算、成本预算、管理费用和财务费用预算加以汇总,即为客房部预算。

三、预算贯彻实施过程

一个预算的贯彻实施离不开环环相扣的实施过程,具体见图12-6。

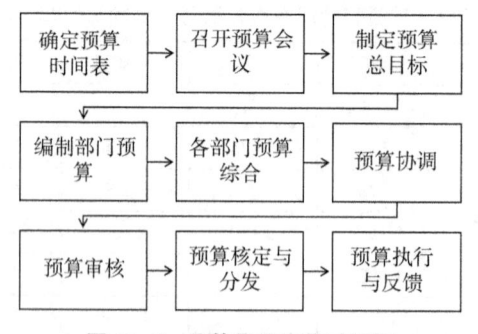

图12-6 预算贯彻实施过程图

（一）确定一个行之有效的预算时间表

为了保证有充分的时间编制预算和确保它的及时批准,应该制定一份预算时间表,并严格遵守。假定一家酒店的会计年度与日历年度相一致,该酒店在2022年第四季度编制下年的预算,可以参照表12-13中列出的时间编制预算。

表12-13 预算时间安排表

执行人	具体事项	执行时间	备注
总经理 财务总监 部门经理	酒店预算会议	10月1日—10月20日	前厅部与客房部管理人员重点参与会议
部门经理	部门预算会议	10月21日—10月31日	前厅部与客房部管理人员重点主持会议
财务部门	部门预算综合	11月1日—11月15日	
总经理 财务总监	总经理预算报告准备	11月16日—11月25日	
酒店所有者	审定和批准总经理预算报告	11月26日—11月30日	

（二）召开酒店预算会议，提供指导方向

酒店预算会议要为部门经理编制详细的部门预算提供指导方向。在预算会议上需要完成的工作有：审视当年的经营情况；分析整个经营条件；分析目前的竞争形势；分析价格及计划客房出租率和总的销售额等。

（三）制定预算总目标

预算委员会根据酒店预算会议上的预测,结合酒店的战略目标,提出预算总目标及具体的考核标准,如利润比去年增长多少,收入要达到什么水平,预算年度要发展的优势领域,并提出资本预算以及对各部门业绩的考核标准等。

（四）编制部门预算

部门预算是整个预算过程的基础,它以销售预算为起点,也是酒店前厅

部与客房部完成预算贯彻实施的重要部分,其具体过程如下:

1. 预测部门营业收入。
2. 营业收入减去各部门的预计直接经营费用。
3. 根据预测的部门经营利润减去预测的未分摊费用,得出净利润。

(五) 各部门预算综合

各部门预算制定完成后送交财务部门,由财务部门将其进行汇总,上报预算委员会。

(六) 预算协调

由于部门预算与总预算可能产生矛盾,这就需要不断进行上下级的交流与沟通,并在沟通过程中相互让步,使上下级对预算达成共识。

(七) 预算审核

总经理和财务总监要先审查各部门预算,确保所有项目是合理的,营业收入和费用目标是实际可行的,再交由董事会审批。

(八) 预算核定与分发

预算的方案经董事会批准后,由预算委员会下发到各部门执行。

(九) 预算执行与反馈

预算管理的目的不在于编制预算,而在控制。在酒店的经营活动中,要随时与预算进行对照,从而达到控制的目的。在年度终了,还要综合分析差异,找出原因,并严格执行预定的奖惩机制。

四、前厅部门预算目标的贯彻实施

酒店前厅部门在预算方案基础上,主要需要做好以下三个方面的工作。

(一) 逐月做好客房预订和接待及实际出租价格控制,提高客房出租率和房租收入

这是前厅部预算目标贯彻实施的主要工作和主要方法。在酒店客房管

理中，前厅部的主要任务是做好客房预订、旅客接待、客房分配，以及行李、问讯、礼宾等各种日常服务。其中，散客预订是前厅预订部必须完成的销售指标，团队、会议、长住客房销售主要是由酒店销售部完成的。散客预订的数量和比例越大，实际平均房价越高。为此，前厅部必须逐月完成散客预订和计划出租间天数和比例。团队、会议和长住客房的预订也必须纳入前厅部的统一管理中，要认真完成。因此，在客房预订的基础上，前厅部要每天做好各类客人的入住接待和客房分配，严格控制各类客人的实际出租价格，只有这样，才能逐月提高客房出租率、平均房价，保证预算指标的逐月顺利完成，获得优良经济效益。

（二）逐月完成单项业务项目收入指标和做好费用消耗控制，提高酒店经济效益

酒店前厅部的收入项目较少，除客房收入是由销售、前厅和客房三个部门共同完成外，其销售收入只有电话总机、商务中心和其他收入等少数营业项目。在收入计划的基础上，要逐月加强销售，提高服务质量，完成各单项业务项目的收入指标。同时，其预算目标的贯彻实施重点是控制部门直接成本和费用消耗。在前厅部成本及消耗中，重点是客房预订费用、各种报表纸张和办公费用、直接人事成本和水电能源消耗等。主要控制方法是每月由财务部核算前厅部门各种直接费用，编制费用核算报表，并与计划指标比较，分析存在问题，提出降低费用消耗的改进措施。最终增加收入，降低消耗，并提高经济效益，保证前厅部门收入和费用计划指标的逐月顺利完成。

（三）逐月做好客房销售统计分析，为前厅、客房和销售部门及酒店高层领导提供总反馈

在前厅部门预算目标的贯彻实施中，前厅部门的预订、接待、收款和办公室等部门每天要制作各种业务报表，包括客房预订预测报表、客房每日接待报表、出租统计表、客房每日收入报表等。在此基础上，前厅部应将这些报表整理汇总，每周、每月送至酒店总经理、副总经理和销售、前厅、客房及财务等部门经理处，或通过网络传送给他们，这样既有利于他们掌握各项指标计划完成的情况，又有利于辅助其进行市场开发、研究销售策略的制定与调整。

五、客房部门预算目标的贯彻实施

酒店客房部门的主要任务是在前厅部完成旅客接待和客房分配的基础上,以为客人提供住宿服务、清洁卫生、客衣和棉织品洗涤等房务管理为主。除客房出租率和房租收入外,其部门预算目标的贯彻实施重点是做好以下三个方面的工作。

(一)提供优质客房服务,保证客房出租计划指标的逐月顺利完成

酒店客房部门在客房销售的全过程中以提供客房服务为主,客房销售和客房服务是相辅相成的。如果客房销售优良、客源数量较多,但客房服务质量不好,客人住后不满意,客源肯定会逐渐减少。只有客房部门始终提供优质服务,才能使客房销售和客房服务形成良性循环。

因此,要保证客房部门预算目标的贯彻实施,保证客房出租率和房租收入指标的逐月顺利完成,就必须始终确保提供优质客房服务。这就需要客房部门在客房预算方案的基础上,始终把优质客房服务放在首位。要从客人进房、住店服务,到客房卫生、客房安全、环境卫生、客房酒水、客衣洗涤、公共卫生服务,再到客人退房离店的全过程中都认真落实房务管理和服务操作的工作程序、质量标准。每天做好客房卫生、楼面卫生、客衣洗涤、棉织品洗涤和更换等各项服务工作和质量检查,始终保持客房服务质量,让客人切实体验到美观、清洁、舒适、安全、方便和热情周到的住宿服务。这样才能提高客房声誉,增加回头客,保证客房出租率和房租收入等计划指标的逐月顺利完成。

(二)逐月完成部门单项业务项目收入指标,增加客房经济收入

在客房部门预算目标的实施过程中,除房租收入外,客房部门的单项业务项目收入指标较少,主要包括客房酒水、洗衣房和其他归客房部门管辖的少数项目的计划收入。为此,在客房部门营业项目预算指标的基础上,要每天保证客房酒水供应,做好客房酒水销售。每天做好客衣洗涤、对社会开放的衣物洗涤,保证洗涤质量,并认真做好归客房部门管辖的有收入的营业项目,如游泳池、SPA等的销售和服务工作,从而增加经济收入,保证客房部门单项业务项目收入指标的逐月顺利完成。

(三) 做好客房部成本费用控制，提高酒店经济效益

客房部成本主要为客房酒水成本和洗衣房洗涤成本，数额较小，其次是客房部门的税点、能源费用、客房物品（包括可用物品、卫生用品、服务用品）费用、客房棉织品消耗、客房洗涤费用等。因此，控制客房部预算目标中的直接费用是主要的任务，同时要做好物品和水电能源消耗定额和消耗标准。对于客房物品要严格控制发放及使用，每天做好记录及可利用物品的回收利用，每月做好各类费用消耗的统计与核算，并将各类费用的实际消耗和预算指标进行比较，肯定成绩，分析存在问题及原因，提出改进措施，以保证各项预算费用目标的顺利完成，降低费用消耗，从而保证客房计划利润目标的逐月顺利完成，不断提高酒店客房管理的经济效益。

六、酒店客房出租预算目标的贯彻实施

酒店客房出租的预算目标具体表现为各月各季的客房出租率、平均房价和房租收入三大指标。这三大目标的贯彻实施是由酒店前厅部、销售部和客房部三个部门共同完成的。从目标管理的角度来看，销售部主要负责团队、会议和长住客人的客房销售；前厅部主要负责客房预订、客房分配和实际销售的具体落实；客房部主要负责客人住宿期间的各项日常服务，保证客房销售的最终完成。因此，酒店客房出租预算目标的贯彻实施方法主要分为三个步骤。

（一）逐月分解落实客房出租预算指标，形成部门计划目标

酒店客房销售是通过逐日、逐周、逐月出租客房来完成的。其客房出租率又转化为客房出租间夜数。逐月分解落实客房出租预算指标，形成部门计划目标的方法如下。

1. 销售部的团队、会议和长住客房销售目标分解

基本方法是以月度客房出租率和出租总间夜数为基础，根据各月计划客房出租构成，即可分解形成销售部门的团队、会议和长住客人的各月计划销售客房间天数，形成计划目标。

2. 前厅部的散客预订、无预订客房销售目标分解

基本方法是以月度客房出租率和出租总间夜为基础，根据各月客房出租中散客构成和无预订客房销售的大致比例确定计划目标。

3. 客房部的客房出租间天数和房租收入计划目标

客房部门以接待客人、提供住宿服务为主，酒店计划出租间天数和房租收入一般直接作为客房部门的计划目标。通过上述分解落实，即可形成酒店销售部、前厅部、客房部在客房销售过程中的具体任务。

（二）逐月检查客房出租构成和实际平均房价完成结果，保证客房销售目标顺利完成

酒店客房销售构成是指在客房出租总间天数中，散客（包括商务散客）、团队、会议、长住等各类客房出租所占的比例。客房出租构成的合理程度，直接影响实际平均房价和房租收入。为此，销售部、前厅部在计划目标已经确定的条件下，每月必须按照计划目标所规定的散客、团队、会议、长住客房的销售比例和各类客人的计划价格认真做好客房销售和客房预订，严格掌握客房的出租价格。在此基础上，由前厅部每天统计客房销售量和平均房价，逐月编制客房销售报告，分别统计出每月的客房出租构成和平均房价，并和月度计划指标比较，逐月检查分析客房出租构成和实际平均房价，分析存在问题，提出改进措施，由此才能保证完成散客、团队、会议、长住等各类客房的计划出租目标，保证各类客人的平均房价目标的顺利完成，提高客房管理水平。

（三）逐月检查客房出租率和房租收入计划的完成结果

在酒店销售部和前厅部逐月严格掌握和控制各类客房的出租构成和各类客人平均房价的基础上，其客房出租率和房租收入计划也是逐月完成的。这时，酒店财务部每月要根据前厅部的客房出租报告，逐月核算客房出租率和房租收入的完成结果，编制客房出租核算报表，并与计划出租率和计划房租收入比较。在此基础上，每月由总经理或主管副总经理召开一次客房销售市场分析例会。销售部、前厅部、客房部、财务部经理参加例会，共同分析每月客房出租率、出租构成、平均房价和销售收入的指标完成结果、完成进度、存在问题，进而分析下月市场动向和趋势，提出客房销售的改进措施，从而保

证客房出租率和房租收入计划指标的逐月完成。

练习与思考

一、选择题

1. 客房商品的价值主要由（　　）和（　　）构成。
    A. 客房商品理论价值　　　　B. 客房商品劳务价值
    C. 客房商品实际价值　　　　D. 客房商品服务价值
2. 由于酒店是面向整个消费市场的，因此其商品价格在国际、地区和当地层面上都具有（　　）。
    A. 可比性　　　　　　　　　B. 可复制性
    C. 独特性　　　　　　　　　D. 不可比较性
3. 客房商品价格由客房商品的成本和（　　）构成。
    A. 利率　　　B. 效益　　　C. 利润　　　D. 利息
4. 影响客房价格的外部因素有（　　）。
    A. 社会政治、经济形势　　　B. 市场供求关系
    C. 国际市场房价水平　　　　D. 旅游业季节性影响
    E. 有关部门和组织的价格策略　F. 汇率变化
    G. 客人消费心理
5. 酒店客房商品定价目标为（　　）。
    A. 追求利润最大化　　　　　B. 提高市场占有率
    C. 应对或避免竞争　　　　　D. 实现预期投资回报率
6. 某酒店新入驻 A 城市，经酒店管理层商讨后，决定参照酒店所在区域内同等级的酒店价格进行定价。此酒店采取的定价方式为（　　）。
    A. 赫伯特定价法　　　　　　B. 随行就市定价法
    C. 千分之一定价法　　　　　D. "拍脑袋"定价法
7. 以一定的预算期间为对象而编制的预算称为（　　）。
    A. 长期预算　　　　　　　　B. 短期预算
    C. 期间预算　　　　　　　　D. 定期预算
8. 盈亏平衡点率是指客房盈亏平衡点（保本点）时的出租间夜数与（　　）之比。
    A. 预计出租间天数　　　　　B. 实际出租间天数
    C. 预计收入　　　　　　　　D. 实际收入

二、判断题

1. 客房商品价值主要由建造中价值、开业准备中价值和经营过程中价值构成。（ ）
2. 价值补偿时效性主要表现在定价方式的时效性和价值补偿的时效性。（ ）
3. 客房商品价格不会受到旅游、天气、节假日等因素的影响。（ ）
4. 客人消费心理不会影响客房价格变动。（ ）
5. 酒店等级越高，其设施设备档次越高。（ ）
6. 对于新酒店来说，理想的盈亏平衡点率应小于70%。（ ）
7. 酒店前厅部预算编制主要包括营业项目收入预算编制和支出预算编制。（ ）

三、名词解释

1. 客房成本费用
2. 变动成本
3. 欧式计价
4. 赫伯特定价法
5. 千分之一定价法
6. 保本点
7. 客房保本价

四、简答题

1. 请简述客房商品价格特点。
2. 请简述客房商品价值构成具有复杂性的原因。
3. 请简述客房成本主要分类。
4. 请简述影响客房价格的因素。
5. 请简述前厅部主要使用的价格策略。
6. 请简述预算编制的原则。
7. 请简述预算实施过程。

五、案例分析

厦门W酒店的暑期房价策略

由于新冠疫情形势趋于稳定，厦门W酒店于2022年5月20日恢复营业，通过系列行之有效的营销活动和品牌传播迅速抢占市场，6月即完成总营收近1 300万元，实现2天满房。

针对逐步复苏的会议市场,酒店采用"一会一价"策略,提供灵活团队价格,通过争取会议团队快速拉升出租率,接待了多场大型会议,6月共计完成会议用房4 591间夜。同时结合前期展会布局,W酒店会展中心顺利承接四场展会活动,并与某协会签订五年合作协议。

在线上散客市场方面,酒店5月即开始全方位布局携程、住店圈、抖音和微信自有销售渠道,从产品端深挖消费者需求,针对亲子出游、高端度假、本地休闲娱乐等客群开发8款热销产品,其中康体中心次卡产品开售当日即售罄;同时提前销售日期,缩短售卖时间,借6·18大促,提前做好暑期市场预售,也有效消化了暑假前期的库存。大促期间,线上各渠道成交总额突破600万元,6月份线上渠道累计完成2 161间夜。

酒店深度打造"亲海生活家"品牌活动与促销联动,首次建立官方达人分销群,将达人体验内容"种草"与产品促销购买形成闭环;大力开拓抖音带货渠道,通过开通全民分销、平台探店与大V直播,深度应用抖音平台营销手法,抖音平台月收入近百万元。

(资料来源:迈点网,https://www.meadin.com/pp/244961.html,有删改)

问题:厦门W酒店采取了哪些房价策略?

六、计算题

某酒店拥有400间客房,酒店开业时投资为9 500万元,还本付息期为15年,资金贷款年利率为4.9%,酒店开业年预算固定费用为550万元,每间客房每天变动费用为120元。酒店要求的投资回报率为19.5%,预测客房出租率为86%,假设酒店全年无休,请根据上述条件核算客房基价。

第十三章
前厅与客房收益管理

学习目标：通过本章学习，能够在前厅与客房部门收益管理相关理论知识的基础上，根据不同情境，作出提升前厅与客房经济效益的最优决策。

核心概念：收益管理；经济效益

第一节 前厅与客房收益管理概述

收益管理这一概念最早产生于航空业，目前已经证实收益管理在住宿业、租赁业、运输业和旅游业等方面运用得均很成功。总而言之，凡是把预订视为商品售卖的情况下都可以使用收益管理。成功实施收益管理的关键在于监测客户需求和制定可靠预测，而酒店业在使用收益管理这一方法时，主要关注客房房价和简单的供求关系，根据细分市场给客户群制定不同的价格，对细分市场进行预测等方面。

一、收益管理的概念

收益管理在住宿业已经全面普及，大型酒店均已开发了独具特色的收益管理系统，用来调节自家酒店的房价与入住率。酒店收益管理是指酒店在适当的时间将自己的产品以适当的价格通过合适的销售渠道卖给合适的顾客这一过程。其重点是以供求关系为基础，根据市场份额确定价格。具体来说，当供大于求的时候，酒店应调低房价；供不应求的时候，酒店可以适当调高房价。具体可以体现在根据淡旺季调整价格、根据酒店客房剩余可出售数量调整价格、"早到者"特价等方式。

二、收益管理的意义

收益管理目前主要应用于航空、铁路、酒店、银行、汽车租赁、广告等资源有限的服务型行业。从上述行业可以看出，适合应用收益管理的行业应具备能力相对固定、产品或服务具有时效性、市场需求可预测、市场需求具有波动性、有高固定成本和低变动成本、市场可细分及产品可提前预订的特点。

做好收益管理，有助于酒店最大限度地利用现有资源，实现收益最大化。在酒店经营过程中，当酒店市场供过于求时，酒店做不到满房，将有部分客房被闲置，而这些客房如果不能及时销售出去，必然会导致客房资源的浪费。收益管理此时的任务是最大限度地把闲置的客房销售出去，减少客房的虚耗。当酒店市场供不应求时，即使酒店可以做到满房，也并不意味着酒店就获得了最大的收益。此时，收益管理的任务是把客房以最高的价格销售出去。

做好收益管理，有助于酒店最大化利用有限产品资源，最大限度地减少潜在收入流失。如图 13-1 所示，在一周内，市场每天对某酒店客房的需求量都不一样，其中周二、周三、周四和周六呈现出供不应求的情况，这几天酒店应该是可以做到满房的。然而，经营的结果却不尽如人意，如图 13-2 所示，酒店不仅在供不应求的周二、周四和周六没有做到满房，而且在供过于求的周一、周五和周日也流失掉了不少的收入。但是，类似的情况在酒店中并不是偶然的，而是经常性的，甚至每天都会发生，这种情况日积月累，给酒店造成很大的收入损失。收益管理的目的正是要利用好酒店有限的产品资源，最大限度地减少潜在收入的流失，从而实现收入最大化。

做好收益管理，有助于酒店通过实现酒店收入最大化来驱动利润最大化。假设某酒店客房的变动成本为 20%，经营利润率为 15%，实施收益管理前客房营业收入为 2 亿元，实施收益管理后，营业收入增加了 2 000 万元，增加了 10%，则酒店的经营利润率也增加了。由此可见，收益管理有利于在外部环境不变的情况下，大幅度地提高酒店的经营利润率。

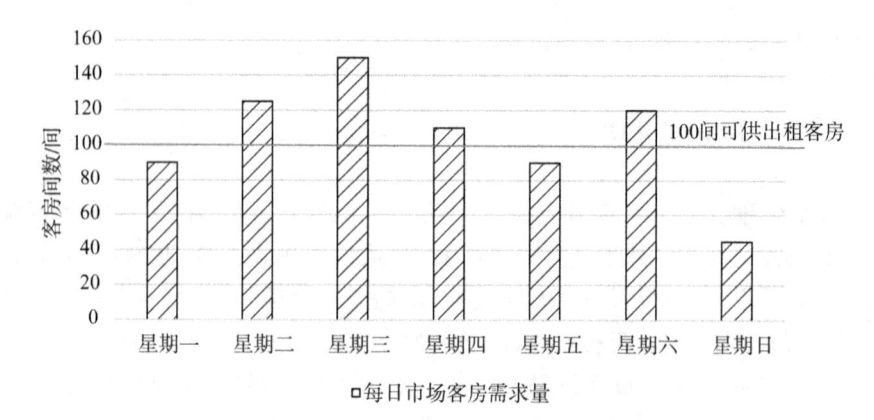

图 13-1　某酒店一周内市场客房需求量

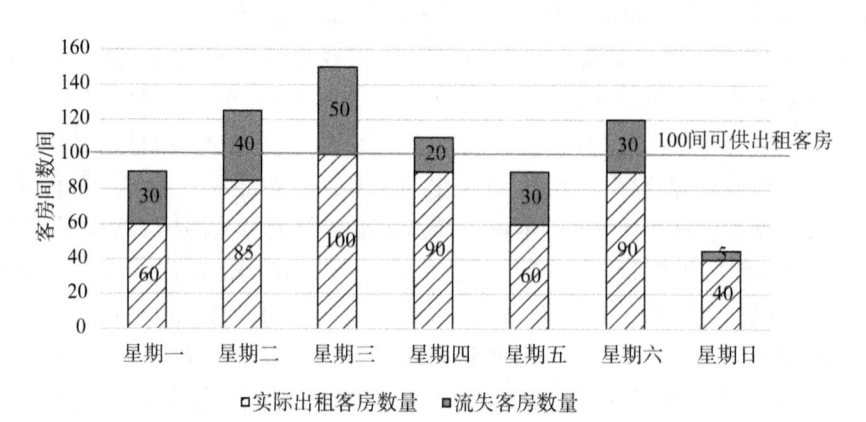

图 13-2　某酒店一周内潜在市场需求量流失图

三、收益管理常用公式

（一）客房出租率（OCC）

定义：酒店已出租客房数和可供出租客房数的百分比。

公式：

$$出租率 = \frac{实际出租客房数}{可供出租客房数} \times 100\%$$

案例 13-1

A 酒店有客房 120 间,当日出租客房数为 90 间,那么该酒店当日出租率为:
$$\frac{90}{120} \times 100\% = 75\%$$

这里需要注意的是:可供出租客房数并不是酒店的客房总数,而是酒店客房总数减去自用房、维修房等客房后的数量。

(二) 平均房价(ADR)

定义:酒店客房总收入与实际销售客房数的比值。

公式:

$$平均房价 = \frac{客房总收入}{实际客房出售数}$$

案例 13-2

B 酒店有客房 110 间,其中 70 间为标准间,房价为 190 元/间;40 间为单人间,房价为 150 元/间。当日房价 8.5 折优惠,标准间房价为 161.5 元/间,单人间为 127.5 元/间,实际出租客房数为 90 间,其中标准间 50 间,单人间 40 间,则当日平均房价为:

当日客房销售总额 = 161.5 × 50 + 127.5 × 40 = 13 175(元)
当日平均房价 = 13 175 ÷ 90 ≈ 146(元)

(三) 双开率

双开率指的是两位客人同住一个客房的客房数量占已出租客房总数的百分比。

公式如下:

$$双开率 = \frac{客人总数 - 已出租客房数}{已出租客房数} \times 100\%$$

案例 13-3

某酒店当日入住客人数量为 410 人,当日出租客房数量 290 间,其客房双开率为:

$$\frac{410 - 290}{410} \times 100\% \approx 29.27\%$$

双开率指标可以反映客房的利用状况,是酒店增加收入的一种经营手段,其前提是一个客房(单人间除外)划出两种价格。比如,一个标准间住一位客人时,房价350元;住两位客人时,每位只收230元。这样,客人可以节省房费开销,而酒店又增加了收入,同时,酒店的劳动成本的增加却很小。

需要注意的是,双开率与客房出租率配合使用才有意义。在客房出租率一定的情况下,双开率越高,酒店的经济效益越好;在酒店待出租客房多而客人有限的情况下,总台接待员应注意提高开房率,否则,在这种客房状况下增加双开率,只会降低经济效益。

事实上,在旺季提高客房双开率,对于双开房的房价给予特殊的定价策略,是酒店招徕宾客,提高客房利用率,增加客房收入水平的重要手段。

(四) 单房收益(RevPAR)

定义:每间可供出租客房收入。

公式1:$RevPAR = \dfrac{实际客房收入}{可供出租客房总数}$

公式2:$RevPAR = 出租率 \times 平均房价$

案例13-4

C酒店有客房120间,当日出租客房为100间,客房收入为16 800元,则该酒店出租率为83%,平均房价为168元。

该酒店的$RevPAR = 16\,800 \div 120 = 140$(元),这个数字表示该酒店每间客房产生了140元的收入。

注意:单房收益是衡量酒店收益管理绩效的非常重要指标。一般价格和需求呈反比关系,大部分情况下,很难做到出租率和平均房价同时提升。例如,当客房的价格升高时,市场对客房的需求就会下降,导致出租率下降。所以,只看客房出租率或者只看平均房价都不能判断一个酒店的经营情况,而单房收益在综合了出租率和平均房价两个方面的同时考察酒店收益,有助于酒店经营者全面了解酒店经营状况。

(五) 理想平均房价

理想平均房价是在酒店现行各类牌价下,按不同客人结构出租时酒店可以达到的理想的平均房价。它是在一定时间内,以最低价出租客房的平均房价和以最高价出租客房的平均房价的平均值。在计算理想平均房价时,要结合客房出租率、双开率和客房牌价进行。

案例 13-5

某酒店共有 400 间客房,其类型及挂牌价如表 13-1 所示。预计酒店未来出租率可达到 85%,双开率为 35%,求该酒店理想房价。

表 13-1 某酒店客房类型及挂牌价

客房类型	数量/间	牌价/元	
		1人住	2人住
单人间	40	200	—
标准间	300	300	380
普通套房	40	400	480
行政套房	20	500	580

步骤①:由低档向高档排房,计算平均房价

在为客人排房时,先从最低档的单人间开始,依次向高档房型递进,直到把客人全部安排完为止,由此计算出的平均房价为最低价出租客房的平均房价。

酒店平均每天开房数:400×85%=340(间)

酒店平均每天双开客房数:340×35%=119(间)

单间客房收入:40×200=8 000(元)

标间客房收入:119×380=45 220(元)

(300-119)×300=54 300(元)

每日客房收入:8 000+45 520+54 300=107 520(元)

最低平均客房价格:107 520÷340≈361.2(元)

步骤②:由高档向低档排房,计算平均房价

在为客人排房时,先从最高档的行政套房开始,依次向低一级的客房递进,直到把客人全部安排完为止,由此计算出的平均房价为最高价出租客房的平均房价。

行政套房收入:(20×35%)×580+[20-(20×35%)]×500=10 560(元)

普通套房收入:(40×35%)×480+[40-(40×35%)]×400=17 120(元)

标准间客房收入:(340-60)×35%×380+[(340-60)×(1-35%)]×300=91 840(元)

每日客房收入总计:10 560+17 120+91 840=119 520(元)

最高平均客房价格：119 520÷340≈351.5(元)

步骤③：计算理想平均房价

将最低价出租客房的平均房价与最高价出租客房的平均房价进行平均，即得出理想平均房价。

理想平均房价：(316.2＋351.5)/2≈333.9(元)

将实际平均房价与理想平均房价进行比较，可以较为客观地评价酒店客房的经济效益。若实际平均房价高于理想平均房价，说明经济效益好，酒店可获得较为理想的盈利。反之，则说明经济效益不好。这种比较也可以在一定程度上反映房价是否符合市场的需要。如果两者相去甚远，则说明房价过高或过低，不符合市场状况，需要调整。

另外，将实际平均房价与理想平均房价进行比较，如果实际平均房价高于理想平均房价，表明酒店的房价结构体系难以为客人提供合适的高价房。只有在酒店特殊市场对高于平均房价的客房感兴趣时，才可往高处调整价格。若实际平均房价低于理想平均房价时，则说明：第一，酒店管理者未按照市场客观需求制定合理的房价结构；第二，低价客房和高价客房之间没有明显的差异，客人在购买较高价格客房时，没有任何附加利益吸引他们，自然转向购买较低价格的客房。事实上，理想平均房价可以用客房附加利益所产生的房价差异来调整价格等级的差别，使酒店获得较为理想的盈利。

（六）市场渗透率（MPI）

定义：酒店的平均出租率与竞争群平均出租率的比值，反映出该酒店在整个市场中的占有率高低。

公式：

$$MPI = \frac{酒店出租率}{竞争群平均出租率}$$

衡量标准见表 13-2。

表 13-2　MPI 衡量标准

MPI 值	意义
≥1	该酒店的销售能力高于竞争对手，或者与竞争对手持平
<1	该酒店销售能力不如竞争对手，需要尽快调整经营策略

（七）平均房价指数（ARI）

定义：酒店平均房价与竞争群平均房价的比值。

公式：

$$ARI = \frac{酒店平均房价}{竞争群平均房价}$$

衡量标准见表13-3。

表 13-3　ARI 衡量标准

ARI值	意义
≥1	该酒店的平均房价高于竞争对手，或者与竞争对手持平
<1	该酒店平均房价低于竞争对手

（八）收益产生指数（RGI）

定义：酒店单房收益与竞争群单房收益的比值。

公式：

$$RGI = \frac{酒店单房收益}{竞争群单房收益}$$

衡量标准见表13-4。

表 13-4　RGI 衡量标准

RGI值	意义
≥1	该酒店当前单房收益大于竞争对手，或与竞争对手持平
<1	该酒店当前单房收益小于竞争对手，需要调整定价和营销策略

四、影响收益管理的因素

灵活的房价策略同时影响客人入住数量和酒店相关的效益。收益管理若是只注意可能的房费收入，就无法给管理层提供全面综合的意见。由于客源、市场竞争及其他原因，一家酒店在不同季度的经营情况也会有变化，但其中仍包含一些固定因素。影响酒店收益的主要因素包括：

- 团队客房销售量；
- 散客销售量；
- 区域性的促销活动；
- 特殊活动。

（一）团队客房销售

在大部分酒店中，团队客房收益的多少决定了酒店收益的多少。为了做好团队接待，在接待任务来临时，销售经理或餐饮经理必须对客户的要求进行认真研究及记录。在作决定之前，需要问以下问题：

- 该团队的需求是否符合酒店当前状况？如该团队要用120间客房，但是此数字会超出该时间段内酒店的团队客房的配给量。
- 同一时期是否还有别的团队要来？
- 该团队对会议室的要求如何？
- 该团队的要求对同一时间另一团队的预订业务有什么影响？
- 该团队愿意支付的房价为多少？
- 该团队的餐饮活动是否包含娱乐？是否会用到酒店餐厅？
- 该团队能为酒店创造多少收益？

为了解团队销售对整个客房收益的影响，酒店应提前尽可能多地收集团队资料，主要包括团队预订资料、团队预订比率、预期团队业务、团队预订提前数量以及散客业务的转移。

（二）散客房销售

散客房主要指提供给非团队客人的客房。与团队业务相比，散客预订具有更接近抵店日期的特点。以往房价一般是根据床的种类和客房的数量确定，但是在今天的市场中，影响房价的因素越来越多。为了使客房收益最大化，前厅部经理可以根据客房的位置、吸引力、客房面积分类。为了开展业务，有的酒店会以标准房价销售豪华客房，以吸引客人。在此策略之下，管理层需要将客房收益最大化，而不是仅仅关注出租率或平均房价。

对于散客销售的另外一个渠道就是给合作单位协议价。如很多酒店品牌在网站上提供最佳房价保证，以减少其他销售渠道网站对同样产品打折的影响。这就需要酒店做到控制折扣以优化收益。若是一家酒店在某一个假期只订出了很少的客房，那么当有散客打电话预订时，该酒店就会接受预订并给予一定折扣,以吸引客户。随着这一时期内市场用房需求的上升,酒店就会有选择性地打折了。当前厅部经理认为客房可以按照较高价格出售而不会影响出租率的时候,就不会再打折了。由此可知,酒店在采取打折策略时,应留有一定空间,以保证业务的灵活性。

(三) 区域性的促销活动

当前区域内的活动会对酒店收益管理策略产生较大影响。即使酒店未在大型会议会场附近,由于会议而产生转移的散客和小团队也会被推荐过来。当这种情况发生时,前厅部经理应了解当前会议及其带来的客房需求,若需求是存在的,那么此时可以根据情况调整散客和团队房价。

区域内的会议等活动会影响已有的团队和散客趋势分析。如果团队或散客的客房销量变化幅度加大,则前厅部经理应立即着手调查。增加的需求可能是由于本地区有会议或另外一家酒店有大型订房活动。若订房需求降低,说明酒店的主要竞争对手可能有重大团队活动取消,它在采取削减房价以提升客房入住率的措施。

(四) 特殊活动

若有大型节事活动(如会展活动或运动会等特别活动)在酒店附近举行,那么酒店就可以利用这一机会采取限制房价打折措施。

第二节 提升前厅与客房收益的方法

随着 5G 等信息技术的不断发展,酒店收益管理也逐步迈向信息化。要做好酒店前厅与客房收益管理,提升酒店收益,就要对收益管理系统和提升收益管理的步骤进行详细了解。

一、收益管理系统

(一) 酒店收益管理系统简介

收益管理思想和理论最早起源于美国航空业,收益管理计算机软件系统

（也称为收益管理系统）就是伴随着收益管理理论的形成而产生的。早在 1964 年，美国航空公司便开发并运用了名为 Sabre 的计算机预订系统，随后一些航空公司也开发了类似的系统，如 Amadeus、Galileo 和 Worldspan，当时它们被视为主要的 4 个全球分销系统。

收益管理理论在美国航空公司的成功应用，引起航空业和学术界对收益管理理论的重视和研究。随着互联网的迅猛发展，出现了大数据和云数据技术，收益管理系统打破了原有的有限数据处理模式，开始结合大数据，能为客户提供更为广阔的服务。值得一提的是，一些系统供应商（如 IDeaS、Infor EzRMS、RateManager 等）依托云技术开发了收益管理云系统，用户无须购买服务器，为用户节省了大量资金，系统的操作上也更为简单快捷。在酒店业，收益管理系统已成为管理者实施收益管理策略的主要工具。

1. 收益管理系统的基本概念

收益管理系统（Revenue Management System，RMS）是企业管理信息系统（Management Information System，MIS）的重要组成部分，已受到企业管理者的广泛重视。收益管理系统是指以人为主导，利用计算机硬件、软件，网络通信等资源，对信息和数据进行收集、传输、加工、储存、更新和维护，从而为企业提高工作效率、提升效益、增强市场竞争力和为企业决策提供依据的管理工具。

2. 收益管理系统的体系架构

收益管理系统的体系架构指的是系统组成部分以及组成部分之间的关系。收益管理系统体系架构由人员、运行管理和软件硬件三部分组成，如图 13-3 所示。

3. 酒店收益管理系统的功能与技术架构

酒店收益管理系统的功能架构主要由数据收集、数据储存、数据加工和信息交流四个部分构成。酒店收益管理系统对数据进行收集、储存和加工，将结果传输给使用者，形成数据向信息的转换。使用者通过对数据的分析获取所需要的信息，而这些信息对酒店管理者实施收益管理策略提供了很大帮助。

酒店收益管理系统可划分为硬件和软件两个部分。硬件部分由计算机

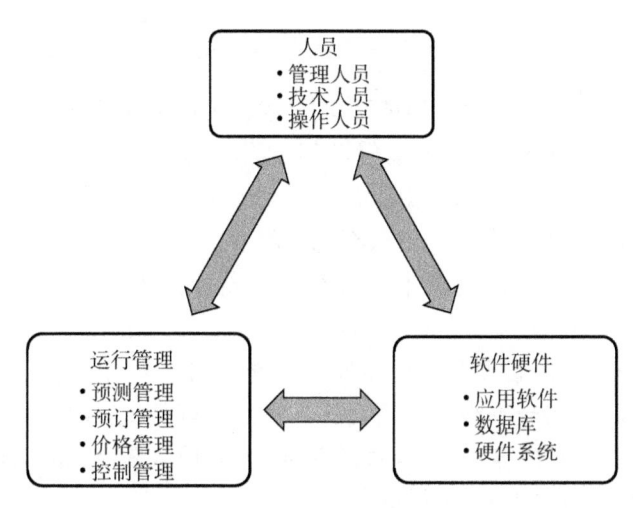

图 13-3 收益管理系统体系架构

服务器、电脑终端、网络交换机、网线、通信器件和基础设施组成;软件部分由电脑操作系统、收益管理软件系统以及数据库等组成。如图 13-4 所示。

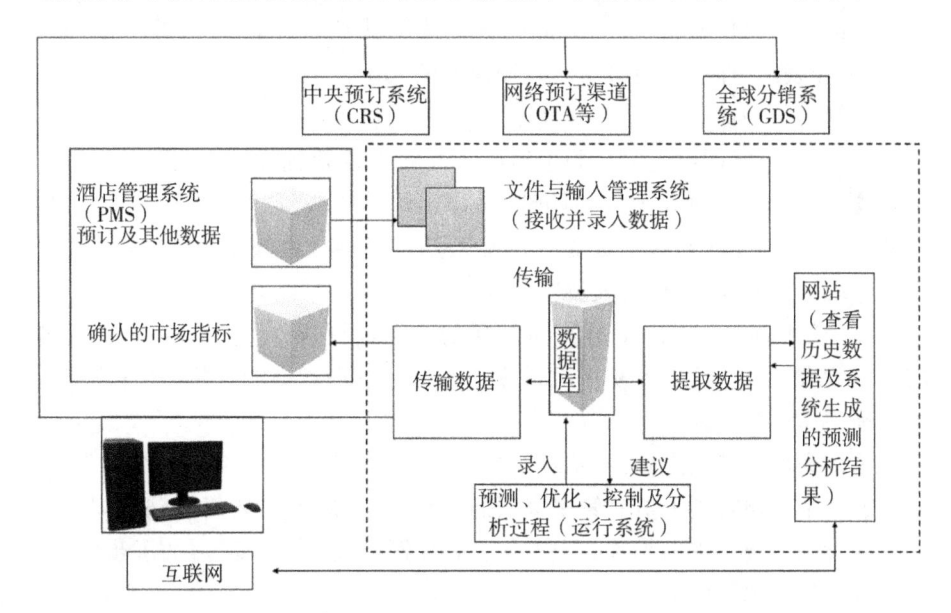

图 13-4 酒店收益管理系统技术架构

图片来源:祖长生.饭店收益管理(第二版)[M].北京:中国旅游出版社,2021:271.

案例 13-6

绿云 CRS"房价动态管控"上线助力酒店收益管理

2022年,绿云CRS"房价动态管控"上线雷迪森酒店集团,获得高度好评。

自2021年9月,"房价动态管控1.0"正式上线以来,绿云研发团队不断致力其功能完善,至2022年已迭代至3.0版本。

"房价动态管控"用技术取代程序化的房价调控工作,提升工作效率,避免操作失误,夯实基础管理工作,让酒店收益实现最大化。

收益管理在酒店行业是一个重要的职能部门。酒店收益管理实行的是动态价格体系,根据当季当月当周当日市场的实际情况,采取不同的价格政策,以此来获得更高的客房收入,动态房价是实现收入最大化的途径之一。

传统房价调控痛点一:工作量大

酒店的房价普遍以房价码体现,但因酒店需要针对不同市场、不同来源的预订客人进行细分,房型的差异化也使得房价码细分化。且酒店星级越高,规模越大,房价体系也就越复杂。对收益管理要求高的酒店,可能每隔几小时就需要对房价变动一次,如此高频又按部就班的劳动,工作难度虽然不高,但是花费的时间长,也容易产生操作上的失误。

传统房价调控痛点二:时效性差

当今市场环境复杂多变,为了适应不同时期、不同情况的竞争,酒店都非常重视调价行为。而按传统的调价,从作出调价决策到价格调整落地,需要花费较长时间,无法与瞬息万变的市场信息同步,时效性较差。

传统房价调控痛点三:人员要求高

每个门店或单体酒店都需要进行房价调控,但并不是每家都会配有专业的收益管理人员。这就容易造成岗位和人员专业不对等的现象,使得酒店收益管理工作不尽如人意。

传统房价调控痛点四:多系统切换

若一个收益管理人员兼管多家门店的调价工作,就需要切换到不同门店的酒店管理系统内进行操作,不仅给原本量就很大的工作又增加了步骤,而且导致工作效率更低下。

针对以上这些痛点,"房价动态管控"模块上线:将门店 BAR(Best Available Rate 最优房价)体系引入系统,在确定门店基准房价码的基础上,当有变价需求时仅调整当前最优 BAR,即可实现所有关联的房价码实时调价。

"房价动态管控"优势一:效率大幅提升

按照一家酒店20个房型,3个基础房价码的规模估算,如用传统的手动调价方法,一次调价需要手工输入60个房价;集团如有100家门店,则需操作6 000次。现在使用"房价动态管控"功能后,一次调价只需要选择1档BAR;集团如有100家门店,仅需操作100次。工作效率至少提升60倍!

"房价动态管控"优势二:集约管理

使用"房价动态管控"可大大减轻收益管理人员的工作量,提高效率,对于酒店集团来说可将收益管理人员统一编制在集团,一人管理多家门店即可,降本增效,集中管理。

"房价动态管控"优势三:统一系统

"房价动态管控"是基于绿云CRS上的一个模块,因此即使一位收益管理人员管理多家门店,也可在同一个CRS系统内操作,切换门店不需要多次登录,方便快捷。

"房价动态管控"用技术取代程序化的房价调控工作,提升工作效率,避免操作失误,夯实基础管理工作,让酒店收益实现最大化的同时也为酒店降本增效,助力于酒店集团以及高星级单体酒店的收益管理数字化。

(资料来源:迈点网,https://www.meadin.com/pp/242779.html,有删改)

(二) 酒店收益管理系统的主要功能

1. 预测功能

预测是实施收益管理的基础,收益管理策略实施的成功与否很大程度上依赖于预测是否精准,精准的预测有助于提升预订系统的有效性,并能帮助酒店提高潜在收益。收益管理系统能够根据酒店的历史数据和实时监测的市场信息为酒店提供市场无限制需求量的预测,使酒店管理者能够掌握和了解未来市场需求,并通过竞争分析来判断未来市场的竞争态势,从而制定有效的收益管理策略。

在没有使用收益管理系统之前,酒店收益管理人员一般会使用手工计算或者EXCEL表格来进行预测。收益管理系统的出现,进一步提高了预测的精准度。诸多专家、学者将其对复杂数学预测模型的研究成果植入了系统,如时间序列模型、回归模型、线性相关模型或多元回归模型等,并运用计算机技术,可以为系统使用者提供精准度更高的预测结果,辅助收益管理计划的有效实施。

2. 优化功能

优化是科学研究、工程技术以及经济管理等领域的一种重要研究方法。其含义是在众多的方案中寻求最优方案,以达到预期的最佳效果。收益管理系统所具有的优化功能对酒店产品效能的提升主要体现在对客房价格和客房存量分配的优化方面。

从收益管理角度来讲,管理者在对客房产品进行定价时需要考虑三个基本要素,即确定最佳可用房价、实施动态定价和对竞争对手的价格进行分析。只有在综合考虑以上要素的基础上进行定价,才可能实现酒店客房收益最大化的目标,收益管理系统正可以帮助酒店管理者来解决这一难题。决定客房收入的变量有两个,即需求量和销售价格。按一般市场规律,销售价格的提高会导致需求量的下降;反之,销售价格下降,需求量会增加。一般来讲,当市场处于缺乏弹性时期,提高销售价格,收入反而会增加;而当市场处于富有弹性时期,降低销售价格,收入也同样会增加。因此,通过调整定价来实现客房收入最大化是一项复杂的系统工程。收益管理系统借助计算机高效的运算和分析技术,在分析酒店历史数据、竞争对手价格和市场信息的基础上,通过植入的数学模型进行运算,便可在很短的时间内确定出未来某一时间段内的最佳可用房价,其中就包含了对价格的优化过程,为实现客房收入最大化提供了可靠依据。

此外,收益管理系统对酒店产品效能的提升还体现在系统对客房存量的优化分配功能上。每个酒店的客源结构都会划分为若干个不同的细分市场,每个细分市场存在着不同的消费行为和不同的对价格的敏感度。在酒店客房资源有限的情况下,为了通过对客房存量的有效分配来实现客房收益最大化,系统会制定不同的分配方案来进行优化选择。

3. 控制功能

控制的概念最早来源于工程技术,指的是控制主体按照给定的条件和目标,对控制客体施加影响的过程和行为。可以这么理解:在管理学中,管理的过程就是控制的过程。在酒店收益管理工作中,控制主要体现在对市场指标的优化控制和有效管理。在收益管理系统中，控制功能主要是根据酒店的需求，把酒店指定的收益策略转化为控制管理，并直接体现在与之连接的酒店管理系统、中央预订系统、全球分销系统或互联网分销渠道上。收益管理系统的控制功能主要体现在嵌套式预订控制、预订渠道限制、存量分配、阶段性最低限价、入住天数限制以及入住客人数量限制等方面。

4. 定价与报价功能

收益管理系统的核心功能是辅助企业根据市场需求变化来实施动态定价。酒店市场需求波动变化明显，只有价格跟上市场需求的变化，酒店才有可能获得更大的收益。酒店收益管理系统与酒店信息系统、酒店中央预订系统、网络销售渠道连接，可以在极短时间内将确定的价格迅速上传至上述系统中，从而满足不断变化的市场需求。这些渠道终端都是直接面向顾客的，一旦顾客订房，价格就无法改变。而收益管理系统可以在对竞争对手价格作出分析和判断的基础上，兼顾价格优化和动态定价两项功能，并根据市场需求的随机性变化实时对价格进行调整。除此之外，系统还能够帮助酒店构建优化的价格体系。

5. 预算管理功能

预算是指通过对企业内外部环境分析，在对生产经营作出科学预测和决策的基础上，用价值和实物等多种形态反映企业未来一定时期内的投资、生产经营及财务成果等一系列的计划和规划。可以说预算既是一种计划，又是一种预测，同时也是一种控制手段。

在中国，多数酒店每年年底都需要制定下一年的预算，而收益管理系统在无限制市场需求模式下能够对各项市场指标进行更加精准的预测。一般来讲，系统会为酒店在市场销售预算方面提供不同市场环境下的预测、评估和决策支持模块，利用酒店预算中的多重因素，向酒店管理者提供各种数据和建议。其主要工作原理是以预测无限制市场需求的方式，来帮助酒店管理者制定预算指标。例如，系统在基于酒店历史数据和已有预订数据的基础上，预测每天无限制市场需求，使酒店的月预算或年预算更加符合经营现状。酒店管理者可将每月客房的出租数量、每间客房入住的人数、每间可供出租客房收入以及市场份额等历史统计数据输入系统并进行分析，系统便可以根据年度趋势和市场信息来形成明年的初始预算。同时，系统还可以利用核心模块中的优化技术,为酒店价格结构的合理化提出建议。

以往市场销售预算指标的确定,主要是根据酒店的战略目标、管理者的工作经验,结合历史经营数据和竞争对手的情况,在当年销售指标任务的基础上,通过增减来完成的。其中难免会掺杂一定的人为因素,使制定出的预算指标存在一定的偏差,这些偏差将对酒店的收益和经营效果产生一定的影响。因此,制定准确的预算目标,对于酒店管理者从事有序的经营和管理、实现收益最大化至关重要。酒店管理系统正是在基于酒店历史数据和未来市场的基础上,通过科学的运算和分析,为管理者在制定预算中提供具有价值的参考依据。

6. 报表管理功能

报表是酒店管理者每日必须阅读的,也是其进行市场数据与经营效果分析的重要工具。酒店经营的历史数据和对未来市场的预测数据都会体现在不同结构的报表上,便于管理者查看、分析和使用。

酒店的报表通常可划分为经营报表和财务报表两大类。经营报表分为营业收入表、经营损益表、销售日报表和成本费用表等。财务报表分为资产负债表、损益表、现金流量表、营业费用表和利润表等。另外,与收益管理相关的报表还有预订量表、价格异动表、市场指数表、细分市场结构表、流量监测表以及竞争对手分析表等。

收益管理系统中一般都设有强大的报表功能。在不同的收益管理系统中,尽管报表的结构和数量可能会有所不同,但都具有相同或相近的功能,为管理者掌握和分析市场信息提供帮助。

(三) 酒店收益管理系统的作用

1. 有助于推进酒店收益管理工作进程

如前文所说,以往收益管理主要是人工进行,采取的方式也多为使用EXCEL表格等方式进行测算,容易出现较大偏差。引进收益管理系统,将收益计划信息化,能够提升工作效率以及预测精准度。加之当前大数据、云计算技术的日臻成熟完善,收益管理系统必将会获得更大的发展,酒店也能运用收益管理系统不断提升自身经营水平,提高收益。

2. 解决了人工难以实现的收益管理技术难题

从收益管理角度说,实施客房价格优化、动态定价以及存量优化分配等策略,对提高酒店收益至关重要。这些目标仅仅依靠人工计算和经验分析是很难完成的。客房的价格优化要求管理者确定未来某一市场时期或时间段内的最佳可用房价,而最佳可用房价的确定需要通过建立房价、需求量和收入之间的需求函数关系,并通过需求的价格弹性分析来获得。要准确建立上述三者之间的需求函数关系,包括进行需求的价格弹性分析,都需要运用到复杂的数学模型来进行运算,一般需要借助计算机才能完成。

3. 有助于酒店及时获得更多市场信息

酒店是处于市场中的酒店,竞争对手无处不在。要想做好收益管理,知己知彼方能百战不殆。收益管理系统供应商一般会通过信息技术手段收集酒店主要竞争对手的动态情况,并借助系统作出有针对性的竞争分析,为酒店制定收益管理策略提供帮助。收集竞争对手信息对酒店来说并非易事,而收益管理系统供应商为了增强其产品功能,提高产品市场竞争力,一般都会建立相应的渠道或通过一定的技术手段来及时获取相关酒店市场信息,从而来为其用户提供更多的类似竞争分析等方面的服务,对酒店管理者制定和调整收益管理策略、提高对市场判断的前瞻性都具有十分重要的意义。

4. 有助于酒店更快实现全面信息化管理

信息化是当代酒店管理的重要手段。在当今信息技术的时代,以往很多手工工作已被电脑所替代。酒店要实现全面信息化管理,除了在前台管理、销售管理、餐饮管理、客房管理、康乐管理和财务管理等方面实现电脑智能化管理外,收益管理作为一门综合了运筹学、营销学和管理科学等领域理论的学科,更需要运用电脑来替代手工工作。只有补上收益管理系统这一板块,才能使酒店向全面实现信息化管理迈进。否则,可谓是全面信息化管理中的一项缺失。收益管理系统作为连接客户、直分销渠道和酒店前台管理系统的重要媒介,对酒店整体管理信息系统的构建起着重要的作用。

(四) 酒店收益管理系统的发展趋势

随着5G技术和电子商务等互联网技术的迅速发展,收益管理系统也在进一步发展。作为酒店电子商务发展和"互联网+"的重要组成部分,酒店收益管理系统未来的发展趋势主要体现在以下几个方面。

1. 服务多功能化

酒店的收益不仅仅来自前厅与客房部,还来自餐饮部、宴会部、康乐部等部门。目前一些供应商已经将目光着眼于餐饮收益管理系统模块的研究与开发,并且该模块在宴会和会议管理方面初具成效。未来,酒店收益管理系统必然是将多种功能一体化的综合性系统,为酒店管理者在实施收益管理策略中提供更完善的智能化服务。

2. 系统网络化

5G技术等互联网技术的迅速发展,改变了人们的生活方式和消费方式。"互联网+"的概念更是起到了催化作用,使各领域更深度运用互联网技术。过去,酒店使用的收益管理系统多为独立的软件模块,网络多使用酒店内部的局域网,与外界网络基本处于隔离状态。随着云技术的出现,一些供应商着手开发基于互联网的云端软件系统,为酒店收益管理系统网络化奠定了基础。

3. 云技术日益成熟

云技术将各项终端进行连接,为用户提供广泛、主动、高度个性化的服务。随着云技术的发展,一些供应商已经开发出基于云技术的收益管理系统,为用户提供三种不同类型的服务,即IaaS(基础设施即服务)系统,提供成本低和可靠性高的基础设施服务;PaaS(平台即服务)系统,提供从技术开发到平台运营的服务;SaaS(软件即服务)系统,提供在线软件租赁服务。这些技术具有强大的数据处理和储存功能,不需要附带服务器,用户不再需要支付昂贵的设备和系统费用,解决了多年来困扰酒店和供应商的难题。操作上,使用者不需要安装任何系统软件,只需要在终端上点开指定网址即可使用。未来,随着云技术的发展,收益管理系统一定会借着这一新模式迅速发展。

4. 大数据分析占据重要地位

大数据是一种重要意识,公开的数据如果处理得当,会为成千上万人急需解决的问题提供答案,其核心就是预测。就酒店收益管理而言,在传统市场预测中,受到信息和数据支持的限制,酒店难以对市场动态、顾客消费行为以及未来市场事件进行全面掌握。大数据思维及方法为解决上述难题提供了可行途径。酒店可以定制一系列模块,包含酒店产品评价、运营质检、价格语境、市场需求分析及市场现象预测等功能在内,为提升酒店收益提供有效途径。

二、前厅与客房收益管理步骤

酒店要想提升前厅与客房的收益,需要做好以下几部分工作:提前了解市场动态,进行酒店竞争力分析、市场细分分析、市场需求预测,建立理想销售目标,实施计划,对收益管理计划进行评价与调整。具体操作流程如图13-5所示。

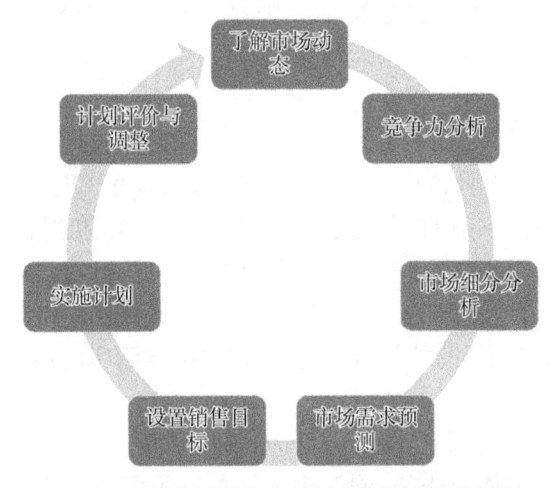

图 13-5 酒店前厅与客房管理收益实施流程图

(一)了解市场动态

要想有一套行之有效的前厅与客房收益管理计划,第一步就是对影响酒店的市场动态做充分了解。

酒店应进行行业市场需求分析。了解市场基本需求和影响酒店需求的宏观环境至关重要。酒店行业对经济波动较为敏感,因此需要认识到近期宏观经济趋势与之后6至24个月的经济前景。具体可参考指标为国内生产总值(GDP)、就业形势、个人收入、消费者信息等。还可收集航空运量、国际旅游趋势等信息进行参考。酒店市场主要面向各类旅行者及旅行机构。因此，酒店需要分析产生住宿需求的主要原因是什么？是否是多样化的？当地经济和基础商业对于整体经济情况的敏感程度如何？酒店市场中对行业需求驱动的观点是怎样的？是否有特殊事件和季节性趋势影响市场需求？探究上述问题有助于深度观察本地住宿市场的特征，对酒店需求增长的前景给出有价值的见解。

酒店还应进行行业市场供给分析。供给需求平衡是多数酒店的根本追求。当酒店客房供给增长快于需求增长时，会导致客房入住率降低和客房价格偏低。若供给增长不明显，会出现客房高占用和价格偏高现象。每一家新的酒店的特点（如类型、面积、品牌、位置、设施和装饰）决定了其将如何影响竞争格局。如对于一家新酒店来说，较好的会议设施，可以使其在目前的竞争群体中成为一个强有力的竞争对手，但是也有可能促使市场产生更新更大的群体需求。

（二）酒店竞争力分析

在对市场需求和供给有了基本了解之后，可以通过SWOT分析法对酒店竞争力进行简单分析。SWOT分析法主要涉及优势、劣势、机遇、威胁四个方面。

对一家酒店以及其竞争对手的优势和劣势的了解不仅对于收益管理战略是不可缺少的，而且对于酒店年度商业计划和长期战略计划的开发也不可或缺。包含机遇与威胁的外部因素，会潜在地影响酒店的运作行为和对待竞争的态度。

对酒店自身实力及弱点进行分析时，可以使用一个包含客房数量、开业年份、设施描述等的简单表格，同时也可增加竞争酒店的优势、劣势、机遇和威胁等信息清单。在收益管理中，这些分析是基础的也是必做的。

（三）市场细分分析

市场细分的概念是美国市场学家温德尔·R. 史密斯（Wendell R. Smith）于20世纪50年代中期提出来的。所谓市场细分，是指把一个总体市场按照消费者欲望和需求划分成若干个具有共同特征的子市场的过程。所以，属于同一细分市场的消费者的需求和欲望较为相似，属于不同细分市场的消费者对产品的需求和欲望则存在着明显的差别。

由于消费者的需求和欲望存在"异质性",企业生产存在局限性,因此需要对市场进行细分。对于酒店来说,市场细分主要指通过市场调研分析,依据消费者的需要和欲望、购买行为和购买习惯等方面的差异,把酒店同类产品的市场整体划分为若干个消费者需求不同的亚市场,以使得酒店有效分配和使用有限资源,确定酒店目标市场。

酒店在进行市场细分时,主要需要遵守以下原则。

1. 可衡量性原则

可衡量性原则是指酒店的细分市场务必是可以鉴别和可以测量的,即酒店细分市场不但范畴明确,而且对其容量大小也可以做出大体分辨。如细分市场中顾客的年纪、性别、文化水平、岗位、收入水平等是可以测量的、具有一定标准的,可以将其确定为酒店的目标市场,明确酒店市场定位。如酒店可以将商务散客进行划分,将其视为一个细分市场,那么就可以就其数量、平均房价、平均入住天数等进行综合评价,以便有针对性地开展工作。可衡量性原则有助于酒店清晰区分市场细分顾客群,找准市场定位,选择目标市场,提升酒店收益。

2. 可进入性原则

可进入性原则就是指酒店细分市场应该是酒店系列营销活动有具体效果的市场,即酒店利用活动营销可以使产品进入并对顾客施加影响的市场。这具体表现在三个层面:首先,酒店应具备进入某一细分市场的资源标准和参与市场竞争的整体实力,否则,花费了大量资金、人力、物力反而得不到想要的效果;其次,酒店房务产品的数据可以按照一定传播途径成功传送给细分市场的大部分顾客;最后,酒店在一定阶段内可以将房务产品根据一定的销售渠道送到细分市场。否则,细分市场的价值并不大。

3. 稳定性原则

稳定性原则指酒店细分后的市场应具有一定的稳定性和持续性。酒店投资回报时间较长,细分后的市场若是不能保持稳定,则会影响酒店市场营销的稳定性。这也就意味着,若是细分后的市场不能长期获利,会导致酒店不断投入资金开发新的细分市场,影响到酒店的正常经营,给酒店带来运营成本的增加。

4. 可盈利性原则

可盈利性原则主要是指酒店细分市场中市场需求的容量和经营规模务必足够使酒店完成其盈利的总体目标。开展市场细分时，酒店需要考虑到细分市场上顾客的总数、顾客选购酒店商品的频率及其消费能力，使酒店进入此细分市场，能得到预估盈利。假如某细分市场的经营规模过小，不能达到酒店预估的盈利总体目标，就没必要进入该细分市场。

5. 差异化原则

酒店能够结合自身产品优势和特点来寻找异于竞争对手的差异化市场，称之为差异化原则。这样的市场很容易被客人识别，有助于酒店指定相应的营销组合策略，提高市场竞争力。如某酒店以人性化服务著称，则其差异化后的细分市场应重点关注对服务细节要求较高的人群，提升对其的吸引力，提高酒店的盈利能力。

在市场营销学角度下，市场细分主要可以使用地理因素细分法、人口因素细分法、收入因素细分法、心理因素细分法和行为因素细分法。对于酒店市场营销来说，可选择多个变量作为依据，以便满足不同类型消费者的不同需求，具体步骤如图 13-6 所示。

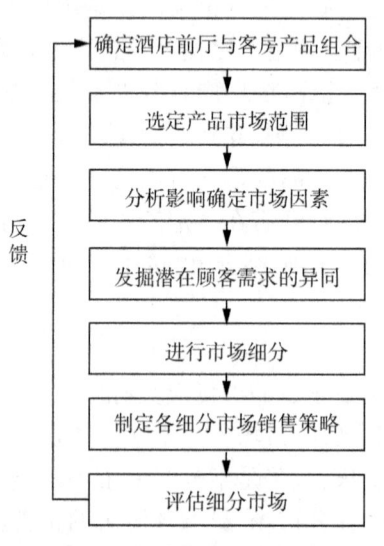

```
反馈 → 确定酒店前厅与客房产品组合
      ↓
      选定产品市场范围
      ↓
      分析影响确定市场因素
      ↓
      发掘潜在顾客需求的异同
      ↓
      进行市场细分
      ↓
      制定各细分市场销售策略
      ↓
      评估细分市场
```

图 13-6　酒店市场细分步骤图

（四）市场需求预测

预测是通过科学的调查和分析，由过去和现在推测未来，从而揭示未来发展的趋势和规律。市场预测则是在市场调查的基础上，运用预测理论与方法，预先对所关心的市场未来变化趋势与可能的水平做出估计与测算，为决策提供科学依据的过程。在酒店前厅与客房收益管理环节中，市场预测是开展收益管理工作的基础，同时能为收益管理活动提供有用信息。

酒店前厅与客房收益管理环节中的市场需求预测主要指对酒店特定顾客群体一定时期内和一定市场环境下所购买的酒店产品总量的预测。其中包括产品需求量、特点及时间等变动趋势的预测。市场需求预测的主要目的是使酒店弄清未来本地区市场的总需求量以及掌握酒店房务产品未来的市场需求量，从而估计酒店未来产品的销量、销售额以及市场占有率。

酒店可以通过出租率对比分析法进行简单的需求预测。以图 13-7 为例，使用出租率对比分析法的逻辑在于：

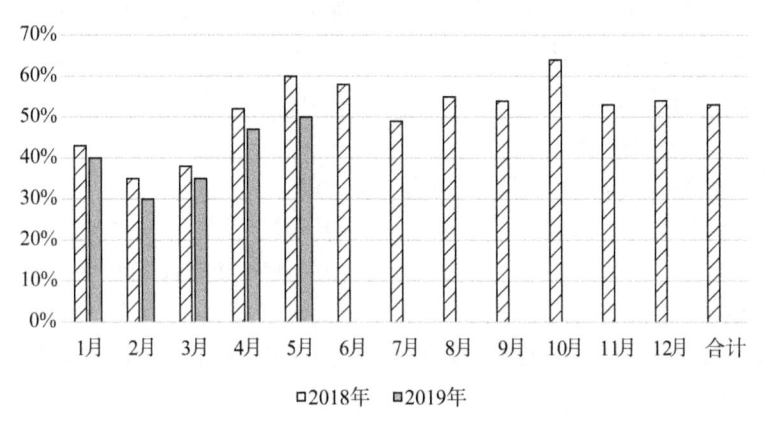

图 13-7　某酒店 2018—2019 年出租率对比

（1）同比看增减。对比 2018 年同期，2019 年 1 月至 5 月出租率均较低，说明 2019 年该酒店市场占有率下降。此时，引起出租率下降的主要原因可能是老客源流失，新客源补充不足。

（2）逐月看规律。2019 年 1 月至 5 月出租率的上升与下降趋势基本与 2018 年相同，比如 2 月最低，3 月至 5 月呈上升趋势，由此可以分析出酒店所处商圈在自然月份中市场需求的趋势。

（3）分析并得出结论。以2018年月度出租率作参考,我们可以看出2019年4月至5月为该酒店市场增量期,但是酒店出租率提升幅度不大,说明酒店产品竞争力和价格竞争力在下降;2019年4月至5月酒店出租率低于2018年同期,这一趋势也可为2019年6月至10月的经营趋势做预警;基于图13-7,可以看出5月为酒店年度经营中出租率较高的时期,同时从2018年5月与2019年5月的出租率对比情况可推出,2019年6月至10月的出租率可能较低。因此酒店应采取的主要策略是:利用价格杠杆,把出租率可能会降低的几个月份出租率提升,同时保障酒店单房收益的增长。

除出租率对比分析法之外,还可使用平均房价对比分析法、单房收益对比分析法、客源结构产出对比分析法、房型产出对比分析法、收益策略对比分析法和市场机会与风险预测方法进行市场需求预测。

（五）设置销售目标

在酒店前厅与客房管理中,一个成功的收益战略计划离不开酒店合理的预定目标。从根本上说,目标应该建立在对过去团队需求趋势的评价和对未来前景的展望之上。理想目标应该在2至3年内实现,而一个有效且具有可实施性的收益战略,有利于利用酒店现有资源,并能够帮助酒店获得稳定的、富有竞争力的市场地位。

在目标设置过程中,需要考虑的因素包括:

（1）酒店目前已经接待的最多团队客房数是多少?

（2）过去几年间,每一年大型会议活动的场次和出席者的数量是多少?未来的期望值如何?

（3）酒店团队客房预订中,仅仅预订客房,没有利用到会议空间的份额是多少?

（4）酒店专门供给团队的客房数量是多少?

（5）一次特殊事件后的主要预订趋势是什么?

（6）利用现有的会议空间和酒店资产本身,能提供多少间团队客房?

（7）影响酒店预订的季节性因素是什么?一年中短期需求和群体需求的旺季是什么时间?

（8）酒店常常经历的最大的团队预订"窟窿"——预订提前导致的最困难的特殊阶段是什么时候?

（9）若不去占用较高等级的短期商务客房,能否完成团队客房接待任务?

（10）参考前面对前景和酒店优势、劣势、机遇、威胁的分析，新的竞争者的出现、现有的竞争者设备增加会导致竞争环境的变化吗？

（11）对比当年和翌年的预订，提前1至2年预订的团队客房有多少？

以上因素仅仅是一部分。但是，作为酒店收益管理负责人应清楚地知道：当管理人员和业主共同设置理想销售目标时，双方应当共同研究分析。目的是看清楚机遇，通过使酒店商务合作最优化，达到全面提高酒店收益和利润的目的。

理想的销售目标应该努力实现以下几个方面：

（1）瞄准团队客房预订密集的特别时期，借此机会开拓短期商务业务，也会有较高客房出租率；

（2）用有较高收益和利润的团队生意取代较低价格合同和仅有客房消费的团队生意；

（3）利用团队提前预订提升酒店客房需求淡季业务量。

（六）实施收益管理计划

收益管理团队应在市场环境分析、竞争力分析、需求预测和理想销售目标建立的基础上，在收益管理战略计划的主要成分上达成共识。计划中主要成分应该包括以下内容：

（1）团队预订和价格策略应包括在未来2至3年内理想的团队客房目标；

（2）客房间夜预测和关于主要细分市场收益的预测；

（3）资源需求的认定，资源配置的方案，以及赢得一致目标所必需的单一目标；

（4）行为分析和市场演变机制分析。

（七）评价和调整

由于市场条件和竞争对手的不断变化，收益管理计划不可能是十全十美的，不可预测事件时有发生，这就意味着收益管理计划不应该是绝对固定的计划，而应该随着政策、市场以及竞争对手的变化而变化，不断进行调整。

计划的评价不应该在每天或者每周的基础上进行，而应该随着时间的推移，进行季度性和年度性的综合评估，这一点有助于收益增长、利润提高。

练习与思考

一、选择题

1. 收益管理这一概念最早产生于（　　）。
   A. 教育领域　　B. 住宿业　　C. 航空业　　D. 旅游业
2. 当酒店 MPI≥1 时，表明该酒店（　　）。
   A. 销售能力低于竞争对手
   B. 市场占有率高于竞争对手
   C. 销售能力高于竞争对手，或者与竞争对手持平
   D. 市场占有率低于竞争对手
3. 收益管理系统由（　　）构成。
   A. 人员　　B. 运行管理　　C. 软硬件　　D. 其他
4. 收益管理系统的主要功能有（　　）。
   A. 预测功能　　　　　　B. 优化功能
   C. 控制功能　　　　　　D. 定价与报价功能
   E. 预算管理功能　　　　F. 报表管理功能
5. 酒店市场细分时应遵守的原则有（　　）。
   A. 可衡量性　　B. 可进入性　　C. 稳定性　　D. 获利性
   E. 差异化

二、判断题

1. RevPAR 越高，表明酒店入住率越高。　　　　　　　　　　　（　　）
2. ARI＜1 时，表明该酒店平均房价高于竞争对手，或与竞争对手持平。
   　　　　　　　　　　　　　　　　　　　　　　　　　　　（　　）
3. 酒店任何部门都有可能为酒店创造收益。　　　　　　　　　（　　）

三、名词解释

1. 收益管理
2. RevPAR
3. 理想平均房价
4. 市场渗透率
5. 收益管理系统

四、简答题

1. 请简述收益管理对于酒店的意义。

2. 酒店管理人员可以通过哪些数据来核算酒店收益？
3. 请简述影响收益管理的主要因素。
4. 请简述收益管理系统发展趋势。

五、论述题

A酒店是一家位于国家5A级景区附近的酒店，主要针对外地来本地旅游的游客，客源季节性明显，若你是该酒店的收益经理，该如何做来提高酒店的收益？

六、计算题

1. 某酒店共有200间客房，其类型及挂牌价如表13-5所示。预计酒店未来出租率可达到80%，双开率为38%，求该酒店理想房价。

表13-5　某酒店客房类型及挂牌价

客房类型	数量/间	牌价/元 1人住	牌价/元 2人住
单人间	30	150	—
标准间	140	250	350
普通套房	15	350	500
行政套房	15	450	550

2. A酒店是一家位于会展中心旁的酒店，共有可供出租客房300间，2022年3月共售出客房7 260间，客房净收入23 5880元。假设该酒店目标市场中共有4家竞争对手，同年5月的经营情况如表13-6所示。

表13-6　A酒店竞争对手2022年3月经营业绩一览表

竞争群	平均客房出租率（%）	可供出售的客房数量（间）	平均房价 [元/(间·天)]	客房营业净收入（元）
B酒店	78	280	285	1 929 564
C酒店	77	350	300	2 506 350
D酒店	83	250	270	1 736 775
E酒店	86	230	310	1 900 858

（1）A酒店的市场渗透率（MPI）、平均房价指数（ARI）和每间可供出租客房的收益产生指数（RGI）各是多少？

（2）请对该酒店在目标市场中的经营业绩情况做出分析。

参考文献

[1] 唐飞.前厅与客房管理[M].重庆:重庆大学出版社,2019.
[2] 刘伟.酒店前厅管理[M].重庆:重庆大学出版社,2018.
[3] 蔡万坤.前厅与客房管理(第二版)[M].北京:北京大学出版社,2014.
[4] 祖长生.饭店收益管理(第二版)[M].北京:中国旅游出版社,2021.
[5] 魏云豪.收益管理(实战版)[M].北京:人民邮电出版社,2020.
[6] 郑红,颜苗苗.智慧酒店理论与实务[M].北京:旅游教育出版社,2020.
[7] 李莉.酒店前厅与客房管理[M].武汉:华中科技大学出版社,2018.
[8] 蔡万坤.现代酒店设备管理[M].广州:广东旅游出版社,2013.
[9] 卡萨瓦纳.前厅部的运转与管理[M].王培来,包伟英,译.北京:中国旅游出版社,2015.
[10] 斯蒂帕纳克.饭店设施的管理和设计(第二版)[M].张学珊,译.北京:中国旅游出版社,2015.
[11] 尼奇克,弗莱.饭店客房经营管理[M].付钢业,译.北京:中国旅游出版社,2015.
[12] 简明,胡玉立.市场预测与管理决策(第五版)[M].北京:中国人民大学出版社,2014:1.